비싼 대학
미국 명문대는 등록금을 어떻게 탕진하는가

초판 1쇄 펴낸날 | 2013년 11월 5일
초판 2쇄 펴낸날 | 2014년 2월 5일

지은이 | 앤드류 해커 · 클로디아 드라이퍼스
옮긴이 | 김은하 · 박수련
펴낸이 | 조남철
펴낸곳 | (사)한국방송통신대학교출판문화원
주소 | 서울 종로구 이화장길 54
전화 | 1644-1232
팩스 | 02-742-0956
출판등록 | 1982년 6월 7일 제1-491호
홈페이지 | press.knou.ac.kr

편집 | 박혜원 · 안봉선
디자인 | 이하나
인쇄 | ㈜일홍피앤피

ISBN 978-89-20-01254-9 (03330)
값 17,000원

비싼 대학

미국 명문대는 등록금을 어떻게 탕진하는가

앤드류 해커 · 클로디아 드라이퍼스 지음 I 김은하 · 박수련 옮김

지식의날개

C.o.n.t.e.n.t.s

등록금은 왜 그렇게 비쌀까

미래를 향해

해마다 여름의 끝자락이면 미국의 수많은 중산층은 그들만의 고유한 의식을 치른다. 브루클린에서 베이커스필드에 이르기까지 주택가 도로에는 새로 산 물건들, 즉 노트북 컴퓨터, 명품 청바지와 운동화 그리고 커피메이커로 가득 채운 차들이 등장한다. 뒷 좌석에서는 제니퍼 혹은 제러미가 친구들에게 휴대전화로 작별 메시지를 보내고 있다. 엄마와 아빠는 그동안 길 찾기 어플을 이용해 채플힐이나 노스필드 그리고 포모나 등으로 가는 지름길을 탐색한다.

이것이 바로 260만 명의 대학 신입생들이 미국의 4,352개 대학에서 성년으로의 첫발을 내딛는 연례 이동 행사다. 대부분의 가족에게 이는 감격스러운 순간이다. 목적지가 대학 입시 안내서에 "가장 들어가기 어렵다"고 명시된 스탠퍼드대학교나 에모리대학교, 케니언대학 같은 곳일 경우 부모들은 자녀가 이제부터 일류 교육을 받을 수 있을 거라고, 또 이 나라의 엘리트 집단에 자리 하나를 예약해 놓았다고 믿으며 안도한다.

만약 목적지가 플로리다애틀랜틱대학교나 미시간주립대학교 같은 주립대학교라면 이 여행은 신분 상승을 위한 중요한 이정표가 된다. 이는 다음 세대가 사다리의 한두 계단 정도 위로 혹은 제일 위층까지도 올라갈 수 있는 기회가 될 것이다. 하지만 둘 중 어떤 경우든 이 여행은 기름 값과 통행료 이상의 비용을 치르는 일이 될 것이다.

실제로 장학금을 받지 못할 경우 사립 명문대학교의 학부 졸업장을 따려면 한 가족이 25만 달러 이상의 비용을 부담해야 한다. 이 글을 쓰는 시점에서 앞서 말한 케니언대학의 1년 학비와 기숙사비를 합치면 5만 400달러나 된다. (물론 학비 할인 협상을 하는 가족들도 있지만 케니언대학 같은 학교에서는 대다수의 학생이 제 돈을 다 내고 다닌다.) 게다가 이는 교재나 옷 값, 간식비 등의 용돈은 제외한 금액이고, 페루자대학교 같은 외국 대학에서 여름 학기를 듣게 되면 별도로 1만 달러 정도가 더 든다.

반면 공립대학교는 일단 외견상 더 저렴해 보이는 것이 사실이다. 자신이 살고 있는 주에 있는 주립대학교에 갈 경우 등록금은 4,794달러(플로리다애틀랜틱대학교)에서 1만 5,250달러(펜실베이니아주립대학교) 사이다. 하지만 기숙사비와 식비는 사립학교와 전혀 다를 바가 없다.

그러므로 보카레이튼이나 이스트랜싱 같은 곳에 위치한 학교를 졸업하려면 4년 동안 10만 달러는 족히 들게 된다. 더구나 공립이나 사립이나 실질 화폐가치로 따지면 30년 전에 비해 등록금이 2배나 올랐다. 이것이 과연 교육양이 2배로 늘었다는 의미일까? 이 정도의 등록금 인상은 어떤 기준으로 보든 심각한 수준이다.

대부분의 미국인들에게 있어 교육비는 지출 항목 중 두 번째로 큰 비중을 차지한다. 교육비보다 더 큰 비중을 차지하는 것으로는 주택 모기지가 유일한데, 아마 그렇게 큰돈을 내고 구입한 집이라면 40년은 살 수 있을 것이다. 만약 부모가 등록금을 내줄 능력이 부족하거나 내줄 의사가 없다면 젊은이들은 앞으로 지긋지긋하게 따라다닐 학자금 대출의 부담을 짊어져야 한다. 십만 달러가 넘는 빚을 지면서 대학을 졸업하는 것은 상류층만의 괴담이 아니다. 갈수록 이런 일이 흔해지고 있다.

그렇다면 대학이 정말 제값을 하고 있는 걸까? 수많은 미국 가정이 비싼 값을 치르며 사고자 하는 것은 과연 무엇일까? 높은 지위의 전문직을 얻기 위한 수련 과정일까? 아니면 새로운 생각과 지적 자극이 되는 강의, 그리고 지성을 수양할 기회를 접하는 것일까? 만일 그렇다면 이는 교육이 민주 사회 시민을 기르기 위한 것이라는 존 듀이(John Dewey)의 생각과 상통한다. 기숙학교에 다니는 아이들에게는 교육이 성인으로 성장하기 위한 안전한 장소가 될 것이다. 미국의 대학교육 산업은 4,400억 달러 규모다. 여기서 개인 혹은 우리 사회 전체가 얻고자 하는 것은 과연 무엇일까?

이 질문에 대한 답이 바로 이 책에서 다룰 내용의 핵심이다. 여기서 우리는 2가지 의무를 수행할 것이다. 미국의 대학들에 대해 고려해 볼 때 각 페이지마다 2가지 질문이 반복될 것이다. 첫째는 대학이 제공하고 있는 것 중 어디까지를 '교육'이라 볼 수 있느냐는 것이다.

한 예로, 우리는 미국 대학에서 절반 이상의 학부생이 간호사나 엔지니어 같은 취업이 보장된 직업이나 리조트 관리자, 패션MD 같은 떠오르는 직업과 관련된 직업훈련 과정을 수강하고 있다는 것을 보여 줄 것이다. 물론 이런 수업을 통해서도 분명 얻는 것이 있다. 하지만 그것을 교육이라 부르자니 왠지 마음이 편치 않다. 우리에게 대학교육이란 적어도 고등학교 과정보다 높은 수준의 가르침이어야 한다.

이 시점에서 우리는 두 번째 질문을 하게 된다. 직업훈련이 아니면 다 교육이라고 볼 수 있는가? 얼마나 더 수준 높은 것을 가르치고 배워야 대학교육이라 부를 수 있는 것일까? 우리 생각에 대학이란 문화적 여행이자 지성의 탐험, 세상과 우리 자신에 대한 이해를 확장하고 심화하면서 새로운 사고와 정보에 맞서는 여정이 되어야 한다.

그러나 직업훈련 외의 과정에서조차 우리는 이러한 교육이 이루어지고 있다고 확신하기 어렵다. 이런 배경에서 우리는 소위 인문교양(liberal arts)이라 불리는 분야를 면밀히 들여다볼 것이다. 대학교육은 그전 단계의 교육과 구분되는 높은 기준을 스스로 수립해야 한다. 이런 일들이 실현되는 것을 우리는 이미 확인했고, 대학은 이런 역할을 해낼 수 있다고 본다.

나아가, 대학교육의 기회는 모든 젊은이들에게 열려 있어야 하며, 이는 우리 사회가 충분히 감당할 수 있는 일이다. 고백하건대, 우리는 거듭난 제퍼슨주의자가 되고자 한다. 우리는 모든 인간은 정신세계를 가지고 있고 그것을 사용할 수 있는 능력과 더불어 그 능력을 사용하도록 격려받을 만한 자격이 있다고 믿는다.

물론 학생들도 자신의 몫을 감당해야 한다. 그럼에도 대학교육을 직업으로 삼은 성인들의 의무가 훨씬 더 큰데, 아쉽게도 그들이 그 역할을 충분히 감당하는 것으로 보이진 않는다. 교육과 직업훈련의 차이를 인정하더라도 대학은 그 둘 중 이도 저도 아닌 기업형 기관이 되어 버렸다. 대학은 수천 명을 데리고 지극히 소수를 위한 난해한 연구부터 직업훈련까지 모든 분야에 몰두하는 잡학 기관이 되었다. 그 결과 대학의 본질적인 의무와 의도에서 현저히 멀어져 버렸다.

이런 모든 면에서 대학교육은 미국의 의료 시스템과 공통점이 많다. 좀 더 적나라하게 말하자면 대학교육에는 도대체 체계적인 면이라고는 없다.

둘 다 GDP와 가계 예산에서 차지하는 비율이 계속 상승하고 있다. (의료비가 미국 가계 파산의 주원인인 것처럼 등록금 채무는 개인 부채 항목의 상위권을 차지한다.) 양쪽 다 그 누구도 "그만 좀 해!"라고 말하지 못한다. 병원이 MRI 기계를 하나 더 설치하거나 대학이 운동 팀의 종목을 돈이 더 많이 드는 쪽으로 옮긴다고 해도 말이다.

지나치게 간섭하는 정부에 대한 두려움과 과장된 불안 때문에 아무도 이 거대한 두 권력이 제대로 임무를 다하고 있지 못하다고 말하지 않는다. 어쩌면 이렇게 무정부적이고 혼란스러운 것이 뒤섞여 아무도 책임을 지지 않는 상황이 정확히 미국적인 방법일는지도 모른다. 그럼에도 교육에 관해서는 개선될 여지가 많고 우리 스스로가 더 잘 해낼 수 있다고 생각한다.

사람들은 미국의 의학과 대학교육의 수준이 세계 최고라고 믿는다. 어떤 면에서는 정확한 말이지만 이는 높은 수준의 연구와 고도의 전문화가 이루어질 때 적용할 수 있는 말이다. 식당에서 야간 근무를 하면서 막 암 진단을 받은 웨이트리스나 강의실의 스물아홉 번째 줄에 앉아 '정부개론'을 듣는 대학 신입생에게는 남의 얘기일 뿐이다. 세계를 선도한다는 것의 의미는 '우리가 가진 최상의 것을 모든 이가 누릴 수 있도록 최선을 다하는 것'이 되어야 한다고 믿는다.

대학교육을 향한 우리의 비전은 아래와 같다. 우리는 이 책을 위해, 또 세상을 위해 학부 교육에 관심을 가지고 있다. 우리는 대학 시절이 젊은이들에게 있어 충분히 성숙하되 사고가 완전히 굳어지지는 않은 상태에서 자신을 발견하고, 세상 속으로 나아가는 기회라고 생각한다. 하지만 좀 더 세부적으로 들어가기 전에 대학교육이 손댈 필요가 없다고 생각하는 일들에 대해 확실히 하고 싶다.

♣ 앞서 밝혔듯이 우리는 교육을 직업훈련과 구별하고 싶다. 요즘 젊은 세대는 아마도 90세까지는 살 것이다. 그러므로 십대에 벌써 취업을 위한 준비를 할 필요는 없다. 우리는 "미국의 대학교육은 스스로를 거대한 직업훈련 프로그램으로 바꿔 버렸다"라고 탄식한 다이앤 래비치(Diane Ravitch, 미국의 교육학자 – 옮긴이)의 말에 동의한다. 실제로 1960년대 중반 이후 전체 학부 학

위 중 영어 전공은 51퍼센트, 역사 전공은 55퍼센트나 감소했다. 또, 고급 기술자에 대한 수요에도 불구하고 수학 전공은 무려 74퍼센트나 급감했다.

🎓 학부과정을 박사과정을 위한 수습 기간 정도로 여겨서는 안 되며, 그 자체로 학업을 시작하는 독립적 첫 단계로 인정해야 한다. 이 말만은 꼭 해야 할 것 같다. 너무 많은 대학 강의들이 교수만 관심을 가질 법한 주제에 초점을 맞추고 있다는 것이다. 학문 세계에서 교수들만이 독점권을 가진 것은 아니다. 학부교육은 인문교양을 더 넓고 깊게 다지는 데 초점을 맞추어야 한다.

🎓 대학교육에 대한 후원을 이끌어 내는 가장 좋은 방법은 아마도 경쟁 사회에서 미국이 다른 나라에 비해 뒤떨어져 있다고 경고하는 일일 것이다. 하지만 그런 식의 경고에서도 우리가 철학이나 인문학에서 뒤처져 있다는 식으로 몰아가진 않는다. 대신 중국이나 인도, 한국에서는 더 많은 젊은이가 과학과 공학을 전공하고 있다고 말한다. 대졸자를 포함한 미국의 노동력이 하이테크 시대에 대한 준비가 부족하다는 것이다. 이 점에서 우리는 되묻는다. 만약 우리 경제에 더 많은 과학자나 엔지니어들이 필요하다면 왜 학생들은 그 분야로 가지 않는 걸까? 빈자리가 많은데도 말이다.

🎓 더 나은 시민을 만드는 것이 대학교육의 목적은 아니라는 우리의 말에 귀기울여 주기 바란다. 물론 우리도 모든 사람이 자신이 속한 사회에 헌신적이길 바란다. 하지만 하버드대학교 전 총장인 데렉 복(Derek Bok)이 말한 것처럼 대학교육이 민주 사회에서 이성적인 판단을 할 수 있는 지식을 주입시키는 역할을 해야 한다고 생각하지는 않는다. 그 저변에 깔린 전제는 대학을 졸업한 사람은 그렇지 않은 사람에 비해 더 나은 시민이 된다는 것이다.

하지만 우리는 대학교육으로 얻은 정보와 통찰력이 더 높은 수준의 시민 참여로 연결된다고 보지는 않는다. 또, 우리는 '최고로 총명하다'고 여겼던 고학력의 사회 지도층들이 우리를 승산이 없는 전쟁과 경제 위기로 몰아넣은 사실을 기억하고 있다. 대졸자가 던진 표가 다른 사람들의 표보다 정치적으로 더 설득력 있는 사고의 표현이라는 증거는 어디에도 없다. 국가적으로 볼 때 지금 우리가 링컨과 더글러스(Fredrick Douglass)의 토론을 세 시간씩이나 서서 경청한 일리노이의 농부들보다 더 사려 깊은 사람들이라 할 수 있을까?

🎓 프린스턴대학교 총장 셜리 틸먼(Shirley Tilghman)의 2009년 졸업식 연설에 귀를 기울여 보자. "우리는 대학은 세상을 더 나은 곳으로 바꾸는 리더가 되도록 젊은이들을 준비시키는 곳이라는 믿음으로 학교가 가진 상당량의 자원을 학생들에게 투자했습니다."

우리가 그 자리에 있었다면 분명히 박수를 쳤을 것이다. 우리가 생각하는 리더십이란 사람들을 단체나 목표, 조직으로 이끄는 의지이자 능력이다. 여기서 우리는 다시 한 번 강의실이나 대학 캠퍼스가 미시시피의 삼각주나 캘리포니아의 양상추 밭 같은 다른 장소에 비해 리더를 양성하기에 더 좋은 곳인지 되묻게 된다.

대졸자들이 그렇지 않은 사람들에 비해 더 높은 지위를 차지할 확률이 높은 것은 사실이다. 하지만 프린스턴대학교나 다른 대학이 이런 사람들이 많다는 것을 자랑한다면 그들 대부분은 그저 누군가의 임명이나 승진을 통해 그 자리에 이르게 된 것이라는 점을 밝히고 싶다. 셜리 틸먼이 말한 것이 이런 의미라면 우리도 그 말에 동의한다.

그렇다면 대학교육은 어떤 것이 되어야 될까? 우리는 젊은이들이 지금껏

한 번도 경험해 보지 못한 방식으로, 현실과 정신세계를 자극하는 문제들에 대해 치열하게 사고하면서 지성을 사용하기를 바란다. 상상력과 지적 호기심을 발휘하며 성적이나 교수와의 관계에 대한 우려 없이 모험을 감수해야 한다. 한 친구의 말을 빌리면, 대학은 학생을 더 흥미로운 인간으로 만들어야 한다. 대학교육은 성인기에 들어선 학생을 위해 창조된 끊임없이 이어지는 대화 같은 것이다.

이는 젊은이들에게는 이미 익숙한 자연스런 과정으로서 호기심은 인간이라면 누구나 타고나는 것이기 때문이다. 오늘날 대학교육의 문제는 너무 학계의 리듬에 맞춰져 있다는 것이다. 그런 점에서 우리는 '인지적', '분석적'이라는 단어나 '비판적 사고', '도덕적 판단' 등의 문구는 애써 피하려고 한다. 이런 말 자체가 잘못된 것은 아니지만 문제는 이것이 신입생들이 지나치게 학문의 프리즘을 통해 세상을 보게 하는 데 잘못 사용되고 있다는 것이다.

사실 교육을 살아 있는 상호작용으로 보는 학부 교수만도 수천 명이나 된다. 우리는 그런 교수들의 강의를 존경하는 마음으로 듣기도 했다. 그러나 그들 대부분은 자기 학교에서나 유명한 인물일 뿐이다. 이유는 간단하다. 그들은 동료 교수들이 좋아할 만한 연구를 하지 않는다. 좀 더 알려진 예를 들어 보자.

노벨상 수상자인 프린스턴대학교의 폴 크루그먼(Paul Krugman) 교수는 「뉴욕타임스」를 통해 알기 쉽게 경제학을 설명하고 있다. 하버드대학교의 질 레포레(Jill Lepore) 교수 역시 『뉴요커』 독자를 대상으로 역사 이야기에 생명을 불어넣고 있다. 우주학자인 애리조나주립대학교의 로렌스 크라우스(Lawrence Krauss) 교수는 고등학생과의 논쟁을 즐기고, 그들과 수다 떠는 자리에 노벨상 수상자인 동료를 데려가기도 한다.

이런 교수들은 강의실에서 가르치는 일과 일반 대중에게 강의하는 일 사이에 경계를 긋지 않는다. 그들에게, 그리고 우리에게는 이것이 바로 대학교육이다.

대학교육이라는 것이 너무도 방대하고 폭이 넓은 만큼 우리가 이 책에서 다룰 수 있는 부분을 한정하자면 다음과 같다.

🎓 우선은 4년제 학사 학위를 목적으로 하는 학부 교육에 초점을 맞출 것이다. 이 경우 대상 학생 수가 많이 줄겠지만(여기에 대해서는 다시 다룰 것이다) 이는 대학교육이라는 크나큰 세계에서 가장 큰 행성이다. 그러므로 커뮤니티 대학(Community College, 지역 주민들도 강의를 들을 수 있는 전문대와 유사한 2년제 대학 -옮긴이)에 대해 언급할 때는 그 대학들이 4년제 대학으로의 편입을 얼마나 잘 돕고 있는지에만 초점을 맞출 것이다.

🎓 고민 끝에 우리는 52개의 여자 대학과 85개의 역사적인 흑인 교육 기관은 포함시키지 않기로 했다. 그런 이유로 뉴욕의 예시바대학교나 유타 주의 브링햄영대학교, 버지니아의 리전트대학교 같은 특정 종파의 대학, 종교성이 강한 사우스다코타의 아우구스타나나 뉴햄프셔의 세인트 안셀름 그리고 군(軍) 관련 대학도 넣지 않기로 했다. 그들 나름의 역할을 존중하지만 지나치게 범위를 넓힐 경우 우리가 올바른 판단을 하지 못할 수도 있을 것 같아서다.

🎓 카플란, 피닉스, 디브라이 같은 영리 대학들도 대학교육 시장에서 빠르게 성장하고 있는 신예들이다. 2003년에서 2010년까지 7년 만에 이런 대학의 수는 300개에서 600개로 증가했다. 이런 대학들은 학생들의 이동률이 높기 때문에 학생 수를 정확히 헤아리기는 쉽지 않다. 또, 학위를 따는 것이 목적이 아닌 경우도 많다. 그럼에도 이 기간 동안 이들 대학이 배출한 졸업

생 수는 3만 1,155명에서 8만 4,672명으로 무려 2배로 늘었다. 전체 학부 졸업생의 5.3퍼센트를 차지한 셈이다.

기업이나 대학원 전문 자격을 발급하는 기관이 이들 대학의 졸업장을 어떻게 볼 것인지는 별도의 문제다. 솔직히 말해 우리는 소유자와 투자자에게 이익을 남기는 것을 우선순위로 하는 피상적인 대학 프로그램에 대해서는 탐탁지 않게 생각한다. 또, 그런 학교들이 학생을 끌어들이고 있다고 해서 그 가치를 인정해 주어야 한다고 생각지도 않는다.

사실 대다수의 학생들은 정부 보증이 대부분인 학자금 대출을 통해 등록금을 마련한다. 한마디로 말해 이런 대학들은 공적 자금에 의존해 수익을 창출하고 있는 것이다. 청문회에서 종종 등장하듯이 이들 대학은 학생들을 뽑아 놓고 정해진 과정을 잘 이수하는지, 대출금을 제대로 갚아 나가는지는 거의 신경도 쓰지 않는다. 우리는 계속 이들을 주시할 것이다.

우리는 이 책에서 수업의 대부분이 집이나 캠퍼스에서 멀리 떨어진 곳에서 이루어지는 온라인 교육에 대해서도 한 장에 걸쳐 다룰 것이다. 그러므로 컴퓨터 스크린이 실제 교수를 대체하면서 어떤 일들이 생기는지, 그리고 학생들의 참여도가 어떤 영향을 받고, 학업적 성취는 어떻게 평가되는지에 대해서도 알아볼 것이다.

우리는 온라인 교육으로 각각 얻은 것과 잃은 것은 무엇인지 헤아려 보았다. 우리가 바라는 것은 이 책과 우리가 제기한 문제들이 국가의 핵심 영역인 대학교육에 대한 토론을 활성화시키는 계기가 되는 것이다.

우리의 기본 전제는 미국의 대학교육이 본연의 목적을 상실했다는 것이다. 너무나 많은 대학이 젊은이들의 사고와 상상력을 자극하고 이를 통해 세계와 자신을 더 잘 이해하도록 돕는 임무를 등한시하고 있다는 것이다.

우리는 이 책을 통해 어떻게 대학 캠퍼스가 직업훈련장으로 변질되었는지, 교수와 대학의 행정직 그리고 총장들이 어떻게 이 거대한 배움터를 자신들의 이익과 기쁨을 위해 유용하고 있는지를 보여 줄 것이다.

우리는 이런 변질된 대학교육이 반드시 바뀌어야 하고 바뀔 수 있다고 믿는다. 첫 번째로 할 일은 명예로운 소명이라는 이름하에 어떤 일들이 벌어지고 있는지 면밀히 살펴보는 것으로서, 이것이 바로 우리가 앞으로 이 책에서 다룰 내용이다.

PART 1

교직원들의
세계

교수들이 하는 일

몇 년 전 뉴욕시립대학교의 퀸스대학 정치학과에서 미국 정부 개론 강의를 맡을 조교수를 모집했다. 일자리가 귀한 때라 응시자들에게는 굉장히 좋은 기회였다. 6년 안에 정년을 보장받는 종신교수로 승진할 수 있는 조건이기도 했다. 연봉도 평균 이상인 데다 인기 지역인 뉴욕 시의 교수 자리는 매우 드문 기회였다. 처음 교수 사회에 발을 들이는 교수들 대부분은 아이오와의 에임스나 텍사스의 샌 마르코스 같은 소도시에서 교직을 시작할 수밖에 없다.

마침 일류 대학에서 갓 박사 학위를 마친 젊은 정치학자가 최종 후보에 올랐다. 「양원제 국회에서의 법적 조정을 위한 알고리즘」이라는 그의 연구는 최신 유행에도 걸맞은 것이었다. 그의 지도교수들은 그를 떠오르는 학계의 스타로 묘사하며 극찬이 담긴 추천서를 보내 주었다.

그러나 퀸스대학 캠퍼스에서 폭넓은 지식과 강의 실력을 보여 줄 것으로 기대되었던 이 촉망받는 젊은이의 프레젠테이션은 전혀 인상적이지 못했다. 학과장과의 면접에서 이 젊은이는 학교나 학생에 관한 것은 전혀 묻지 않았다. 더군다나 취업 상담사라면 누구나 면접에서 필수적이라고 꼽는 "제가 학교를 위해 무엇을 하면 좋을까요?"라는 질문조차 하지 않았다.

대신 그의 첫 번째 질문은 "강의를 몇 개나 맡아야 하죠?"였다.

"세 개 + 세 개요."

학과장이 한 학기당 세 개의 강의를 맡는다는 의미로 친절하게 답했다.

"그렇게는 못합니다."

뒤이어 그가 말했다.

"저는 연구도 계속해야 하고, 들으셨겠지만 이 연구는 아주 중요한 연구입니다. 제가 박사 학위를 받은 학교는 한 학기당 강의가 두 개씩인데요. 그건 그렇고 안식년은 어떻게 되지요?"

학과장은 7년에 한 번, 6년간 강의하고 1년을 쉬는 식이라고 말했다. 그러자 지원자는 움찔하며 말했다.

"아…그런 줄은 몰랐네요. 다른 학교에서는 4년에 한 번이던데요. 제가 만약 여기서 일하게 된다면 별도로 특별 계약이 필요할 것 같네요."

학교는 그 후 이 젊은이에게 연락하지 않았다. 아마도 그는 왜 연락이 안 왔는지 혼란스러웠을 것이다. 이것은 꾸며낸 이야기가 아니다. 5~6년 전 젊은 스타 학자들이 스스로 자기 자리를 만들 수 있다고 생각하던 때에 실제 있었던 일이다. 최근에는 취업 시장이 얼어붙어 자리 하나가 나면 500~600명의 지원자가 몰린다. 지원자들은 학교가 말하는 조건을 그대로 받아들이고 어떤 질문도 하지 않는다.

그럼에도 우리가 이 인터뷰를 환기시키는 것은 다음과 같은 이유에서다. 경제 불황에도 이런 식의 젊은 학자를 만들어 내는 학계의 문화는 변하지 않았다. 그 젊은 학자는 선배들을 모방하고 있을 뿐이다. 즉 되도록 강의는 적게 하면서 연구를 위한 자유 시간과 학교의 지원을 받아 내기 위해 협상을 하는 식이다.

그가 자라난 학계는 바깥 사회와는 너무도 다른 세계다. 그곳은 면접 때

"일을 얼마나 적게 해야 하나요?"라고 묻는 것이 하나도 이상하지 않은 곳이다. 더군다나 그가 운 좋게 자리 하나를 차지하고, 시간이 지나 종신교수가 된다면 신입생을 대상으로 한 정치학개론 강의를 맡겠다고나 할지 의문이다.

이것이 바깥 세계와는 완전히 다른 교수들의 세계다. 보통의 모든 근로자가 직장의 감독관이나 상사를 참아 내며 일하고 있을 때 교수들은 종종 자신과 함께 일할 동료를 선택하고, 봉급 인상이나 승진을 투표로 결정하고, 어떤 경우에는 자신의 상사를 투표로 뽑기까지 한다. 학교는 거의 그들이 원하는 방향과 이익에 맞춰 돌아간다.

학생들은 4년마다 왔다가 떠나가고 행정 직원들은 직장을 옮기기도 하지만 종신교수들은 블루밍턴(인디애나대학교가 위치한 도시), 칼리지파크(메릴랜드대학교가 위치한 도시), 채플힐(노스캐롤라이나대학교가 위치한 도시)에 계속 머물면서 권력을 쌓고 자원을 통제하고 자신의 필요에 따라 대학을 바꾼다. 교수 중심의 캠퍼스에서 학생들의 존재감은 사라지고, 알 수 없는 이유로, 즐겁고 유용한 일인 강의를 하는 기쁨도 사라져 버렸다.

미국의 대학은 서로 다른 지위를 가진 약 90만 명의 '정규직 교수'로 구성된 일종의 '카스트 제도'에 묶여 있다. (시간제 근무 강사들은 여러 학교에서 똑같은 강의를 할 때도 있기 때문에 정확한 숫자를 집계하기 어렵다.)

이 카스트의 가장 꼭대기에는 32만 명의 정교수(full professor)와 부교수(associate professor)가 있다. 이들 대부분이 이미 종신직을 보장받았거나 곧 보장받을 예정이다. 앞서 언급한 젊은 지원자는 스스로를 이미 이 세계에 속한 인물로 생각했기 때문에 그런 처신을 했을 것이다.

바로 아래 계층의 사람들이 17만 명 정도 되는 조교수(assistant professor)들이다. 이들 대부분은 6년 안에 종신직 심사를 받는 조건으로 일하고 있고, 결국에는 종신직으로 승진하게 된다. 이미 어렵게 뽑힌 사람들이고, 그들을 선택한 이들은 자신들이 사람을 잘못 뽑았다는 것을 인정하고 싶지 않을 테니 말이다.

나머지 대부분의 정규직 교수들은 카스트 제도의 세 번째 계층에 속하는 이들로 종신직 가능성은 없고 적당한 월급과 복지 혜택을 받고 일하는 전임 강사(instructor and lecturer)들이다. (이들 중 상당수는 다른 데서 일을 찾기 어려운, 교수의 배우자들이다.) 안식년을 떠난 교수의 자리를 대신하는 초빙강사(visiting faculty)도 이 계급에 속한다. 네 번째, 다섯 번째 카스트는 시간제 강사(part-time adjunct)와 대학원생 조교들이다. 이들은 착취당하고, 해고의 불안에 시달리고, 저임금으로 빈곤에 시달리는 캠퍼스 내의 비정규직 노동자들이다. 많은 대학들이 이들에게 학부 강의 중 상당수를 맡기고 있다.

이 장에서는 상위 두 계층에 속하면서 교수 사회의 57퍼센트를 차지하는 50만 명의 교수(정교수, 부교수, 조교수) 사회에 초점을 맞출까 한다. 이들이 주체가 되어 대학 내 많은 일들이 통제되고 있는데, 대부분의 경우 그들에게 유리한 방향으로 모든 결정이 이루어진다.

이론적으로, 교육이란 것은 의료나 화재 진압, 국립공원과 같은 공공 서비스에 속한다. 대개 유치원에서 고등학교까지 교사들은 이런 이유를 동기 삼아 일한다. 하지만 교수들의 '보호구역'인 대학으로 가면 지극히 좁은 의미의 철저한 이기주의가 끼어들기 시작한다.

먼저 교수들이 어떻게 자신의 전공 분야와 자신을 동일시하는지 살펴보자. 자신의 개인 사정을 회사에 적용해 이 방식대로 일해야 한다고 주장하는 직원이 있다고 상상해 보자. 감리교 신자들은 자신들의 방식에 따른 성찬식을 고수할 것이고, 침례교 신자나 가톨릭 신자, 유대인들도 비슷한 주장을 할 것이다. 그들 모두 자신들의 교리는 자신들의 정체성에 있어 핵심적인 문제라고 주장할 것이다. 그리고 그것은 단지 자신들이 성장한 배경이 되는 것만 아니라 자신의 존재 그 자체라고 우길 것이다.

한때 시카고대학교의 교수였고 지금은 베를린의 막스플랑크 연구소에서 일하는 사회심리학자 게르트 기거렌처(Gerd Gigerenzer)는 우리에게 이렇게 말했다.

"이건 정말 최악의 일 중 하나예요. 마치 정치 운동을 하는 이가 정당과 자신을 동일시하듯이 자신의 전공이나 세부 전공을 자신과 동일시하는 거죠."

그런데 이것이 바로 대학교수들이 일하는 방식이다. 대학 카탈로그의 신성한 제목 아래는 물리학, 역사학, 수학, 연극학, 사회학, 문학 등이 있다. 이들 학과 간의 경직성 때문에 캠퍼스가 원자화되었고, 학과는 교수들만의 영토로 나뉜 채 지식의 교류를 가로막고 있다. 신출내기 교수의 훈련장인 박사과정은 연장자들이 교리와 관련된 설화나 교독문을 전달하는 신학교와 다름없는 곳이 되어 버렸다. 만약 항공기를 만드는 보잉사에서 이런 일들이 일어났다면 신형 드림라이너기는 날아 보지도 못했을 것이다.

인류학 박사 학위를 딴 이들은 졸업 후 인류학자가 된다. 그렇기 때문에 그가 선택한 전공, 나아가 그 전공이 가진 정신세계와 연구법은 곧 그의 직업일 뿐 아니라 정체성을 드러낸다. 그들은 '인류학'이라는 렌즈를 통해 세상을 바라보고 이해한다. 인류학을 전공하는 한 젊은 학자는 우리에게 이렇게 말했다.

"저는 운동 경기장이나 슈퍼마켓 계산대에 있는 사람들을 볼 때마다 저도 모르게 부족 의식이나 혈연 공동체를 연상하게 됩니다."

학제 간 연구에 대한 요란한 선전에도 불구하고 대부분 캠퍼스에서 인류학자들은 기껏해야 사회학자와 연구 영역을 교류하는 정도다. 외부에서 보기에는 다른 전공과도 공유할 연구 주제가 많다고 생각하겠지만 말이다. 심지어 사회학자와 사회심리학자들 간에도 서로 용어와 연구법, 이론 모델에서 차이를 보인다.

한때 하버드대학교가 유사한 학문 사이에서 강의와 연구를 통합해 보려고 사회관계학과를 만들었다. 하지만 그 공동학과는 오래가지 못했다. 교수들은 자기 집 밖을 벗어난 영역에서는 불편해한다. 아마도 학제 간 연구가 구체적인 성과를 낼 수 있는 유일한 분야는 물리학, 화학, 생물학처럼 우주에 대한 새로운 지식을 찾아낼 수 있는 자연과학 분야일 것이다. 물리학 분야는 요즘 일자리가 부족해 젊은 물리학자들은 학제 간 연구에 더 큰 매력을 느낀다. 요즘 과학계에는 스스로를 '생물물리학자'로 부르는 이들이 점점 늘어나고 있다.

하지만 사회과학과 인문학에서는 이런 일들이 일어나기 어려울 것 같다. 이 분야 학자들은 자신들이 진행하고 있는 연구에 대한 확신이 부족하기 때문에 전공 간 견고한 경계를 고수하려고 한다. 미시간대학교에서 경제학과 정치학 협동 과정을 맡고 있는 스콧 페이지(Scott Page) 교수는 우리에게 이렇게 말했다.

"동료 교수들은 한 전공 분야를 따라잡기 위해 수년을 연구한 후에는 계속 그 길로만 가려고 하지요. 마치 종(種)이 다른 동물을 다른 우리에 가둬 놓은 동물원 같아요."

그는 같은 학교의 생물학 교수가 쓴 훌륭한 논문을 읽고 나서 그 교수에게 점심을 산 적이 있는데, 그녀가 말하기를 캠퍼스에서 교편을 잡은 후 다른 과 교수에게 그런 얘기를 듣는 것은 처음이라고 했다.

애리조나대학교의 마이클 크로우(Michael Crow) 총장은 학과 간 벽을 허물기 위해 노력했다. 그는 종신교수 임명권을 능숙하게 활용해 새로운 학제 간 연구소를 만들고 모든 학과 구분을 없애 버렸다. 교수들 또는 적어도 일부

교수들은 그의 결정에 분노했지만 우리가 보기에 이는 그가 옳은 일을 하고 있다는 증거다.

교수들은 자신들의 전공 밖 분야에서 소외될 뿐 아니라 바깥세상에서도 고립되는 경우가 많다. 대부분의 대학이 설립된 19세기에는 대학은 세속 도시에서 멀찌감치 떨어진 곳에 있어야 한다는 생각이 있었다. 이 전통은 지금까지도 이어져 콜비대학은 메인 주 워터빌(인구 1만 5,968명)에 있고, 웨스턴오리건대학교는 먼마우스(인구 9,726명)에, 케니언대학은 오하이오 주 갬비어(인구 2,020명)에 있다. 심지어 주립대학교들도 유진, 노먼, 터스컬루사 같은 외딴 곳에 떨어져 있다. 이렇듯 전원 마을에 있는 대학들이 얼마나 부정부패를 멀리하는지의 문제는 각자의 판단에 맡겨 두기로 하자.

우리의 관심사는 이런 지리적 고립이 교수에게 미치는 영향이다. 첫 번째 사실은, 그런 은둔 지역에서는 대학이 유일한 관심사라는 것이다. 눈을 씻고 봐도 다른 일들은 일어나지 않는다. 그렇기 때문에 대학에서 발생하는 일은 무엇이든 그 실체나 적정 수준보다 부풀려지기 마련이다. 코넬대학교에서 가르쳤던 한 지인은 우주의 상태에 대한 지적인 대화가 오갈 것만 같은 교수 파티에 대해 이야기하며 다음과 같이 말했다.

"절대 그렇지 않았어요. 우리는 똑같이 고립되어 있기 때문에 서로의 생각을 이미 너무 잘 알고 있었지요."

그래서 줄리아 차일드(Julia Child, 미국에 프랑스 요리를 도입한 요리연구가—옮긴이)의 만찬이 끝나면 새로운 교무부처장이나 남학생 클럽의 기물 파손 혹은 주차장 증축 따위에 대한 대화로 옮겨 갔다.

"지극히 사소한 문제에 대해서도 강한 주장을 하고 있는 자기 자신을 발견하게 되지요. 사실 모든 사건들이 이슈가 되는 거죠."

교수들의 생활방식이 이들과 다른 도심의 학교로 옮긴 후에야 그녀는 자신이 바깥세상과 얼마나 단절된 환경에서 지내 왔는지를 알 수 있었다.

파벌 정치와 지리적 고립은 교수들이 자신의 특권을 유지하는 한 방법이지만 이것이 전부는 아니다. 어쩌면 가장 주목해야 할 것은 많은 학과에서 교수들이 직장 내 민주주의를 전례 없는 수준까지 끌어내릴 수 있다는 점일 것이다. 교수들의 자치 시스템에서는 고용자 중 한 그룹인 종신교수의 이익이 다른 무엇보다 우선시된다.

교수 자치 시스템은, 시간과 에너지가 많이 드는 일이다. 우리가 대학을 돌아보면서 가장 많이 듣게 된 불평은 위원회에 쓰는 시간이 너무 많다는 것이었다. 주로 '~서비스'라는 제목으로 열리는 이런 회의들은 강의, 연구와 더불어 승진과 이름 알리기에 필요한 세 번째 필수 항목이다. 문제는 이런 일이 강의나 연구만큼이나 시간을 잡아먹고 있다는 사실이다.

물론 다른 직업 세계 사람들도 의견을 나누고 결정을 내리기 위해 모임을 갖는다. 「뉴욕타임스」에서 일하는 클로디아(본서의 공동필자 – 옮긴이)의 동료들은 화요일 오후마다 모여서 프로젝트의 최근 정황에 대해 챙기고 각자 맡은 영역에 관한 새로운 정보와 취재원에 관한 이야기를 나누었다. 프로젝트는 현대 과학에 관한 훌륭한 세미나였다. 때때로 어떤 특별한 임무를 위해 위원회를 꾸리기도 하지만 프로젝트가 끝나면 위원회도 해산된다.

그러나 학문 세계에서는 그렇지가 않다. 대학 내 위원회는 영구적일 뿐 아니라 매학기 새로운 위원회가 생겨난다. 인구 1만 9,656명의 미네소타 주 노스필드의 칼턴대학에는 학생들이 활발하게 참여하고 교수들도 헌신적인 훌륭한 인문교양 프로그램이 있다.

이러한 좋은 점에도 불구하고 이 학교도 '위원회 바이러스'로 시달리고 있다. 이 학교 웹사이트를 보면 위원회가 68개나 되는데, 계산해 보니 교수 3명당 한 개 꼴이다. (이 숫자는 학과나 학부 내에 있는 위원회는 제외한 것이다.) 다음은 우리의 시선을 끈 몇 가지 위원회 종류다.

접근성 인식 위원회

교수 보상 위원회

언어 필수조건 면제 위원회

동물 보호와 이용 위원회

레크리에이션 센터 자문 위원회

초임 교수 위원회

성희롱 & 성폭행 위원회

평의회와 일반 대화 위원회

이 각각의 위원회는 저마다 존재 이유가 있을 것이라는 사실에는 의심의 여지가 없다. 여기 언급하지 않은 다른 60개 위원회도 마찬가지일 것이다. 하지만 교수들은 이런 모든 위원회의 자리를 채우느라 학생을 가르치는 것과는 전혀 상관없는 일로 분주하게 된다.

우리가 오히려 위원회의 자문을 줄이면 교수와 학생 모두에게 더 이익이 되지 않을까라고 했더니, 학내 성폭행 사건을 행정 직원이 판결했으면 더 좋겠느냐는 답이 돌아왔다. 또, 초임 교수들과 관련된 일을 동료 교수가 아닌 교무처장이 단독으로 처리하길 원하느냐는 질문, 레크리에이션 위원회를 두는 것이 책상에 앉아 결정하는 관리자를 두는 것보다는 낫지 않느냐는 이야기도 있었다.

일종의 합의라도 한 듯 교수들 사이에서는 행정 직원을 동업자나 조력자가 아닌 계급의 적이나 위험 세력으로 보는 경향이 있다. 결국 교수들은 민주주의 정신은 참여와 자문에서 비롯되기 때문에 칼턴에서 위원회는 반드시 필요한 것이라고 우리를 설득하려 했다. 그럼에도 우리는 공적 자원이 낭비되고 있는 것은 아닌지 의심하지 않을 수 없다. 또, 모든 대학에는 대학 운영에 있어 거의 목소리를 내지 못하는 임시직 강사가 있다는 사실도 기억해야 한다.

위원회 일은 바쁜 일이기도 하지만 오랜 기간 동안 학자의 길을 포기해 온 교수들의 대리 만족용 도구이기도 하다. 레베카 촙(Rebecca S. Chopp)은 총장직을 수행하기 위해 콜게이트대학교에 도착했을 때 이 같은 사실을 알아차렸다.

"몇몇 핵심 인물들이 반복해서 회의에 참석했죠. 그런데 그 교수들은 연구에서 성과를 내거나 강의를 잘하는 교수들이 아니더군요."

코넬대학교의 한 교수도 비슷한 이야기를 했다.

"지난 20년간 자기 전공 분야와 관련해서는 단 한 글자도 안 썼지만 40페이지짜리 위원회용 보고서는 척척 써내는 교수가 많더라고요."

학자들은 주요 정책뿐 아니라 대학 내 모든 일에 대해 자문하는 일을 이상하리만치 좋아하기 때문에 위원회 수는 유례없이 급증하고 있다. 지금은 스워스모어대학 총장으로 자리를 옮긴 레베카 촙은 콜게이트에서 교수들이 총장의 모든 결정을 감독하기 위해 '전략 계획 위원회'를 만들려 했다고 말했다.

"내가 그 사람들에게 말했죠. '원한다면 그렇게 하세요. 나를 쫓아오려면 하루에 24시간을 일해야 할 거예요'. 그 제안은 결국 채택되지 않았지만 이 일만 보더라도 교수들이 얼마나 자신들의 권력이 빼앗길까 두려워하는지를 여실히 알 수 있죠."

교수들은 힘이 생기면 주로 저항하는 데 사용한다. 촙 총장은 교수가 학생을 집으로 초대해 색다른 환경에서 교수와의 만남을 가지게 하는 프로그램을 도입하려 했다. 이를 위해 교수들에게 참여를 요청했지만 이 제안을 받아들인 교수는 몇 명 되지 않았다.

"종신직이 보장된 교수들인걸요. 하기 싫은 건 절대 안 하죠." 그녀가 한숨을 쉬며 말했다.

이런 행태에 동참하길 거부하는 용감한 이들도 없진 않다. 하버드대학교 경영대 학장을 지낸 데보라 스파(Debora Spar)는 바너드대학 총장으로 부임하고 나서 직원의 업무 중복을 없애고 구조 조정을 시도했다. 그녀는 새로운 위원회를 만드는 대신 컨설팅 회사 맥킨지에 요청해 2명의 컨설턴트에게 대학의 문제점을 파악하고 해결 방법을 찾아내는 일을 맡겼다. (이들은 둘 다 여자고, 한 명은 바너드대학의 졸업생이었다.) 이러한 방법은 참여민주주의식 방식은 아니었을지 모른다. 하지만 불경기인 데다 대학이 정말 중요한 것을 잃지 않으려면 단호한 조치가 필요했다. 스파는 위원회를 만들면 교수들이 정기적으로 점심을 함께 먹는 동료를 해고할 수는 없을 것이라는 사실을 알았다.

하지만 스파가 한 것처럼 위원회의 지배 구조를 약화시키려는 시도가 흔하지는 않다. 많은 대학의 교수들이 총장과 동일한 지위에 있기를 원한다. 하버드대학교 같은 일부 학교에서는 이것이 현실이다.

하버드대학교에서 최초로 불신임 투표로 총장직을 내놓은 로렌스 서머스(Lawrence Summers)가 교수들에게 신임을 얻지 못한 이유는 그가 여성 과학자에 대해 정치적으로 부적절한 발언을 했기 때문이 아니라 많은 교수들이 그의 권력이 지나치게 비대해지는 것을 우려했기 때문이다. 대부분 학교에서 교수들은 자신이 총장과 지배 구조를 공유하는 파트너라고 믿고 싶어 하는데, 적어도 교수들이 느끼기에 썸머스 총장은 권력을 공유하지 않은 것이다.

물론 교수들이 투표를 통해 잘못된 학교 운영에 제동을 걸거나 꼭 필요한 내부 고발자의 역할을 하는 경우도 있으나 위원회는 진정한 리더십에 장애가 되기도 한다. 코넬대학교의 고(故) 클린턴 로시터(Clinton Rossiter) 교수는 다음과 같은 이야기를 들려주었다.

코넬대학교 총장이 그를 포함한 몇몇 교수들을 초대해 대학 차원에서 '중요한 이슈'에 관한 강의 개설을 제안했다. 4학년 마지막 학기에 듣는 필수과목으로 정하고 이를 통해 인문학 교육의 기본 개념을 정리하도록 하자는 의도에서였다. 로시터는 이렇게 회상했다.

"총장은 거의 말을 꺼내지도 못했어요. 제 동료들이 그의 제안에 대해 끔찍한 생각이라고 단언했거든요. 교수들은 총장은 커리큘럼에 관여하지 말라면서 자기들은 절대 협조하지 않을 거라고 했죠. 그 제안은 그날 아침 바로 폐기되었지요."

다음은 연봉 문제다. 교수들은 흔히 말하길 돈 때문에 이 직업을 택한 것이 아니라고 한다. 연봉이 여섯 자릿수(10만 달러 이상–옮긴이)에 이르는, 부러움을 한 몸에 받는 운동부 감독이나 의대의 스타 교수들을 제외하면 맞는 말이다. 하지만 교수들이 더 힘든 직업들을 택했더라면 더 좋은 대우를 받았을지는 의문이다.

미국대학교수협회(American Association of University Professors)에 따르면 2009~2010년 대개 40대 초반 수준이면 받는 정교수의 평균 연봉은 10만 9,843달러다. 월급쟁이 변호사의 평균 연봉은 9만 1,364달러이고 화학엔지니어는 7만 8,260달러, 금융 애널리스트는 7만 3,892달러다.

정교수의 평균 연봉을 보면 교수가 대체로 가난한 직업은 아니란 것을 알 수 있다. 노스웨스턴대학교(16만 6,300달러)나 에모리대학교(15만 4,800달러)는 좀 더 후한 편이고, 그 다음 단계에 속하는 델라웨어주립대학교(13만 4,600달러)나 미시건주립대학교(12만 5,000달러) 같은 공립대학교도 크게 뒤지지 않는다.

흥미로운 것은 이 수준에 속하는 소규모 사립대학교도 많다는 것이다. 베이츠대학의 정교수는 11만 5,300달러, 옥시덴탈대학은 11만 600달러, 그리넬대학은 10만 9,000달러였다. 심지어 노스캐롤라이나의 엘론대학교나 매사추세츠의 휘튼대학처럼 비교적 덜 알려진 학교들도 여섯 자릿수 문턱을 넘는다.

우리가 여기서 추가로 언급할 것은 소규모 대학의 교수들은 거의 자리를 옮기지 않는다는 사실이다. 대부분 다른 학교에서 데려갈 만큼 유명하지 않기 때문이다. 단순히 시장의 논리로만 본다면 이런 교수들은 자신의 값어치보다 더 많은 돈을 받고 있는 셈이다.

최근 클로디아는 한 A급 과학자와 저녁식사를 함께했다. 그는 얼마 전 캘리포니아주립대학교에서 뉴욕의 컬럼비아대학교로 자리를 옮겼다.

"전에 있던 학교 총장이 사람들에게 내가 예산 삭감 때문에 자리를 옮겼다고 했다더군요. 그건 어디까지나 그 사람의 주장이고 사실은 전혀 그렇지 않아요. 난 그저 뉴욕에 살고 싶었을 뿐이라고요."

월스트리트의 금융가만큼은 아니지만 교수 월급도 물가 상승률을 넘어서는 속도로 올랐고, 근로자의 평균보다 연봉이 훨씬 높아졌다. 1985년 이후 하버드대학교의 정교수 연봉은 물가 상승률을 감안하더라도 53퍼센트나 올랐다. 스탠퍼드대학교의 실질 상승률은 57퍼센트, 프린스턴대학교는 64퍼센트다.

공립대학교의 연봉은 이보다 적긴 해도 여전히 물가 상승률보다는 높게 상승했다. 텍사스주립대학교의 정교수는 1985년에 비해 46퍼센트나 더 많이 받고 노스캐롤라이나주립대학교도 56퍼센트나 더 받는다. 교수들은 자신들이 소외감을 느끼고 제 가치를 인정받지 못하고 있다고 말할지도 모른다. 하지만 그들이 집에 가져가는 돈을 보면 그런 느낌이 틀렸다는 것을 알 수 있다.

그렇다면 얼마 정도가 정당한 보상일까? 이는 오래된 수수께끼다. 왜 신경외과 의사는 소방수보다 10배의 돈을 받을까? 둘 다 기술이 필요하고 생명을 구하는 일인데 말이다. 우리는 여기에서 사람들이 자신의 수입을 정당화시키는 이유를 설명할 생각은 없다. 왜냐하면 고소득자일수록 대부분 자기 입맛에 맞춰 얘기하기 때문이다.

그보다 우리는 교수의 업무량이 얼마나 되는지 살펴보려고 한다. 다시 말해, 교수들이 정해진 시간과 장소에서 근무하도록 되어 있는 시간을 가늠해 보는 것이다. 이는 강의 시간이 될 수도 있고 자기 연구실에서 학생들을 만나기로 정한 시간이 될 수도 있다.

우리는 대학 두 곳을 골라 정교수들의 업무 스케줄을 계산해 보았다. 첫 번째 학교는 오하이오 주의 유수 명문대이자, 리버럴 아츠 칼리지[liberal arts college, 개별 전공을 강조하고 연구를 중시하는 일반 대학(university)과는 달리, 인문학, 사회과학, 자연과학, 예술 등 기초학문의 학제간 학습, 그리고 글쓰기, 토론 등에 집중하는 학부 중심 대학교를 뜻한다. 미국에만 거의 독점적으로 존재하는 독특한 유형의 대학으로서 대부분 석박사 과정이 없고, 규모가 작으며, 학생과 교수진이 긴밀하게 어울린다.—옮긴이]인 케니언대학이다. 이 학교에서 교수의 강의 분량은 1년에 5개, 학계 용어로는 3개 + 2개다. 일주일에 두 시간 학생들을 만나기로 정한 시간까지 포함시켰다.

이 계산법에서 또 다른 항목은 7년에 한 번씩, 한 학기 동안 유급 휴가를 쓸수 있는 안식년 제도다. 이 기간까지 계산하면 케니언대학 교수들이 강의실이나 연구실에서 학생을 만나며 보내는 시간은 한 해에 381시간이라는 결론이 나온다. (전형적인 월급쟁이 변호사는 1년에 평균 1,960시간을 법정과 사무실에서 일한다.)

두 번째 대학은 예일대학교다. 경제학과나 심리학과 교수들은 한 해에 2개 + 1개의 강의를 맡는다. 따라서 한 학기에는 수업을 하나만 맡고 연구실에서 학생을 만나는 시간도 더 짧다. 게다가 예일대학교는 3년에 한 번 돌아오는 휴직제를 운영하고 있기 때문에 5학기를 가르친 후에는 한 학기는 유급 휴직을 쓸 수 있다. 그 결과 예일대학교 교수들이 1년 동안 강의실과 연구실에서 학생을 만나는 시간은 213시간이다. 여기에 몇 가지 사실을 추가하자면 케니언대학 정교수의 평균 연봉은 9만 2,600달러, 예일대학교는 17만 4,100달러다.

이 연봉 수준을 고려하면 예일대학교 교수들이 시간당 817달러를 받을 때 케니언대학 교수들은 시간당 243달러를 받는 셈이다. 벌써 성난 교수들의 항의가 들리는 듯하다. 여기서 계산된 시간 외에도 자신들이 하는 일은 훨씬 많다는 것이다. 교수들은 자신들이 보통 적어도 일주일에 60시간은 일한다고 말한다.

교수들이 강의나 학생 면담 외에 다른 일을 하고 있다는 것은 인정한다. 하지만 그런 일들 중 상당수, 즉 대학 위원회, 학과 회의, 교수 회의 그리고 교수들이 연구라고 부르는 일들(이 연구의 가치에 대해서는 뒤에서 다시 다룰 것이다)은 그들의 설명처럼 꼭 필요한 일은 아니다.

그렇다면 수업 준비, 시험지나 리포트 채점, 논문 지도 같은 일들은 어떻게 할 것인가? 이런 일들이 기본 업무에 포함되지 않았다는 것은 인정한다. 이는 그만한 이유가 있다. 기본 업무 시간이라는 것은 교수가 확실히 일을 하고 있다고 말할 수 있는 시간이다. 하지만 교수들이 실제 강의를 수정하고 재구성하고 새로운 강의를 구상하는 데 얼마만큼의 시간을 쏟는지는 알 방법이 없다. 그러므로 강의를 업데이트한다고 주장하는 교수가 본인이 직접 일을 한다는 사실을 증명하게 하려 한다. 강의를 재구성하는 것은 교수가 필수적으로 해야 할 일이라는 것을 확실히 하기 위해서다. 물론 강의 노트(요즘 같은 때는 강의용 파워포인트 슬라이드)를 전혀 바꾸지 않는 교수도 있다.

한 강의실에서 학생들이 모두 열심히 교수의 강의를 받아 적고 있었다. 그런데 뒷줄에 앉은 한 여학생은 혼자만 전혀 필기를 하지 않고 있다. 어떻게 그럴 수 있었을까? 엄마가 대학 시절에 그 교수 강의를 들으며 썼던 노트가 있었기 때문이다.

물론 교수들이 주의 깊게 답안지를 읽고 도움이 될 만한 코멘트를 남기는 경우도 있다. 대개 케니언대학의 경우 그럴 확률이 높다. 이런 경우 우리는 기꺼이 그 교수가 기본 업무 시간 외에 일을 더 했다고 인정할 수 있다. 하지만 과연 예일대학교 교수들도 그럴지는 의문이다. 이곳에서는 대부분 대학원생이 채점을 하기 때문이다.

후원금을 가장 많이 받는 대학의 교수들은 지나치게 후한 월급을 받고 있다. (우리는 시간당 817달러는 후하다고 생각한다.) 스탠퍼드대학교 교수의 자녀가 이 대학에 입학할 경우 등록금이 면제인 것은 이해할 수 있다. 하지만 여기에는 연 3만 8,700달러짜리 전액 면세라는 혜택이 추가된다. 또, 하버드대학교든 하버포드대학교든 교수들의 자녀가 이 대학을 가면 등록금의 반을 면제해 주고 역시 면세 혜택이 주어진다.

스탠퍼드대학교의 후버연구소(Hoover Institution) 연구원들이 복지 프로그램에 대해 격분하고 있을 때 학교는 매월 임대료를 지원해 주는 교수용 아파트 700채를 운영하고 있었다. 집을 구매하면 혜택은 더 커진다. 새로 임명된 부교수는 9년간 주택 모기지로 연 2만 1,500달러를 지원받을 수 있다. 정교수는 모기지의 절반을 최대 120만 달러까지 시장 이자율보다 낮은 금리로 대출받을 수 있다.

스탠퍼드대학교는 홈페이지에 그동안 일반 모기지를 이용했던 교수가 이 부가 혜택을 이용해 더 비싼 집을 살 수 있다고 선전하고 있다. 프린스턴대학교의 고참 교수들도 조건을 달긴 해도 비슷한 혜택을 받는다. 주택비 지원을 받으려면 학교에서 12킬로미터 내에 위치한 집이어야 한다는 것이다. 이런 제한이 생긴 데는 틀림없이 흥미로운 사연이 있었을 것이다.

학기 중 교수의 업무량이 얼마나 적은지는 앞서 이미 언급했다. 하지만 안식년처럼 일을 하지 않아도 월급이 나오는 직업은 교수직이 유일하다. 최근까지 안식년은 문자 그대로 안식일처럼 7년에 한 번 돌아오는 것이었다. 엄밀히 말하면 6년 일하고 1년은 쉬면서 월급의 반만 받거나 반년을 쉬면서 월급은 다 받는 식이었다. 하지만 이제 이 방식을 바꾼 학교가 많다. 뉴욕시립대학교는 부채를 상환할 형편도 안 되면서 안식년에 교수들에게 월급의 80퍼센트를 지급하고 있다. 애머스트대학은 3년에 한 번꼴로 안식년이 돌아온다.

교수들이 강의를 쉬는 동안 무엇을 해야 하는지에 대해서는 견해가 엇갈린다. 그중 첫 번째 의견은 안식년은 강의를 개편하고, 그동안 밀린 자료들을 읽고, 해외에서 시간을 보낼 기회로 삼아야 한다는 것이다. 강의를 하는 일이 활기 넘치는 일이긴 하지만 매일 처리해야 하는 잡다한 일들 때문에 방해받지 않고 자신을 돌아볼 시간이 부족하다는 것이다. 회계사나 엔지니어와는 달리 교수는 지적 충전을 위한 시간이 필요하다는 논리다.

하지만 최근에는 리버럴 아츠 칼리지나 별로 유명하지 않은 주립대학교조차 교수의 연구 활동이 논문 발표로 이어지길 기대한다. 교수의 논문 발표 실적이 대학의 지위를 결정하기 때문이다. 교수들이 지나치게 연구에 대한 압력을 많이 받고 있는 것은 아닌지에 관한 문제는 뒤에서 다시 다룰 것이다. 여기서는 한 친구의 이야기로 이를 대신하려 한다.

북동부의 한 리버럴 아츠 칼리지의 총장인 그녀는 안식년을 간 교수 명단에 종신직 '요가 교수'가 있는 것을 보고 심히 당황했다고 한다. 이후 그녀는 체육 필수 학점을 줄이고 요가를 배우는 학생은 동네에 있는 사설 기관에 보내는 방안에 대해 고려하게 되었다.

앞서 언급했듯이 예일대학교 교수는 7년을 기다릴 필요가 없다. 안식년이

3년에 한 번씩 돌아오기 때문이다. 하버드대학교에서는 종신교수가 아니라도 학교 홍보가 될 만한 책을 쓰는 것이 목적이라면 1년간 유급 휴직을 쓸 수 있다. 그 결과 최근에는 한 해에 역사학과의 조교수 중 2명만 강의를 한 경우도 있었다.

같은 해 철학과는 정규직 교수의 거의 반인 17명 중 8명이 안식년을 썼다. 물론 그에 대한 대가는 학생들이 치르고 있다. 그해 학부 강의 중 상당수가 취소되거나 학교에 대해 속속들이 알지 못하고 1년 정도 머물다 떠나는 초빙교수들이 강의를 맡았다.

우리가 인정하는바, 하버드대학교는 특별히 기부금이 많은 학교다. 적어도 2008년 위기가 닥치기 전까지는 그랬다. 하버드대학교는 다른 학교들이 모방하려는 기준을 만들었지만 결국 그 영향으로 학교 재정이 무너지게 되었다. 강의를 우선시하는 윌리엄스대학조차 교수 중 3분의 1이 부재중인 채 운영되고 있다. 학부모들은 자신이 내는 등록금 중 얼마가 강의를 하지 않는 교수들에게 지급되고 있는지 전혀 모르고 있다.

우리는 이제 순진해 보일지도 모르는 질문을 던지고자 한다. 왜 학생들이 교수를 만나지도 못하는 시간에 대해 돈을 지불해야 하는가? 교수들이 논문을 발표하는 주된 목적은 자신의 커리어 관리를 위해서인데도 말이다. 다른 직업을 가진 사람들은 무언가를 쓰고 싶다면 이를 위해 따로 시간을 내고 자비를 들인다. 그런 점에서 우리는 만약 안식년이 줄거나 아예 없어진다면 교수들은 논문 혹은 인터넷 사이트에 한마디라도 더 쓰려고 열심히 일할 것이고, 논문의 질은 더 올라갈 것이라는 생각을 하게 되었다.

다른 직업보다 돈도 더 많이 받고, 현실적으로 자기 삶에 대한 통제권도 훨씬 많은데도 대학교수들의 직업 만족도는 놀랍도록 낮은 경우가 많다. W. S. 길버트(W. S. Gilbert)의 말을 인용하자면 교수의 운명이란 것이 행복한 것만은 아니다. 우리는 대학들을 취재하면서 여러 번 교수 모임에 참석했다. 버클리건 보스턴이건 대화 내용은 거의 유사했다. 학생들은 거의 문맹 수준이고, 총장은 지식인에 반감을 가진 인물이며, 새로운 주차 수칙은 불합리하고, 회의에는 꼭 분위기를 흐리는 천박한 동료가 있다는 것이다.

정말 똑똑하고 이상적인 사람이라면 매일 일과를 마치면서 이 이상한 작은 세계에서 소외감을 느끼게 된다. 최고의 교수들 중에는 이런 상황을 못 견디고 출세 지향주의자에게 자리를 내주는 경우도 많다. 클로디아는 최근 인디애나주립대학교에서 저널리즘을 가르치다가 일찍이 은퇴한 홀리 스타킹(Holly Stocking)으로부터 이런 말을 들었다.

"강의를 시작한 첫 해에는 일에 몰두하면서 이제 제대로 전문가가 되리라 생각했죠. 하지만 항상 권모술수를 쓰는 것 같은 기분이었어요. 오랜 시간 쌓아 온 지식을 적용하면서 지혜를 일구어 가는 일은 별 주목을 받지 못했고, 미미한 지식 하나를 새로 만들어 내는 것이 가장 중요한 일처럼 여겨지더라고요. 결국 내 안의 건전한 자아가 이렇게 말하더군요. '그만하면 됐어!'"

폭발적으로 늘어난 행정직

　　매사추세츠 교외에 있는 윌리엄스대학은 매사추세츠에서 두 번째로 오래된 대학이다. 이 목가적인 캠퍼스에는 작은 규모와 전통적인 인문학 커리큘럼에 매료된 2,000명의 학생이 다니고 있다.

　　윌리엄스대학은 학생당 교수 비율이 높을 것 같은 그런 종류의 학교다. 이런 소규모의 리버럴 아츠 칼리지를 고를 때는 학생에게 주의를 기울이고 관심을 쏟는 교수가 있을 것이라 기대하게 마련이다. 아마도 이렇게 비싼 학비를 내야 할지 망설이는 학부모는 학생당 교수 비율이 아니라 학생당 행정 직원 비율에 놀라게 될 것이다.

　　이 대학이 교육부에 제출한 자료를 보면 913명의 직원 중 70퍼센트가 넘는 638명은 강의와 관계없는 일을 하는 행정 직원이다. 그중 84명은 운동부 감독이고, 73명은 대학 기금 모금 업무를 맡고 있으며, 42명은 IT 관련 일을 맡고 있다. 학교 박물관에도 29명의 직원이 있고 빌딩과 학교 관리직에 120명, 설거지 전담 26명을 포함해 식당 직원이 124명이다. 이 학교에는 '베이비시터 코디네이터'와 '배우자 및 구직 상담사', '동성애자 생활 코디네이터'도 있다. 이런 자리들이 정말 필요할까?

　　우리가 윌리엄스대학을 콕 집어서 말하려 했던 것은 아니다. 단지 이 대학에서 행정직이 급증한 것이 전국적인 추세를 반영하고 있기 때문이다. 1976년과 2008년 사이 학생당 행정 직원 비율은 배로 늘었다. 1976년에는 학생 1,000명당 교수를 제외한 교직원 수가 42명이었다. 2008년에는 이 숫자가 84명으로 늘었다.

우리는 지금 경비원과 식당 직원에 대해 이야기하고 있는 것이 아니다. 이들에 대해서는 뒤에 다시 언급하겠지만 지금 우리의 관심은 입학관리처 직원이나 부학장 같은 자리다. 1976년 이후 이런 자리들은 3배로 늘었다. 물론 그동안 학생 수도 증가하긴 했지만 행정 직원이 늘어난 비율만큼은 아니다.

우리는 좀 더 자세한 정보를 위해 「고등교육 소식지 Chronicle of Higher Education」에 난 채용 공고(광고료 1/4페이지당 2,936달러)를 살펴보았다. 모집 광고를 낸 자리 대부분 새로 만든 지 얼마 안 된 것 같았다. 예전에 대학에서 뽑는 직원은 신임 교무처장이나 교무과장 같은 자리였다. 아래 열거한 자리들이 우리의 눈길을 끈 것들이다.

    지속 가능성 책임자

    기숙사 커뮤니케이션 코디네이터

    학습 몰입 코디네이터

    수석 평가 전문가

    지식 접근성 서비스 책임자

    영양사 인턴십 책임자

    자격증 전문가

    참여와 협력 책임자

    성공적인 1학년과 단체 생활 학습 책임자

    성공적인 학교 생활 담당 부총장

모든 일에서 관료는 자신의 업무 범위를 늘리려 하기 마련이다. 책임이 클수록 그 자리가 없어서는 안 될 중요한 자리로 보이기 때문이다. 관료는 특히 단어를 조합해 자신의 존재 이유를 정당화하는 데 능숙하다. 우리는 여기 열거한 자리들을 보면서 누군가는 다음과 같이 이 자리가 아주 중요한 자리라고 설명할 준비가 되어 있을 것이라 확신했다.

성공적인 학교 생활 담당 부총장?

졸업률을 높이는 것은 우리 모두의 바람이므로 이 목표를 이루기 위해 좀 더 많은 전문적인 지원이 있어야 한다.

기숙사 커뮤니케이션 코디네이터?

기숙사 생활을 하다 보면 삶이 고립되거나 위기에 처할 수 있다. 이렇게 되면 자살을 하고픈 생각이 들 수도 있다. 그러므로 도움을 줄 어른이 필요하다.

자격증 전문가?

대학교육은 수료증과 자격증, 성적표를 기반으로 이루어지기 때문에 학교에는 이것이 허위가 아닌지 확인해 줄 전문가가 필요하다.

영양사 인턴십 책임자?

비만과 영양에 대한 국가적 관심을 고려할 때 학생들을 이런 직업으로 안내하는 일은 절대 하찮은 일이라 볼 수 없다.

이에 필요한 모든 사무실과 프로그램 그리고 거기서 근무하는 이들은 그럴듯한 논리와 확실한 목적을 가지고 생겨났다. 윌리엄스대학의 베이비시터 서비스는 자녀를 가진 교수와 용돈 벌이를 원하는 학생 모두에게 도움이 된다. 집에서 멀리 떨어진 대학에서 동성애자로 산다는 것은 쉽지 않은 일이기에 동성애자 생활 코디네이터는 동성애 학생들이 공부에 집중할 수 있도록 도움을 줄 수 있을 것이다.

하지만 어떤 서비스가 유용하다고 해서 그것이 반드시 필요한 것은 아니다. 같은 이유로 그것이 대학의 교육적 사명을 간접적으로나마 진작시킨다고 말할 수도 없다. 나아가 이런 일들을 위해 직원과 지원 인력까지 뒤따라오는 행정 관료가 필요하다고 볼 수는 없다.

우선 두 학교를 비교하는 것으로 시작해 보자. 학생당 교수 비율은 교수가 학생 개개인에게 얼마나 관심을 기울이는지를 보여 주는 지표로 자주 쓰인다. 우리는 여기에 우리가 만든 학생당 행정 직원 비율을 추가해 보려 한다.

스워스모어대학은 미국 내에서 가장 부유한 학교 중 하나다. 2008년 금융위기 전까지만 해도 매년 1,472명의 학생 1인당 16만 3,074달러에 해당하는 기부금을 걷었다. 이 돈의 일부는 행정 직원(어쩌면 학생의 대학 생활의 질을 높여 줄)을 고용하는 데 쓰인다. 최근 자료에 따르면 스워스모어대학에는 학생 1,000명당 행정 직원이 170명이다.

윌밍턴대학은 스워스모어처럼 퀘이커교 학교로서 오하이오 캠퍼스의 학생 수는 1,490명이다. 하지만 두 학교의 공통점은 이것이 전부다. 윌밍턴의 학생 1인당 기부금은 2,275달러로 스워스모어에 비할 수가 없다. 그 결과 이 학교에는 행정 직원이 81명밖에 없다. 학생 1,000명당 54명꼴이다.

하지만 우리가 들은 모든 정보에 따르면 윌밍턴대학은 부자 자매 학교(스워스모어)의 3분의 1도 안 되는 직원을 가지고도 학부생을 문제 없이 잘 지원하고 있다. 의사가 적은 나라의 국민이 의사가 넘치는 나라에 비해 오히려 건강하다는 이야기가 있다. 우리는 대학교육에도 같은 원리를 적용할 수 있을 것이라 본다.

행정 직원을 두면 단지 월급만 나가는 것이 아니라 물리적인 공간도 필요하다. 이런 시설의 유지비는 대개 채권 발행으로 충당되는데, 대학은 원금 상환은 물론 매년 일정액의 이자를 부담해야 한다. 루르드대학은 최근 학생 회관을 새로 지었고 아메리칸대학교는 커리어센터 건물을 마련했다. 트로이대학교는 상담실을 운영하고, 애그너스스콧대학은 다종교 명상실을 운영하고 있다.

케니언대학은 타지마할 같은 화려한 체육관을 새로 만들면서 행정 직원도 함께 늘렸다. 즉 스포츠 정보 디렉터, 스포츠 시설 디렉터, 운동부 부감사(수중 스포츠 디렉터 겸직), 평생 헬스 코디네이터, 교내 운동 경기와 스포츠 클럽 코디네이터, 장비 관리자, 데이터 입력 담당 직원 그리고 소프트볼, 필드하키, 축구, 수영, 다이빙, 라크로스, 골프, 테니스, 육상경기 등과 같은 다양한 종목의 경기를 담당할 40명이 넘는 코치진이 생겼다.

여기에 스시바를 담당할 쉐프와 커피 코너를 담당할 바리스타까지 더해졌다. 반면 케니언대학의 철학과에는 교수가 50명에 불과했다. 이런 불균형을 놓고 보면 여기가 대학인지 리조트인지를 묻지 않을 수 없다. 어떤 부서가 더 빠르게 성장하는지는 명백하다.

대학들이 부모의 보호 속에서 자란 학생들을 보살피는 역할까지 담당하게 되면서 행정 직원의 수는 급증했다. 윌리엄스대학은 학부모에게 "자녀의 생일에 깜짝 선물로 케이크를 선물하실 수 있습니다"라고 안내하고 있다. 그리고 만약 학생이 페이스트리를 너무 많이 먹는 것이 문제라면 이 역시 학교가 "다이어트와 건강 문제에서 도움이 필요하거나 영양소와 건강에 대해 좀 더 배우고 싶은" 학생을 위해 제공하는 서비스를 이용하면 된다.

이런 서비스들이 교육적으로 기여하는 바가 있다고 보기는 어렵다. 그보다는 대학이 강의의 질보다는 사우나 시설을 보고 대학을 선택하는 열일곱 살 신입생의 비위를 맞추려고 편의시설 경쟁에 발맞추고 있다고 볼 수 있다. 우리는 익명으로 다트머스대학의 신입생 투어(대학 입시를 준비하는 고등학생과 학부모에게 학교를 소개하고 홍보하는 행사—옮긴이)에 참석한 적이 있는데, 가장 흔한 질문은 주차 공간과 사교클럽 회비에 관한 것이었다.

대학의 교육 목표를 얼마나 강조하는지는 대학이 감당해야 할 몫이다. 이를 위해 일례로 참석자들에게 흥미로운 특강을 들려준다면 어떨까? 다트머스대학의 신입생 투어에 참석한 이들은 하키장을 구경하는 것보다 유명 신학자인 수재너 헤셸(Susannah Heschel) 교수의 특강에서 얻는 것이 훨씬 많을 것이다.

학생을 위한 서비스를 대폭 늘리는 대학은 교수의 업무를 지원하는 새로운 부서도 만들어 내고 있다. 듀크대학교는 교수가 새 책을 내기 위해 제안서를 만들고 출판사를 찾도록 도와주는 일종의 출판 중계자를 채용했다. 보수적인 졸업생과 한층 개방적인 대학 행정직 사이의 갈등이 수십 년째 계속되고 있는 다트머스대학에는 동창들을 달래는 일을 맡는 직원이 있다.

큰 대학에는 교수들이 연구비 지원을 위한 제안서를 쓸 때 국토 보안이나 녹색 기술 등 최신 유행에 맞는 제안서를 작성하도록 돕는 전문가가 있다. 주립대학이 주의회와의 상호관계를 위해 따로 직원을 두듯이 더 큰 대학들은 중앙 정부의 지원금을 끌어오기 위해 로비스트를 고용하기도 한다.

일부 대학은 법률 소송의 문제를 예측하기 위해 실제 소송을 담당하는 변호사 외에 위기관리 전문가를 따로 두고 있다. 대도시의 대학부터 세인트 트리니언주니어대학에 이르기까지 모든 대학은 홍보 담당자라 불리는 커뮤니케이션 담당 직원을 두고 있다.

홍보를 위한 대학의 노력은 패리스 힐튼 못지않게 교묘하다. 클로디아의 「뉴욕타임스」 동료들의 메일함은 아래와 같은 이야기가 담긴 보도자료로 가득하다.

"오클라호마주립대학교의 두 사회심리학자가 싱글 여성은 애착이 강한 남성과 교제하는 것을 더 선호한다는 사실을 보여 주는 논문을 발표했습니다."

"피츠버그대학교 홍보실에는 서부 펜실베이니아에서 오일 산업의 태동과 그 후 150주년을 기념해 논평을 할 전문가가 있습니다."

"뉴욕대학교 폴리텍공과대학은 대중음악과 주식시장과의 관계를 밝혀냈습니다."

행정 업무가 증가한 것이 모두 학교 내부에서 불 지펴진 것은 아니다. 연구 중심 대학은 정부의 연구비 지원에 따른 각종 규정을 처리할 별도의 직원을 고용해야 한다. 예를 들어 연구비를 받는 모든 학교는 의무적으로 '인체를 대상으로 하는 실험'을 감시하기 위한 기관감사위원회를 두어야 하는데, 이는 행정 업무를 더욱 가중시키고 상황을 더 악화시킨다.

기관감사위원회는 1970년대 의과대학에서 인체에 해를 미치거나 사망에 이르게 하는 실험을 방지하기 위해 생겨났다. 그런데 요즘에는 이곳에서 사회과학, 인문학, 저널리즘에 이르기까지 모든 학과와 관련된 문의를 담당한다. 이 위원회는 심상치 않을 정도로 학문의 자유를 해치며, 고요하지만 잠재적인 위협이 되고 있다.

미주리대학교의 저널리즘 대학원생 마이클 카니는 석사 학위 취득을 위한 과정의 하나로 국회의사당에서 일하는 기자들과 에디터들에게 선거 취재에 얼마나 여론조사를 활용하는지를 설문할 계획이었다. 그런데 미주리대학교 기관감사위원회에서 카니에게 프로젝트 진행을 중단할 것을 명령했다. 카니가 연구 대상인 현직 언론인들에게 인터뷰 과정이 고통스러울 수도 있다는 사전 경고를 하지 않았다는 것이 이유였다. 진정한 기자 정신을 지닌 카니는 어떻게든 그 프로젝트를 밀고 나갔다. 대학원 지도교수의 후원이 있었기 때문이다.

어떻게 이런 일이 일어날 수 있을까? 어떻게 대학이 행정 부서에 수많은 안락한 일자리를 만들어 놓고 종종 학생들을 희생시킬 수 있는 것일까? 이 모든 일들은 1958년부터 1967년까지 캘리포니아주립대학교를 이끈 믿기 어려운 혁명가 클락 커(Clark Kerr)로부터 시작되었다.

만약 당신이 그를 처음 만난다면 넓은 이마에 테 없는 안경, 독특한 목소리 때문에 회계사로 착각했을지도 모른다. 하지만 그는 특별한 사명감을 가진 인물이었다. 그는 '대학(university)'이라는 용어 자체가 빠르게 퇴색해 가는 과거의 유물이라고 생각했다. '단일화된'이라는 뜻의 접두어(uni–)는 대학이 집중해야 하는 단 하나의 임무를 뜻하는데, 이를 곧 교육, 특히 학부생 교육을 의미한다고 본다면 대학에 필요한 것은 강의실과 도서관, 소박한 실습실이 전부일 것이다.

클락 커는 이 모든 것을 바꾸어야 한다고 주장했고, 캘리포니아가 모범을 보였다. 그는 '거대 종합대학교(multiversity)'라는 새로운 단어를 만들어 냈고 지식과 관련된 일이라면 어떤 것이라도 다루는 기관을 새로운 대학의 모델로 제시했다. 물론 그 무엇보다 연구가 가장 우선시되었지만, 연구비를 지원하는 기관은 기업과 군, 심지어 비밀 기관까지 포함되었다. 1963년 그는 수차례의 강연을 통해 대학이 새로운 역할을 할 준비가 되어 있다고 사회에 알렸다.

클락 커가 계획을 성취하기 위해서는 거대 종합대학의 기반이 필요했다. 공교롭게도 이 기반은 당시 그 수가 폭발적으로 늘어난 대학생들에 의해 세워질 수 있었다.

1862년, 독립전쟁 와중에 의회는 모든 주들이 공립대학교를 지원하도록 의무화하는 모릴법(Morrill Act, 1862년에 공학·농학 관련 주립대학교를 설립하는 주에 국유지를 무상 제공하는 내용을 골자로 하여 제정된 법률로서 미국 서부 주립대학교들의 설립에 기여했다. -옮긴이)을 통과시켰다. 이 법안이 특히 농업과 실용 기술을 강조하기는 했지만 전반적인 목적은 그동안 교육의 혜택을 받지 못한 사람들도 인문학 교육과 실용 교육을 받게 하기 위한 것이었다.

이 법안으로 아이오와 주나 미시간주립대학교에서 플로리다 A&M, 알콘주립대학교뿐 아니라 럿거스대학교와 MIT에 이르기까지 100개가 넘는 대학이 탄생했다. 이 대학들에 여전히 농과대학과 공과대학이 있긴 하지만 문학과 철학과 같은 분야에 대한 진지한 강의가 개설된 인문교양학부도 있다.

그러나 대공황이 거의 끝나 가던 1940년만 해도 대학 졸업장을 받는 젊은 이는 전체의 10퍼센트도 안 됐다. 1944년 2차대전에 참전했던 모든 이들이 국가 지원금으로 대학교육을 받도록 하는 군법이 통과되자 이런 상황은 전환점을 맞았다. 참전 병사 1,600만 명 중 220만 명이 이 혜택을 받아들인 것이다.

예상했던 것처럼 이들이 대학에 가면서 전체 신입생 수가 늘어났다. 하지만 대학으로 몰려든 이들은 퇴역 군인만이 아니었다. 이들의 대학행은 과거에는 전혀 대학교육을 생각지도 않았던 계급 내에서도 대학교육을 선망하도록 불을 지폈다. 군인 대다수가 졸업을 마친 1950년에는 대학 졸업자의 비율이 불과 10년 전의 2배인 18퍼센트로 늘었다.

학부생이 증가한 또 다른 요인은 인구 구조의 변화 때문이다. 2차대전이 끝나자 사람들은 대공황과 남자들이 전쟁으로 외국에 나가 있던 시기에 가지지 못했던 자녀를 낳기 시작했다. 1946년부터 1964년 사이에는 계층에 상관없이 모든 부부가 자녀를 서너 명씩 두었다. 이는 누구도 예측하지 못했던 높은 출산율이었다.

1960년에 이 베이비붐 세대가 대학에 입학할 나이가 되었고, 1960년과 1970년 사이 신입생 수는 다시 한 번 전례 없이 2배로 증가했다. 이 시기에 대학에 들어간 신입생들 중 대부분은 집안에서 자신이 처음으로 대학에 진학한 사람이 되었다.

이 같은 추세에 부합해 경제 구조도 변화를 겪었다. 기술의 발달은 생산 방식의 효율화를 가져왔고 공장 노동자의 수는 줄어들었다. (해외 아웃소싱 생산이 도입되기 전에는 그랬다.) 새로 생겨난 대부분의 직종은 전문직이거나 관리직이었고 대학 졸업장이 필수로 요구되었다. 그래서 남녀 할 것 없이 점점 더 많은 청소년들이 대학 진학을 고려하게 되었다.

한편, 이 시대는 풍요의 시대이기도 했다. 교외로 유입되는 인구가 폭발적으로 증가했고, 새로운 물건들을 구입하고 쾌락을 추구하는 데 필요한 소득이 보장되었다. 그 결과 베이비부머가 10대가 되었을 때는 대학교육에 돈을 쓰는 것이 유행이 되었다. 여기서 한 가지 덧붙인다면 그때도 대학교육이 비싸긴 했지만 중산층의 소득에서 차지하는 비율로 따져 보면 지금에 비해서는 상대적으로 저렴했다는 것이다.

대학 캠퍼스가 확대되고, 새로운 캠퍼스들이 설립되는 데 불을 지핀 또 다른 요인은 좀 더 문화적인 것이다. 젊은이들은 점점 더 독립적이 되었고 집을 떠나 사는 것이 매력적인 일로 느껴지는 동시에 이것이 사회적으로 용납되기 시작한 것이다. 대학은 생산적인 성인기를 준비시킨다는 명목 아래 젊은이들을 숨겨 둘 수 있는 이상적인 장소였다.

다시 현재로 돌아와서, 미네소타주립대학교는 클락 커의 '거대 종합대학교'의 비전을 잘 적용하고 있다. 우리가 조사해 본 바에 따르면 이 대학은 200개 이상의 연구소와 센터를 지원하고 있고, 이는 전부 외부 자금으로 운영된다. 영성과 치유, 활엽수 생태학, 통합적 리더십, 디젤 연구, 미네소타의 비만, 동물의 건강과 안전, 이민의 역사, 초학문적 담배의 사용 등 이 대학이 다루는 주제들은 거대 종합대학교 시대의 연구비 지원을 받을 수 있는 다양한 영역에 대한 좋은 예다.

물론 여기 언급된 주제와 또 다른 센터가 진행 중인 프로젝트는 연구 가치가 있다. 비만을 퇴치하고 동물의 건강을 증진하는 일에 반대할 사람은 없다. 하지만 이런 영역을 캠퍼스로 들여오면서 교육, 특히 학부 강의는 설 자리를 잃었고, 대학은 방향도, 목적도 없는 복합단지가 되어 버렸다.

거대 종합대학교의 도래는 불가피한 일이라 말하기 쉽다. 지식과 정보가 우리 경제의 중심으로 떠오른 지금, 어떻게 대학이 그 흐름을 외면할 수 있겠느냐는 것은 이제 낯선 주장이 아니다.

사실 대학에서는 벌써부터 익숙한 주장이 되었다. 소규모 대학조차도 연구 위주의 운영이 학교 위상을 높이는 데 도움이 된다면 연구 지원비를 받기 위해 애쓸 것이다. 현대와 같이 많은 직업들이 난무하는 사회에서는 대학만이 젊은이를 직업 시장에 내보낼 준비를 감당할 수 있다고 주장하면서 말이다. 이런 주장 뒤에는 소방학이나 애니메이션 기술 같은 학부 전공에 대한 소개가 곧바로 이어진다.

대학의 영역 확장은 직업훈련과 난해한 연구에서 그치지 않는다. 거대 종합대학교가 성장하자 대학의 오락적 기능도 함께 커졌다. 대개 미식축구나 야구를 통한 이런 오락 기능의 정점에 있는 것이 미식축구 챔피언십과 최종 예선 토너먼트 경기다. 2008~2009년 시즌에는 9,300만 명이 대학 경기를 보기 위해 경기장을 찾았다. 그들 중 대부분은 학생이나 동창이 아닌 일반 관중이다. 말할 것도 없이 이보다 훨씬 많은 이들은 텔레비전을 통해 경기를 시청했다. 대학과 아무 연관이 없는 팬들도 펜스테이트나 루이스빌을 '우리 팀'이라고 생각하며 응원을 보낸다.

거대 종합대학교가 늘어나면서 신종 교육 전문가들도 등장했다. 대학 총장은 대부분 총장이 되기 전에는 교수였다. 그들은 자기 전공 분야에서 박사 학위를 소지했지만 곧 자신이 행정에 소질이 있다는 사실을 발견하고 이를 지위 상승에 이용한 사람들이다. 놀랄 것도 없이 그들은 야심가였다. 총장의 능력은 좀전에 언급한 것과 같은 연구소와 센터를 만들고, 연구 지원비와 계약 체결 실적을 쌓고, 스타 교수를 데려오는 것이라 여겨졌고, 총장들은 이런 일들로 명성을 쌓았다.

버클리대학교 총장은 일찌감치 학교에서 1,400킬로미터 떨어진 뉴멕시코에 있는 로스 알라모스 핵 시설을 인수했다. 뉴욕대학교 총장은 훨씬 더 멀리 떨어진(11,012킬로미터) 아부다비 사막에 분교를 짓는 계획을 자랑스럽게 공개했다. 현대의 대학 총장은 기업 경영자이자 항상 기회를 엿보는 사업가다.

가장 중요한 것은 언제든 확장의 기회를 노려야 한다는 것이다. 그렇지 않으면 틀림없이 다른 학교에 뒤처지게 된다. 하지만 정작 늘어나는 것은 신입생을 위한 세미나가 아니라 연구 보조금을 확실히 타낼 수 있고, 정부 예산이 배정된 '질량 분석 연구센터'나 '교통 시스템 연구소' 같은 것들이다.

리더는 행정 분야가 과도하게 증가하는 것에 브레이크를 걸 수 있을 것이다. 모든 대학에는 적어도 명목상의 총 책임자가 있다. 대학 총장이라는 위치가 단지 기금 모금만 하는 자리는 아닌 것이다. 정책 방향을 세우고, 분위기를 조성하며, 대학이 나아가야 할 바를 제시하는 사람이 총장이다. 그들은 대학이 아무 생각 없이 크기만 늘리는 이런 사태를 멈추고, 불필요한 아이스하키 경기장 건설 기부금을 거절할 수도 있다. 하지만 이 모든 것을 버리고 더 나은 가치를 창출하는 데 헌신하려는 대학 행정가는 거의 찾아보기 힘들다.

예전에는 대학의 리더가 사회를 이끌어 가는 사람이었다. 그들은 국가적으로 중요한 인물이자 누구나 아는 명사였고 국가위원회에서도 이들을 위원으로 모시는 경우가 많았다. 그들은 국가적으로 중요한 사안에 대해 논평했고, 정치에도 적극적으로 참여했다. 그러나 오늘날 일반 사람들 중 대학 총장 이름을 한 명이라도 아는 사람은 거의 없을 것이다. 이유는 간단하다. 총장이 인기 있는 스포츠 팀 감독을 해고하는 것 외에는 사람들이 기억할 만한 일을 한 적이 없기 때문이다.

21세기의 총장은 주로 기술관료에 가깝다. 너무 많은 적을 만들거나 실수하는 일 없이 기민하게 제일 높은 자리까지 오른 것이다. 기업인이 수익을 늘리고 주식 가치를 나누면서 앞서가는 것처럼 대학 총장도 남들보다 앞서가기 위해 학교의 영역을 넓힌다. 이를 위해 새로운 부동산을 매입하고 겉만 번듯한 대학원 과정을 만드는 것이다.

총장들은 매일 밤 미식축구 팀에서 스캔들이 나지 않기를, 자신의 임기 중에 워드 처칠(Ward Churchill) 사건(콜로라도주립대학교의 교수로 9.11 사태에 대한 정치적 발언으로 논란이 됨. 그 후 연구 중 위법 행위로 해고되었으나 이에 대해 대학 측의 부당해고임을 주장해 법정에서 승소하였다.-옮긴이) 같은 일이 생기지 않기만을 기도할 것이다. 그래야 더 큰 대학, 더 좋은 자리로 무사히 옮길 수 있기 때문이다. 현재 오하이오주립대학교 총장직을 맡고 있는 E. 고든 지(E. Gordon Gee)의 경력이 이를 보여주는 좋은 예가 될 것 같다. 그는 무려 5개의 대학을 돌며 여섯 번의 총 장직을 수행했다.

웨스트버지니아대학교 1981~1985
콜로라도대학교 1985~1990
오하이오주립대학교 1990~1997
브라운대학교 1998~2000
밴더빌트대학교 2000~2007
오하이오주립대학교 2007~현재

E. 고든 지는 이사회의 친절한 배려로 공립대학교 총장 중 가장 연봉이 높은 총장이 되었다. 2009년 그의 연봉은 보너스와 다른 수당까지 포함하면 200만 달러가 넘을 것으로 예측되었다. 그는 이와 별도로 기업의 이사를 맡아 50~60만 달러 가량을 더 받고 있다. 고든 지와 연봉 내기에서 라이벌이 될 만한 인물은 「US 뉴스 & 월드 리포트 U. S. News & World Report」의 대학 평가 중 교수 집단의 평가에서 공과 대학 부문 26위에 오른 렌셀러공과대학교의 셜리 앤 잭슨(Shirley Ann Jackson) 총장이다.

2008년 잭슨 총장이 학교에서 받은 돈은 165만 5,630달러다. 하지만 이 액수는 시작에 불과하다. 클린턴 정부에서 원자력규제위원회의 수장을 맡은 물리학자이기도 한 잭슨은 아이비엠(IBM), 페덱스(FedEx), 메드트로닉(Medtronic), 마라톤오일(Marathon Oil), 퍼블릭 서비스 엔터프라이즈(Public Service Enterprise)와 뉴욕증권거래소에서 이사직을 맡는 대가로 139만 6,632달러를 더 받았다.

이렇게 많은 부업을 뛰면서 잭슨이 총장으로서 자기 역할을 얼마나 충실히 수행했을지는 의문이다. 사실 렌셀러공과대학교 이사회가 왜 자기 학교 총장이 6개의 외부 이사직을 맡도록 허락했는지도 궁금하다. 또, 왜 그 회사들은 이렇게 다른 일을 많이 하는 사람을 이사로 선임했을까? 비즈니스 세계에서 동시에 2개 이상의 자리를 맡으면 일의 진행 상황을 제대로 파악할 수 없다는 것은 잘 알려진 사실이다. "저는 에너지가 넘치죠." 잭슨은 「고등교육 소식지」와의 인터뷰에서 이렇게 말했다.

잭슨 총장이 렌셀러대학교에서 종신교수로 남는 것에 대해 논란이 있는 것은 그다지 놀랄 일이 아니다. 이 대학의 등록금과 기숙사비, 교재비를 더하면 1년에 5만 2,145달러로 미국 내 최고 수준이다. 하지만 공대에 입학하는 학생들은 대부분 평범한 집안 출신이기 때문에 등록금 대출에 의지하게된다.

이 대학 학부생의 70퍼센트는 이미 갚아야 할 빚이 있다. 4학년 졸업생의 평균 대출금은 3만 83달러로 이자까지 더하면 2배로 늘어난다. 우리가 이런 숫자를 나열하는 이유는 학생들은 수십 년 동안 빚 독촉에 시달리게 될 텐데 총장은 보수로 300만 달러나 받고 있는 이 상황이 무언가 잘못되었다고 생각했기 때문이다.

우리가 자꾸 돈 이야기를 꺼내는 이유는 돈이 리더십을 무너뜨릴 수 있다고 믿기 때문이다. 미국 국립 고등교육 공공정책 센터(National Center for Public Policy and Higher Education)의 패트릭 칼런은 이 문제에 대해 한층 더 신랄하다.

"우리가 살인 청부업자의 간부 모임 같은 것을 만들어 낸 셈이죠. 학생이나 교수와는 아무 상관없이 돈만 챙기는 거죠. 이건 대학 내 리더십에 있어 정말 큰 문제이면서 대학교육에 전혀 도움이 안 되고 있어요."

물론 대학 총장에게 임금으로 얼마를 지급할지 정하는 것이 쉬운 일은 아니다. 총장을 채용하고 연봉을 결정하는 주체는 이사회와 운영위원회다. 그들은 자신들과 가치관이 비슷하고 같은 이야기를 하는 사람을 원한다.

기업의 세계에서 높은 연봉은 그 회사의 지위를 반영하곤 한다. 하지만 대학교육에서는 높은 연봉이 교육을 왜곡시킬 수 있다. 다음에 설명하는 사례가 좋은 예다. 수년 전에 워싱턴의 평범한 사립대학인 아메리칸대학교의 이사회는 이 대학 총장인 벤저민 라드너(Benjamin Ladner)에게 무언가 심상치 않은 부분이 있다는 것을 알게 되었다.

사실 이사들 대부분은 총장에게 문제가 있다는 것을 인정하고 싶지 않았다. 어쨌거나 그를 선임한 것은 자신들이고 너무 깊이 들어가다 보면 자신들의 판단에 오점이 있었다는 것이 드러날 것이기 때문이다.

결국 그가 학교에 청구한 50만 달러 가량의 지출에 문제가 있다는 것이 한 보고서를 통해 밝혀졌다. 50만 달러 중 8만 8,000달러는 개인 요리사에게 지불되고, 5,000달러는 부인의 가든 클럽 파티에, 2,513달러는 런던에서 이틀간 체류하는 동안 이용한 리무진 차량비로, 1,381달러는 아들의 약혼 기념일에 가족들의 저녁식사 비용으로 유용한 것이다. (메뉴에는 포치니 에그 커스터드와 랍스터 버번 비스크 같은 고급 요리가 등장했다.)

우리는 그가 이런 지출이 도를 벗어난 것을 인정했다는 어떤 보고서도 보지 못했다. 언론에 이런 사실이 공개되고, 학생들과 국민이 분노하는 중에도 이사회는 라드너에게 이 학교 학생 107명의 등록금에 해당하는 370만 달러의 퇴직금을 지급했다. 이렇듯 총장의 직권 남용이 반복되자 찰스 그래슬리(Charles Grassley) 상원의원은 그와 같은 총장들에 대해 "왜 대학에 감사와 개혁이 필요한지 광고하기 좋은 모델들"이라고 불렀다.

우리 역시 그렇게 생각한다. 아메리칸대학교의 새 총장이 전임자와 성향이 비슷한지는 모르겠으나 이사회는 여전히 총장의 연봉으로 141만 9,339달러를 지급하고 있다. 이는 전국 평균보다도 훨씬 높고 아이비리그 대학 총장들보다도 높은 수준이다.

가까운 이웃인 백악관의 책임자(대통령)는 40만 달러를 받는다. (여기에 총장과 마찬가지로 공관이 제공된다.) 왜 총장들이 자신의 일을 공적인 일로 간주하기를 기대하는 것이 지나친 무리인 걸까? 그들이 연봉으로 141만 9,339달러를 요구할 때 혹은 그렇게 높은 연봉을 자연스럽게 받아들일 때 총장의 능력과 오만 사이의 경계는 무너지기 시작한다.

대학이 행정직을 위해 제공하는 특혜는 등록금이 하늘 높은 줄 모르고 치솟는 한 요인이 되었다. 우리의 친구 중 한 명은 한 리버럴 아츠 칼리지의 총장으로 임명되면서 농담 삼아 "총장 양성소"라고 불리는 대학 업무 파악 워크숍에 참석하게 되었다.

"내가 너무 순진했던 건지도 몰라. 그곳에 모인 총장들이 계속 특혜에 대한 이야기만 하는 건 충격이었지." 그가 말했다.

"계속 총장 공관의 규모를 한 단계 높이거나 관용 차에 기사가 딸려 나오는지에 대한 얘기가 반복되더군."

고든 지 총장의 전임자인 브라운대학교의 바턴 그레고리언(Vartan Gregorian) 총장은 기사 딸린 차가 없었다. 그는 재임 중에 택시를 불러 타거나 심지어 대중교통을 이용하기도 해 그 지역에서 화제가 되기도 했다. 다른 총장들과는 달리 그는 연봉을 협상 수단으로 사용하지 않았고 단지 전임자가 얼마를 받았는지만 물었다. "많은 총장들이 자신이 제일 높은 연봉을 받는다는 걸 훈장이라도 되는 것처럼 여기죠. 나라면 부끄러운 일일 텐데 말이죠." 그레고리언 총장이 말했다.

더구나 그는 외부의 어떤 자리 제의도 무시했다. 그 이유는 한 대학의 총장직은 헌신이 요구되는 자리고 적어도 재임 기간까지는 그 자리에 충실해야 한다고 생각했기 때문이다. 그레고리안 박사는 이사들이 총장에게 바라는 능력 중 지성은 중요한 것이 아니라고 믿고 있었다. 그는 현재 책임자를 맡고 있는 카네기재단 자선사업본부 사무실에 앉아 이렇게 말했다.

"그들은 기금 모금자를 원하죠."

대학교육에서나 국가 전반적으로나 우리는 '위기의 리더십'에 대해 고민하고 있다. 왜 우리는 프랭클린 루스벨트나 시어도어 루스벨트 같은 대통령을 만들지 못하는 걸까? 또, 이들만큼 훌륭한 지도자였던 찰스 엘리엇 (Charles William Eliot)이나 로버트 허친스(Robert Maynard Hutchins) 같은 총장이 없는 것일까? (이들에 대해서는 다시 상세히 언급할 것이다.)

우리는 지도자들의 용기와 영감, 상상력을 보고 싶다. 너무 많은 대학이 조정자 없는 괴물이 되어, 관심을 끄는 일이면 가리지 않고 무익한 일들을 하고 있다. 또, 우리를 불안하게 하는 것은 대부분 대학이 목적의식도 없이 움직이고 있다는 것이다.

물론 학교 지도부에 리더십이 부족하다고 통탄만 하는 일은 너무도 쉬운 일이다. 정말 해결하기 어려운 문제는 대학에서는 요즘 아무도 남의 말을 듣고 싶어 하지 않는다는 것이다. 우리가 만나 본 전, 현직 총장들은 하나같이, 자신이 제안한 일을 교수들이 한 목소리로 거절하거나 무표정하게 저항한 경험에 대해 이야기했다. 교수뿐 아니라 학교의 이사들, 동문들, 입법자들, 학생들도 모두 나름의 요구사항이 있다.

사실 총장이 무언가 새로운 일을 제안할 때 편을 들어 주는 사람은 거의 없다. 그렇기 때문에 총장들이 적당히 관습에 머물면서 이름을 알리기 위해 외부 활동에 치중하고 더 좋은 학교로 옮기는 데 경력이 되도록 기금 모금에 나 힘을 쏟는 것은 당연한 일인지도 모른다.

하지만 만약 그들이, 아버지 부시 대통령이 그랬듯이, 가끔은 비전에 대해 생각한다면 우리가 한 가지 다소 파격적인 제안을 해 볼까 한다. 대학이 연구 분야를 모두 없애고 교육에만 집중하도록 하는 것은 어떨까? 대학에 있는 수많은 연구소와 센터들은 하워드휴스의학연구소(Howard Hughes Medical Institute)나 솔크연구소(Salk Institute)처럼 전용 시설을 갖추거나 랜드연구소(Rand Corporation)나 브루킹스연구소(Brookings Institution)처럼 독립 싱크탱크식의 체계라면 더 효율적으로 운영될 수 있을 것이다. 적어도 연구자들은 학부생을 가르치게 했다고 불평하지는 않을 것이고, 대학이 박사 학위를 과잉 배출할 이유도 없을 것이다.

그리고 의학전문대학원도 없애면 어떨까? 거대한 제국처럼 되어 버린 의학전문대학원은 최첨단 기술에 신경 쓰느라 더 이상 가정의학과 의사를 배출하지도 않는다. 프린스턴대학교는 과학 분야에서도 두각을 나타내는 존경할 만한 학교며, 의학전문대학원이 없음에도 뛰어난 성과를 내고 있다는 사실에 유념할 필요가 있다. 총장이 대학 여기저기서 불필요한 부속품들이 늘어나는 것을 막을 수 없다면 누가 이 일을 하겠는가?

총장들이 원래 지금처럼 무능했던 것은 아니다. 지금부터 설명하는 총장들은 우리가 모든 현직 총장들의 사무실에 초상화를 걸어두었으면 하는 신적인 존재들이다. 데이비드 스타 조던(David Starr Jordan)부터 시작해 보자.

1891년부터 1916년까지 스탠퍼드대학교의 초대 총장을 지낸 그의 교육적 비전은 위대한 대학의 기반이 되었다. 그 역시 어류학을 전공한 학자였으며 테네시 주에서 진화론 재판이 열릴 때 존 스콥스(John Scopes, 테네시 주의 고등학교 교사. 주 법을 어기고 진화론을 강의하다 기소되어 재판을 받았다. - 옮긴이)를 위해 증언을 하기도 했다.

그에게 독재자 같은 면모가 있었던 것은 사실이다. 하지만 그 시대에는 사명감을 가진 이들 대부분이 그랬다. 어떤 면에서는 1869년부터 1909년까지 40년간 하버드대학교 총장을 지낸 찰스 엘리엇이 그의 모델이었다.

이 기간 동안 엘리엇 총장은 하버드대학교를 젊은 신사들의 놀이터에서 세계적인 연구와 학문의 중심지로 변모시켰다. 윌리엄 제임스(William James)와 루이스 아가시즈(Louis Agassiz)도 있다. 엘리엇은 개인적으로 W. E. B. 두보이스(DuBois, 미국의 흑인 민권운동 지도자 – 옮긴이)가 박사 학위를 마치고, 부커 T. 워싱턴(Booker T. Washington, 노예로 태어나 대학을 설립한 미국인 흑인 지도자 – 옮긴이)이 명예 학위를 받도록 도왔다. 그가 대표적으로 타파한 것이 미식축구다. 그는 미식축구를 "전략 면에서나 도덕적 측면에서 전쟁과 다름없는 싸움"이라고 칭했다.

애머스트대학의 알렉산더 미클존(Alexander Meiklejohn)은 문자 그대로 교양 교육의 챔피언 중 한 사람이었다. 이사회는 1913년부터 1923년까지 그를 총장으로 선임했다. 하지만 학생들은 학생들의 사고력을 키우려는 그의 노력을 제대로 이해하지 못했다. 대학 공통과목에서 학생들은 월스트리트를 부정적으로 그린 업튼 싱클레어(Upton Sinclair)의 『정의를 향한 외침 *The Cry for Justice*』을 과제로 읽어야 했다.

1894년부터 1922년까지 브린모어대학의 총장을 지낸 마사 캐리 토마스(Martha Carey Thomas)는 여성은 지성을 가진 존재로서, 용기를 가지고 자신의 재능을 개발해야 한다고 주장했다. 이 학교 졸업생들은 캐서린 햅번(Katharine Hepburn)과 매리앤 무어(Marianne Moore)가 각기 영화배우와 시인으로서 그랬던 것처럼 판사와 학자, 의사로서 자신의 길을 개척해 나갔다.

로버트 허친스는 1929년부터 1951년까지 시카고대학교를 이끌면서 학생에게 최우선적으로 관심을 쏟는 독립된 학부 대학에 'Great Books(서양 문화의 정수를 보여 주는 책들 – 옮긴이)'로 잘 알려진 커리큘럼을 도입했다. 그의 고별사는 『유토피아 대학 *The University of Utopia*』이라는 제목의 저서로 남았다. 제목만 보아도 22년의 재임 기간 동안 그의 교육적 이상이 수그러들지 않았음을 알 수 있다.

1945년부터 1959년까지 사라로렌스대학을 이끈 존 듀이의 충실한 계승자 해럴드 테일러(Harold Taylor)도 같은 경우다. 테일러 총장은 컬럼비아대학교와 버클리대학교가 나태하게 매카시의 마녀 사냥에 동조하고 있을 때 홀로 나서서 이에 반기를 들었다. 그는 언제나 자신의 생각을 거침없이 말하곤 했는데, 전국 교육 컨퍼런스에서도 마찬가지였다.

"교육 시스템 전체가 하나의 대형 퀴즈쇼처럼 되어 가고 있다. 먼저 손을 드는 사람이 상을 받는 것이다."

우리가 대학에 이런 위대한 인물들이 다시 등장하길 바란다면 지나친 욕심일까? 그러나 우리는 그런 자질을 갖춘 몇몇 총장을 만나는 데 성공했다. 이들에 대해서는 이 책의 마지막 장에서 소개할 것이다.

보이지 않는 여러 여건들이 항상 변화하기 마련이므로 역사가 똑같이 반복될 수는 없다는 것을 우리는 알고 있다. 그러나 우리가 언급한 훌륭한 총장들의 초상이 지금의 대학교육에 조그마한 영향이라도 미쳤으면 하는 것이 우리의 바람이다. 지금의 총장 중 몇몇이 "지금 내가 무엇을 해야 하지?"라는 고민에 빠진 순간, 그 초상이 그들의 마음에 동요를 일으킬 수 있을 거라 믿는다.

착취당하는
시간제 강사

몇 해 전, 클로디아는 한 대학에서 논픽션 작성에 대해 강의했는데, 학교 내에는 일할 만한 공간이 전혀 없었다. 모든 교수들은 학생들과 의견을 나눌 전용 공간이 필요하게 마련이다. 특히 클로디아가 가르치는 전공과목 '저널리즘 훈련'은 교수와 학생 간의 상호작용이 필수적인 분야다.

학생들은 자기들 나름대로 써 본 처녀작 기사를 가지고 찾아왔고, 클로디아는 어떤 부분이 옳고 어떤 부분이 잘못되었는지를 알려주며 학생들을 올바른 방향으로 이끌어 가는 것이 임무였다. 상처받기 쉬운 젊은 학생들의 특성을 생각할 때 이 일은 매우 세심하고 개인적으로 이루어지는 것이 최선이었다.

"학생을 만날 수 있는 공간이 없는데 어떻게 하죠?"

클로디아가 학과 직원에게 문의했다.

"이번 학기에는 남은 공간이 없네요. 정규직 교수들이 다 차지했거든요."

직원은 무시하는 태도로 짜증스럽다는 듯 말했다.

"그렇군요. 하지만 학생들은 어쩌죠? 이것도 수업의 일부인데요."

클로디아가 지지 않고 말을 이었다.

"학생 식당에서 하지 그러세요. 아니면 복도도 있고요. 여자 화장실 옆에

의자 몇 개가 있거든요."

이 말을 들은 클로디아는 망연자실했다. 이 사람이 정말 나보고 화장실 옆에서 학생들을 만나라는 건가?

화장실에서 멀찌감치 떨어진 넓고 쾌적한 사무실을 쓰고 있는 그 직원은 클로디아가 자신의 학생들은 그보다 나은 교육 환경을 누릴 자격이 있다고 계속 주장하자 화를 내기 시작했다. 직원은 10분여 언쟁을 하다가 결국 이렇게 말하며 대화를 끝냈다.

"잘 들어요. 드라이퍼스 씨, 당신은 시간제 강사예요. 알겠어요? 여기에 시간제 강사만 100명이 넘는다고요. 전 바쁘니 이 얘긴 그만하죠."

이것이 바로 대학 내의 서열이라는 것이다. 인생의 상당 부분을 기자로 살아온 클로디아는 아직 새로운 환경에서 자신의 위치가 어디쯤인지 현실을 이해하지 못한 것이다.

시간제 강사는 학교가 정규직 교수들이 하찮게 여기는 일을 시키기 위해 고용한, 계약직이라 불리는 교수 집단의 일부다. 대학의 규모가 클수록 이들 계약직 교원의 비율과 숫자도 증가한다. 요즘 학생들은 대부분 규모가 큰 대학에 다니기 때문에 학생들이 '임시 교육'을 받을 가능성도 커졌다.

앞서 언급했듯이 계약직 교원도 여러 층으로 나뉜다.

전임강사 instructor and lecturer : 이 자리는 비교적 안정적이긴 하지만 지위는 낮다. 적당한 보수와 복지 혜택을 받는다. 대부분이 계약 기간을 1년 이상으로 잡는다. 이들이 종신교수가 될 가능성이 없다는 것은 어느 정도 합의된 일이다. 대체로 작문이나 신입생을 위한 수학처럼 상위 계층의 교수들이 기피하는 강의를 맡는다. 이들 중 상당수는 교수의 배우자다.(우리나라의 전임강사는 정규직 교원으로서 엄연한 '교수'로 대우받는다. 또한 고등교육법 개정에 따라 2013년 7월부터

'전임강사'라는 명칭이 폐지되어 이들은 조교수로 통합되었다. – 옮긴이)

초빙강사 visiting faculty : 여기서 우리는 납득할 수 없을 정도의 높은 급여를 받고 캠퍼스를 빛내 주기 위해 방문하는 학자나 유명 인사를 말하려는 것이 아니다. 이 그룹에 속하는 이들은 정규직을 찾지 못한 젊은 박사 학위 소지자다. 이들은 안식년 중이거나 출산 휴가를 떠난 교수의 자리를 메운다. 한 학기 이상 연속으로 머무는 경우도 있지만 그렇다고 학교가 이들을 정식으로 채용하는 것은 아니다. 학교에 머무는 기간 동안은 건강보험이나 다른 복지 혜택을 받는다.

시간제 강사 part-time adjunct : 여기 속하는 사람은 너무 많아서 정확한 숫자를 헤아리기는 불가능하다. 변호사나 영화 제작자처럼 저녁 강의를 하나 맡는(이런 이들은 대부분 단지 가르치는 일을 즐기는 이들이다.) 존경받는 전문직 겸임부터 일주일 내내 집시처럼 이 학교 저 학교를 오가는 이들까지 범위도 다양하다. 앞서 언급했듯이 이들의 보수는 형편없이 낮다. 미국교사연합회에 따르면 한 강의당 평균 3,000달러 정도며 이보다 적게 받는 이들도 많다.

조교 : 석박사 과정을 운영하는 대학은 대학원생을 값싼 노동력으로 강의에 동원한다. 가장 전형적인 형태는 대형 강의에서 별도로 마련된 소규모 토론 수업을 이들에게 맡기는 것이다. 이렇게 해서 교수들은 학부생을 개인적으로 만나는 일이나 자신이 직접 하기에는 너무 하찮아 보이는 일에서 해방될 수 있다.

미국대학교수협회가 280개 대학을 상대로 설문한 결과, 조사 대상 학교의 전체 조교 숫자는 18만 1,481명이었다. 학교별로는 5,376명인 버클리대학교에서 202명인 시카고대학교까지 다양한 분포를 보였다. 이들이 얼마의 보수를 받고 일하는지 알아보기는 쉽지 않지만 가장 부유한 학교인 예일대학교의 사례를 살펴보면, 우리가 알기로, 조교는 9개월 동안 강의를 하면서 2만 달러를 받고 여름방학을 위한 생활비는 별도로 3,500달러를 받는다. 이 돈은 가족 없이 혼자 살아도 빈곤층 수준밖에 안 된다.

결국 가장 중요한 것은 계약직 교원이 대학에서 꼭 필요한 일을 감당하고 있으면서도 그들의 지위는 사무실 임시 직원보다 나을 것이 없다는 사실이다. 그렇기 때문에 그들이 정교수나 정교수로 승진할 교수들과 똑같은 강의를 책임지고 있음에도 차마 그들을 '교수'라고 부르지는 못하겠다.

계약직이란 결국 돈 문제와 관련이 있다. 뉴욕시립대학교의 분교인 퀸스대학의 계약직 교원의 보수는 다른 대학보다 높은 편이지만 차별은 여전하다.

학생들은 파우더메이커 홀이라는 화려한 건물에서 미국을 건설한 이들의 경제관에 대해 설명하는 정교수를 만나게 될 것이다. 그는 9개월 동안 6개의 과목을 맡으면서 11만 6,000달러를 받는다. 강의 하나당 1만 7,000달러인 셈이다.

바로 옆방에서는 시간제 강사가 첫 학기를 맞은 신입생을 상대로 정치 이론을 가르치고 있다. 그녀가 받는 돈은 고작 4,600달러에 불과하다. 가까스로 미국 전체 노동자의 연봉 평균은 넘겼지만 대도시에서의 생활비는 평균보다 더 많이 든다. 더군다나 정교수는 건강보험, 병가, 안식년, 높은 연금 등의 혜택을 누리는 반면 시간제 강사가 받는 혜택은 영화 「뱅크 딕 The Bank Dick」에서 주인공 역의 W. C. 필즈가 받은 보상인 그저 "마음이 담긴 따뜻한 악수" 수준의 것들이다.

이는 기형적인 대학 시스템의 한 예다. 대학은 같은 자격을 갖춘 사람이 바로 옆에서 비슷한 일을 하면서 보수 면에서는 가장 큰 차이가 나는 직장 중 하나일 것이다. 우리는 지금 파일럿과 공항 청소부가 가진 기술의 차이를 말하는 것이 아니다. 시간제 강사는 정교수만큼이나 능력이 있고 때로는 더 나은 경우도 있다.

그리고 '존중'의 문제도 있다. 계약직 교원은 대학 내의 로드니 데인저필드(Rodney Dangerfield, 사람들에게 무시받는 역할을 많이 한 미국의 희극 배우 – 옮긴이) 같은 존재다.

"학장에 정교수에, 때로는 조교수까지, 모든 사람이 다 나에게 함부로 행동하죠."

정규직 자리를 얻기까지 시카고와 뉴욕의 4개 학교를 옮겨 다닌 생물학자 조세 바스케즈의 말이다.

"거기에 학과 사무실 비서도 가세해요. 그 사람들도 계급은 낮지만 내가 한 계단 더 낮으니까요."

하지만 미국 내에서 학부 강의 중 상당수는 시간제 강사가 가르치고 있다. 부인할 수 없지만 고통스러운 현실이다. 21세기의 신입생은 대부분은 아니라도 상당수의 기본 강의를 계약직 교원에게 듣고 있다.

하버드대학교나 예일대학교는 이들을 '티칭 펠로우(teaching fellow)'라는 표현으로 포장하지만 이들을 어떤 식으로 부르든, 학부모들은 수십만 달러의 아이비리그 학비를 내면서 자기 자녀들이 이런 처우를 받는 강사들에게 내맡겨질 것이라 기대하진 않았을 것이다. 교육부가 관련 통계를 내기 시작한 첫 해인 1975년에 계약직 교원은 전체의 43퍼센트였지만 지금은 70퍼센트나 된다.

어떻게 이런 일들이 시간과 장소 구분 없이 벌어지고 있는 걸까? 에른스트 벤저민 미국대학교수협회 사무국장은 이렇게 말했다.

"교수들은 계약직을 쓰면 자기 몫으로 돈이 더 돌아올 것이라고 믿고 있죠. 하지만 각 학과 차원에서 경제적으로 이익이 되는 일이라도, 전 국가적으로 이런 일들이 벌어지다 보니 문제가 되고 있지요."

계약직의 강의가 폭발적으로 증가하는 데는 몇 가지 이유가 있다. 비용을 절감하려는 관료적인 결정 탓으로만 돌리기에는 다소 조심스럽다. 사실 경제 위기로 기부금이 급감하기 전까지 대학은 교육 분야를 포함해 전반적으로 돈을 자유롭게 썼다. 앞서 언급했듯이 교수의 연봉이 물가 상승률을 웃도는 수준으로 올랐고, 서류상의 학생당 교수 비율도 개선되었다.

사실 계약직 교원에 대한 의존도가 높아지는 것은 교수 사회 내부의 구조 변화에서 비롯된 일이기도 하다. 종신 지위와 선택적인 은퇴 제도 때문에 정교수의 수는 부교수와 조교수의 수보다 많아지게 되었다. 그 결과 교수의 인건비로 배정된 예산의 많은 부분이 고액 연봉을 받는 소수의 교수에게 배정되고 젊은 교수들, 특히 조교수들의 몫은 점점 쪼그라든 것이다. 너무 쉽게 종신직을 준 것이, 연봉 체계의 왜곡을 초래한 것이다.

종신직을 받은 교수들은 계속 학교에 머물고, 그것도 모자라 동료 간에 서로 돕자는 취지로 매년 연봉 인상 혜택까지 받는다. 결국 계약직 교수 채용을 담보 삼아 고참 교수의 연봉을 올리는 셈이다.

요즘에는 소규모의 2년제 대학들도 자기 학교 교수들이 논문을 내고 학회에서 발표를 맡았다는 사실을 알리고 싶어 한다. 교수들은 강의에 쏟을 시간이 점점 없어지고, 필수 강의를 개설하기 위해서는 점점 더 초빙교수와 시간제 강사에게 의존하게 된다.

학교의 지위를 높이려는 것과 더불어 2년제 대학들은 석사 이상의 학위 과정을 발급할 수 있는 4년제 대학으로의 변신을 시도하고 있다. 결국 학문적 명성이라는 것은 연구 세미나를 열거나 논문 지도를 하는 일에서 비롯되기 때문이다. 그 결과, 교수들 대부분은 한때 당연히 자신의 역할이었던 학부생 강의를 할 시간이 없다. 어쩌면 하고 싶은 생각이 없는 것일 수도 있겠다. 그러면서 그 자리를 시간제 강사들이 채우게 되었고, 각 전공의 개론 강의는 특히 더 그렇다.

교수들이 높은 지위를 향해 달리면서, 종종 오만함의 경계를 넘나들며 고상함을 추구하는 분위기도 함께 생겨났다. 교수들은 점점 자신의 세부 전공이 아닌 분야는 가르칠 수 없다고 쉽게 말한다. 혹은 그에 덧붙여 금요일 강의나 오전 11시 이전 강의는 맡을 수 없다고 말하기도 한다. 많은 일류 대학들이 심지어 필수과목조차 시간제 강사의 손에 맡기고 있다.

수요와 공급은 상호작용하게 마련이다. 특히 공급이 늘어나는 것은 미묘하게 수요를 자극할 수 있다. 계약직으로 일하는 사람이 많아지면서 정규직 교수들은 점점 더 일을 안 하고, 자신이 원하는 일만 골라서 하게 되었다. 사실 지금의 모든 계약직 교원들이 담당하고 있는 강의는 그들을 양성해낸 정교수들이 과거에 맡았던 강의이기도 하다.

여기에는 대학 행정부의 역할도 한몫했다. 효율성을 명목으로 학생 식당 직원을 용역 회사 직원으로 교체하는 것처럼 한 학기씩만 돈을 지급하는 강사를 쓰는 것이 경제적으로 이익이 되기 때문이다. 덧붙이자면, 정규직 교수들도 이런 변화에 불만이 없다는 사실이다.

역설적으로 2008년 가을에 시작된 불경기의 정점인 현재, 대학에서 계약직 교원의 수가 다소 줄어들고 있는데, 이는 그릇된 이유 때문이다. 금융 위기로 예산이 줄면서 계약직 교원이 구조 조정 1순위에 오른 것이다. 하지만 앞서 설명한 것과 같은 상황에서 계약직 교원의 해고는 곧 강의 자체가 취소되는 것을 의미한다.

캘리포니아주립대학교에서는 전공 필수과목과 졸업 필수과목이 개설되지 않는 경우도 있다. 대학들은 실제 학부생의 등록 규모를 줄일 계획을 가지고 있으면서도 종신직 교수의 수를 줄일 생각은 않고 있다. 우리는 고찰

교수들이 어떤 식으로든 고통에 동참하고 있다는 소식은 아직 듣지 못했다.

시간제 강사도 형태가 여러 가지다. 우리는 학부 교육의 상당수를 맡고 있는 이들의 실체를 알아보기 위해 미국 내 서로 다른 지역에서 가르치는 2명을 선택했다.

맷 윌리엄스는 주로 애크론 지역에 살면서 여러 지역 대학에서 가르치고 있다. 계약직 교원이 가르치는 다른 강의들, 특히 영어 과목 강의처럼 그는 석사 학위만으로 강의를 하고 있다. 전년도에는 2개의 대학에서 12개 과목의 강의를 맡았다. 그는 부업으로 기업용 보도자료를 쓰거나 고객에게 자동차를 배달하는 일도 한다. 아내는 두 아이를 키우는 전업 주부다. 저소득층을 대상으로 한 의료보험제도(Medicaid) 혜택을 받고 있는 것으로 보아 이들 부부의 수입은 3만 불에 크게 못 미치는 것이 분명하다.

윌리엄스는 정치적으로 보수파다. 적어도 과거에는 그랬다. 아버지가 대학에서 전자공학을 가르쳤기 때문에 윌리엄스는 대학 주변에서 성장했다.

"나는 결코 노조에서 투쟁 같은 걸 할 사람이 아니었죠."

인터뷰 중 그가 웃으며 말했다. 그를 과격하게 만든 것은 숫자였다. 그가 화술에 관한 강의를 하는 중 사회적 문제에 대해 이야기하는 법을 배우는 시간이 있었다.

"제가 학생들에게 물었죠. 여러분, 제가 얼마나 벌 것 같은가요? 내가 시간당 8.65달러를 번다고 말하자 학생들의 입이 벌어졌죠. 전혀 몰랐다는 반응인 거지요. 그 다음부터 저는 다른 동료들에게도 그렇게 하라고 권유하기 시작했어요. 학기 초에 나눠 주는 강의계획서 제일 상단에 '이 강의는 시간당 8.65달러를 버는 교수가 맡고 있습니다'라고 쓰는 것이었지요."

그는 다음과 같이 자신의 재정 상태를 추산했다. "내가 똑같은 일을 해도 전임강사라면 연봉이 3만 2,000달러가 되죠. 커뮤니케이션 전공 부교수가 되면 5만 달러로 뛰고요."

물론 종신교수로 승진할 기회가 있는 부교수가 되려면 적어도 박사 학위는 있어야 한다. 맷 윌리엄스는 이 일터에서 저 일터로 옮겨 다니느라 너무 바빠서 공부를 더 할지 고려해 볼 시간도 없다. 게다가 그가 가르치고 싶어 하는 분야인 학부생을 위한 커뮤니케이션과 화술 강의는 점차 예술대학에서 석사 학위를 받은 강사들이 맡고 있다.

「시간제 강사의 나라(Adjunct Nation)」라는 웹진을 운영하고 있는 작가 P. D. 레스코(P.D. Lesko)의 농담처럼 "MFA(예술학 석사)는 사실 '더 많은 시간제 강사 (More Faculty Adjunct)'의 약자"가 되었다.

맷 윌리엄스는 자신의 미래에 대해 갈피를 잡지 못하고 있었다. 그는 '교수 사회의 새로운 다수(New Faculty Majority)'라는 단체에 가입했다. 시간제 강사들의 전국적인 연합체인 이 단체는 노동조합이라기보다는 사람들이 인터넷 공간에서 만나 수다를 떨고 생각을 나누는 대화방 같은 곳이다. 주변의 평에 따르면 그는 헌신적으로 강의에 임하고 학생들의 자기성찰을 격려하는 노련한 강사다. 그런데도 이 학문의 세계라는 곳에서 그는 거의 버려진 존재다.

"내가 나 자신을 궁지로 몰아넣기 전에 지금 내가 하고 있는 일에서 벗어날 필요가 있어요. 저는 기업에서 일한 적이 있지요. 이제는 가족에 대한 의무 때문에라도 다른 모든 것을 포기해야 하는 시점이 온 것 같습니다."

맷 윌리엄스가 다시 박사 학위를 딴다 하더라도 시간제 강사로 일했던 시간이 가치 있는 경력으로 인정되지는 않을 것이다. 오히려 감점 요인이 될 수도 있다. 이 같은 사실은 애크론대학의 인사처 부처장인 안젤로 진 모나코가 비공식적으로 수행한 연구를 통해 잘 드러난다.

호기심에서 그는 중서부 지역 대학에 근무하는 60명의 학과장에게 계약직 교원을 정규직 교수로 채용할 수 있는지 물었다. 그중 3명만이 고려해 볼 수 있다고 답했다. 모나코가 대학 인사전문가연합의 2008년 회의에서 한 발언은 적지 않은 동요를 불러일으켰다.

"그동안 대학은 고학력자를 일하는 빈곤층(working poor)으로 만드는 데 일조해 왔습니다."

모나코는 데보라 루이스(Deborah Louis)에 대해 말한 것일 수도 있다. 1960년대 그녀는 더블데이 출판사에서 민권운동의 역사를 생생하게 담은 책 『아직도 가야 할 길 *We are not saved*』을 출간했다. 그녀는 일류 대학을 졸업하고 박사 학위를 받았지만 아이들 때문에 시간제 강사로 일했다. 그녀가 말했다.

"저는 딸이 셋이고, 아이들이 원할 때는 함께 있어 줘야 했죠. 또, 지역사회 단체에 컨설팅을 해 주는 일도 하고 싶었고요."

오래전에 이혼한 이후로 그녀는 이스턴켄터키대학교 노스캐롤라이나의 애쉬빌-번컴 테크니컬 커뮤니티 대학에서 가르치는 일로 생계를 유지하고 있다. 시간제 강사로 일하며 그녀는 4만 달러 이상을 받아 본 적이 없다. 이보다 훨씬 적게 받은 해도 많았다.

하지만 여전히 연구에 대한 열정히 있었던 루이스는 애쉬빌-번컴에서 동료 시간제 강사들에게 설문을 돌렸다. 아래는 그녀가 「고등교육 소식지」에 발표한 연구 결과다.

🎓 응답자의 3분의 2는 자녀나 부양 가족이 있고, 배우자의 수입과 관계없이 본인의 소득이 가계를 운영하는 데 필수적이다.

🎓 응답자의 절반은 3~4개의 강의를 맡고 있다. 다시 말해, 다른 일을 할 틈이 없다. 응답자 중 한 명은 12개나 맡고 있었다.

🎓 응답자의 절반 미만이 "교수들과 행정 직원들이 나를 존중하고 있고 나는 학교 구성원의 일부라고 느낀다"라는 데 동의했다.

이 같은 결과는 루이스 자신의 이야기이기도 하기에 놀랄 일은 아니었다. 버클리대학교의 심리학자인 앨리슨 곱닉(Alison Gopnik)에게도 그랬다. 그녀가 말했다.

"학계에 여성 문제가 있다면 바로 이런 문제예요. 시간제 강사란 것은 소위 엄마들을 노린 일자리죠. 여자들은 대개 시간제 강사를 맡으면 가정도 꾸리면서 일도 계속할 수 있을 것이라고 생각하거든요. 그러면서 덫에 걸리는 거지요."

나이와 시간도 덫으로 작용한다. 젊은 때는 이 직장에서 저 직장으로 떠돌아다니는 일도 그럭저럭 견딜 만하다. 하지만 나이가 들수록 시간제로 일하는 것에는 희생이 뒤따른다. 우리가 데보라 루이스와 마지막으로 이야기를 나누었을 때 그녀는 16개의 온라인 강의를 맡으면서 가까스로 생계를 꾸려 나가고 있다고 말했다. 온라인 수업은 일반 강의보다 더 어렵다. 그녀가 말했다.

"정말 제대로 하려면 한시도 쉬지 못할 걸요. 아마 잘 때도 컴퓨터를 옆에 둬야 할 거예요."

데보라는 커뮤니티 대학에서 학생들을 가르치는 일을 좋아하지만 장기적으로는 이 학교 저 학교를 옮겨 다니는 것보다는 온라인 강의로 학생들을 지도하는 것이 한결 쉬운 일이었다. 우리가 건강보험은 어떻게 하냐고 묻자 그녀는 빙그레 웃었다. 1년 후면 그녀는 노인의료보험제도(Medicare) 혜택을 받는 나이가 된다. 그것이 바로 시간제 강사들의 보험인 셈이다.

한때는 강사 대부분이 대학원생이었다. 바로 여기에서 착취가 시작된다. 석사나 박사 학위를 준비하는 동안 그들은 전국적으로 25만 명에 이르는 조교 집단의 일원이 된다. 그들이 전체 강의자 중 차지하는 비중은 브라운대학교의 40퍼센트에서 펜실베이니아주립대학교의 55퍼센트까지 다양하다. 이들이 없다면 대학교육이 돌아가지 않는다. 심지어 존경받는 리버럴 아츠 칼리지인 웰슬리와 매컬레스터대학도 인근 지역의 대학원생을 강사로 고용하고 있다.

연구 중심 대학에서 대형 강의의 조별 수업은 주로 대학원생이 맡는다. 그들 자신이 수업을 듣는 학생 신분임에도 말이다. 대부분 학교에서 조교들은 준비 없이 학생들 앞에 서게 된다. 가라앉든 헤엄을 치든 상관하지 않고 물속으로 던져지는 것이다. 유치원 교사가 조교보다 교수법 준비를 더 많이 할 것이다. 물론 교수법 센터를 운영하면서 초보자들이 조언을 얻고 개인지도를 받도록 하는 학교도 많지만 이를 이용하는 사람은 별로 없다. 한 학생은 「예일 데일리 뉴스 Yale Daily News」에 이렇게 썼다.

"학교에는 교수를 보조하거나 강의를 맡는 대학원생의 준비를 돕는 제대로 된 시스템이 없고, 이들의 강의가 전문적이지 못하고 준비되지 않은 상태인데도 학기 중에는 이를 대체할 만한 공식적인 해결책이 없다."

그렇기 때문에 학생 앞에 교수로 나서게 된 조교들을 가르치는 일은 이런 일의 중요성을 인식하는 교수의 몫으로 남게 된다. 하버드대학교의 마이클 샌델(Michael Sandel) 교수는 자신의 조교들을 수업을 듣는 학생들처럼 대한다. 그들은 매주 만나 실질적인 주제에 대해 논의할 뿐 아니라 토론을 잘 이끌고 모든 학생을 참여시킬 수 있는 방법에 대해서도 의논한다. 간단히 말해 샌델 교수는 자신의 일이 "조교에게 교수법을 가르쳐 주는 일"이라고 정의한 것이다.

우리는 칼 와이먼(Carl E. Wieman) 교수가 콜로라도대학교의 '엔지니어를 위한 물리학' 강의에서 같은 방식을 취하는 것을 보고 감동을 받았다. 이후 다시 언급하겠지만, 고참 교수라고 해서 모두 잘 가르치는 것은 아니며, 조언해 줄 능력이 있는 것도 아니다. 그들의 강의를 들으면서 저렇게 하면 안 되겠다는 것을 배우는 정도가 그나마 최선일 수도 있다.

비용 절감이 최대 목표인 곳에서는 강의의 품질을 관리하는 데 한계가 있다. 지금은 뉴욕대학교에 있는 생물학자 조세 바스케스가 몇 년 전 시카고 지역 공립대학교에서 대학원의 과학 강의 조교들을 관리할 때의 일을 우리에게 들려주었다.

"대학원생 중에는 외국인이 많아서 미국 학생들을 상대로 가르치기에는 영어 실력이 부족한 경우가 많았어요. 선생이 말하는 것을 알아들을 수 없다고 불평하는 학생들에게는 정말 최악의 일이었죠." 그가 설명했다.

"제가 학과 사무실에 가서 수업을 맡은 조교들에게 강의를 맡기기 전에 6개월간 영어 집중 훈련을 시켜야 될 것 같다고 말했죠. 그랬더니 '그러면 돈이 너무 많이 들어요'라는 답이 돌아왔죠. 정말 화가 나더라고요. 의학전문대학원 준비를 위해 과학 강의 수업을 듣는 학생들로서는 그 문제로 피해를 보게 되는 셈이거든요."

이민 배척자로 보일 각오를 하고 하는 말이지만, 어디를 가든 특히 수학과 과학 전공 분야에서 학생들은 외국인 대학원생들이 문제라고 말했다. 이 분야에서 석박사 학위를 따려는 미국인은 적기 때문에 미국 대학들은 중국과 러시아, 인도로 눈을 돌리고 있다. 학생 수를 채우기 위해서만 아니라 학부생을 가르치는 역할도 이들에게 맡기는 실정이다. 그들이 영어에 능숙할 경우 이는 미봉책이 될 수도 있겠지만 그렇지 않은 경우 이는 그야말로 재앙이 된다.

그동안 강의를 맡는 대학원생들이 근무 환경을 개선하기 위해 전국적인 노동단체를 만들려는 시도가 있었다. 예일대학교와 코넬대학교에서는 대학 행정처가 이러한 움직임에 반대했으며 뉴욕대학교는 노동조합을 해산

시키려 했다.

최근까지도 국가 노동관계 이사회는 사립대학 조교들은 법적으로 노동자가 아니라 수련생에 가깝다고 주장했다. 그래서 그들은 자신의 이익을 대변하고 집단적인 협상력을 가지기 위해 힘겨운 전투를 벌여 왔다. 하지만 2010년에 이사회의 구성원이 교체되면서 새로운 판단을 내릴 수 있게 되었다. (공립대학에서는 노조를 결성하는 것이 주 법에 따르도록 되어 있다. 위스콘신과 미시간에서는 의원들이 이 문제에 대해 공감하고 있고, 아이다호와 루이지애나에서는 당연히 그 반대의 입장을 보이고 있는 상태다.)

교수의 수가 기하급수적으로 늘던 시절에는 박사 학위만 받으면 대부분 미래가 보장된 일자리를 얻을 수 있었다. 그들의 미래란 꽤 괜찮은 보수를 받으면서 정신세계를 중시하는 삶을 살고, 여가 시간도 많은 일이었다. 하지만 더 이상은 그렇지 않은 것이, 최근의 2가지 통계를 보면 알 수 있다.

2007년과 2009년 사이, 미국 대학에서 인정한 박사 학위는 총 18만 6,634개다. 하지만 이 기간 동안 조교수 자리는 3만 6,344개로 뚝 떨어졌다. 정규직이었던 자리가 계약직 교수들로 대체되었기 때문이다. 이렇게 자리는 없어져 가는데도 고참 교수들은 신입 대학원생들을 기반으로 큰 이익을 보고 있다. 대학원생은 강의를 돕는 역할만 하는 것이 아니다. 얼마나 많은 대학원생을 거느리고 있느냐는 교수의 특권을 재는 척도가 되기도 하기 때문이다.

이 숫자를 보면서 우리는 고참 교수들이 대학원에 입학한 학생들과 반드시 이런 대화를 나눠야 한다고 생각하게 되었다.

"솔직히 말하면, 자네가 학계에서 정규직 자리를 차지하게 될 확률은 3분의 1도 안 되네. 박사 학위를 따는 유일한 목표는 자네의 지적 개발을 위한 것이어야 할 거야."

하지만 교수들 자신의 이익을 챙겨야 하기 때문에 이런 솔직한 모습은 거

의 찾아보기 어려울 것이다. 게다가 버클리대학교나 예일대학교 같은 일류
대만 박사 학위를 수여하는 것이 아니다. 박사 학위를 발급한 대학은 학교
의 지위를 높이고 싶어 하는 지역 주립대학교에 힘입어 280개로 급증했다.
플로리다애틀랜틱, 조지아서던, 이스턴미시간, 미들테네시 같은 대학교들
이 모두 전국적인 박사 학위 인플레에 기여하고 있다.

얼마 전까지만 해도 조지아서던대학교에서 박사 학위를 받으면 그 지역
2년제 대학에서 교수가 될 수 있었다. 하지만 이제 남은 자리는 시간제 강사
뿐이다. 노동 시장에서 박사 학위 소지자는 넘쳐나고 있고 2년제 대학들은
이를 잘 활용하고 있다.

대학 관계자들이 알아야 할 것은 이런 조치들이 교육에 있어 역효과를 가
져올 수도 있다는 점이다. 노스캐롤라이나주립대학교의 폴 D. 움바흐(Paul D.
Umbach)는 148개 대학에 재직 중인 2만 1,000명의 교수들을 연구한 결과, 계
약직 교원을 많이 쓰는 학교는 그렇지 않은 학교에 비해 교수들이 강의 준비
에 쏟는 시간이 적다는 사실을 발견했다. 학교 내에 계약직 교원이 너무 많
으면 정규직 교수의 불안감이 커짐에 따라 강의에 대한 헌신도와 수행 능력
이 떨어진다는 것이다. 계약직 교원이 많아질수록 심지어 종신교수들마저
도 사면초가에 몰린다는 것이다.

이것이 현 사태를 바라보는 하나의 해석일 수 있지만 우리는 또 다른 시각
에서 문제를 보고자 한다. 계약직 교원이 많은 학교에서는 정규직 교수들이
종종 이런 태도를 취할 수도 있다. "이봐, 그런 건 시간제 강사들이 좀 하게
하지"라고 말이다.

노스캐롤라이나주립대학교의 오드리 J. 제거와 UCLA의 케빈 이건 주니
어는 또 다른 연구에서 남동부 지역 공립대학교에 다니는 학부생 3만 명의
성적표를 분석했다. 그들은 신입생 때 계약직 교원이 가르치는 기초 강의를

들은 것과 대학 중퇴율 사이에 강한 연관관계가 있다는 것을 발견했다. 두 연구자는 또 캘리포니아의 커뮤니티 대학에 다니는 학생들도 조사했는데, 계약직 교원에게 배운 학생들은 4년제 대학으로 편입하는 확률이 떨어지는 것으로 나타났다.

하지만 우리를 놀라게 한 것은 정말 잘 가르치는 계약직 교원도 많다는 사실이었다. 열악한 노동 조건을 생각해 보면 이는 거의 기적에 가까운 일이다. 사실 우리가 방문했던 거의 모든 학교에서 많은 경우 학생들은 계약직 교원을 제일 좋아하는 교수로 꼽았다. 하버드대학교 학생인 조너선 멜처는 우리에게 학부생들의 생각을 전해 주었다.

"제가 들은 강의 중에는 대부분의 경우 계약직 교수님이 더 의욕적으로 강의를 하시고 학생들이 강의를 즐기고 있는지 더 신경을 써 주셨던 것 같아요. 항상 그랬던 건 아니지만요. 그 교수님들이 좋은 평가를 받아서 더 좋은 자리로 옮기려고 그랬을 수도 있지만 일반적으로는 단지 학생들과 나이 차이도 적고 상호작용하기도 더 쉽기 때문이었던 것 같아요."

볼티모어 카운티에 소재한 메릴랜드대학교에 다니는 브래들리 워커가 가장 좋아하는 교수도 시간제 강사다. 이 대학은 수도 워싱턴에서 그리 멀지 않기 때문에 정부에서 일한 경험을 가진 이들이 시간제 강사로 일하는 경우가 종종 있다. 워커는 우리에게 다음과 같이 말했다.

"보통은 시간제 강사라고 하면 최악이라고 말하는 경우가 많죠. 하지만 여기에서는 예외예요. 중앙정보국(CIA)에서 일하셨던 교수님이 있는데, 항상 학생들 사이에서 최고의 교수로 꼽히죠."

이 책을 쓰고 있는 우리도 한때 시간제 강사로 일한 적이 있다. 계약직 중에는 가르치는 일에 큰 애정을 가지고 낮은 보수에도 성실하게 학생들을 가르치는 이들이 있다. 강의에 대한 그들의 열정이 너무 쉽게 착취당하는 것은 슬픈 일이다.

일반적으로 우리의 가정에는 제3세계에서 낮은 임금을 이용해 만든 값싼 물건들이 가득 차 있다. 하지만 역사학개론 강의를 방갈로르에 아웃소싱할 수는 없는 일이다. (물론 나중에 더 얘기하겠지만 이와 거의 비슷한 일들이 지금도 일어나고 있기는 하다.) 그래서 우리는 그 대신 자국민을 고용해 제3세계 수준의 보수를 지급하고 있는 것이다. 역설적이다 못해 비극적인 것은 이 똑똑한 남녀들은 가르침에 대한 열정으로 대학 내 노동 착취의 현장에 기꺼이 몸을 던진다는 사실이다.

우리도 긍정적인 이야기로 이 장을 마무리했으면 좋겠다. 하지만 대학교육이 값싼 노동력을 이용하고 있다는 사실은 너무나도 명백하다. 이미 일부 2년제 대학에서는 정규직 교수 없이 학교를 운영하는 방법을 찾았다. 플로리다 키 커뮤니티 대학에는 18명의 종신교수가 있는데, 이들은 123명의 강사를 고용해 이들에게 대부분의 강의를 맡기고 있다.

미주리의 모벌리대학은 정교수는 3명밖에 없고 254명의 강사가 강의를 한다. 4년제 대학의 행정 직원들은 이런 식으로 학교를 운영하는 법을 배우기 위해 이들 학교를 방문하려 할 것이다.

밑바닥을 향해 치닫는 이 경쟁은 아직 끝난 것이 아니다. 일부 학교는 자격을 갖춘 계약직 교원조차 임금이 비싸다고 생각한다. 펜실베이니아주립대학교 경영대인 와튼스쿨에는 학부 신입생을 위한 그룹 토론 수업이 있는데, 이 중 5~6개는 학부 상급생들이 담당하고 있다. 예일대학교에서도 조교의 수가 부족하니 학부 상급생을 훈련시켜 그룹 토론을 맡기자는 논의가 있었다. NYU는 벌써 이런 계획을 실행에 옮겼다. 의과대학 준비 과정에 있는 한 학생은 학부생이 과학 강의의 그룹별 토론을 맡고 있다며 우리에게 이렇게 말해 주었다.

"얼마 안 되지만 보수도 받는다고 했어요."

PART 2

교육에 대한 착각

명문대의 실상

    그 모임은 대학 입학 지원 시기에 흔히 볼 수 있는 형태의 모임이었다. 참석자는 교외 부자 동네의 학부모와 고등학교 2학년 학생들이었다. 장소는 뉴욕 주 웨체스터 카운티의 전원 마을이었다. 위네카나 블룸필드 혹은 베벌리힐스에서도 비슷한 모임이 있었을 것이다.

    그날 모임의 강연자는 아이비리그에서 온 입학 담당관이었다. 지원자 중 극히 일부만 받아준다는 그 아이비리그 말이다. 전국을 순회 중인 그는 사람들의 이목을 집중시키는 인사말로 말문을 열었다.

    "잔인할 정도로 솔직하게 말씀드리겠습니다. 여기 계신 학생들 대부분은 우리 학교에 지원하려고 노력할 필요도 없습니다. 이 중에 한 명이나 2명 정도만 받아 줄 거니까요. 첫 번째로 우리는 지역적 안배를 고려한다는 겁니다. 즉 성적이나 대학 입학 자격시험(SAT) 성적이 고득점이든 학교 신문사 편집장으로 일한 경험과 같은 경력이 아무리 훌륭해도 확률적으로 힘들 수 있다는 거죠."

    그녀는 이어서 많이 연습해 온 듯한 말을 하기 시작했다.

    "하지만 이 나라에는 예일이나 듀크, 윌리엄스와 같이 양질의 교육을 받을 수 있는 훌륭한 학교들이 있습니다. 소규모의 리버럴 아츠 칼리지로는 데이비드슨이나 칼턴, 그리넬대학 같은 학교가 있죠. 밴더빌트대학교, 에모리대학교, 세인트루이스 인근의 워싱턴대학교도 훌륭한 학교들입니다. 더구나 여기 계신 많은 분들이 그중 하나에 합격하기를 바라고 계실 테죠."

그 말은 참석자들의 심기를 불편하게 했다. 신경과 전문의나 소송 전문 변호사, 경영 컨설턴트 같은 직업을 가진 그곳에 모인 학부모들도 칼턴이나 그리넬대학이 어떤 학교인지 알고 있지만 그런 학교들은 그들의 관심 밖이었다.

그들은 이미 사회적으로 최상류층에 올랐기 때문에 자신의 아들과 딸을 최고 브랜드가 아닌 곳에 보낼 수 없었다. 그들은 힘들게 얻은 사회적 지위에 걸맞은 아이비리그를 열망하고 있었다. 그들에게 그 아래의 것들은 필요가 없었다.

사람들이 이렇듯 강렬하게 엘리트주의에 사로잡힐 정도로 열망하는 학교들은 어디일까? 가장 최고만을 원하는 부모들이 공통적으로 언급하는 12개의 학교가 있다. 우리는 이 학교들을 '12개의 특급 대학'이라 부르기로 했다. 물론 이 리스트는 공식적인 것은 아니다. 국가나 민간 기구의 인증을 받은 것도 아니다.

하지만 이 학교들을 단지 개인적으로 선호하는 학교로만 보기는 어렵다. 전국을 다니며 학부모들의 이야기를 들은 결과 이들은 섬뜩할 정도로 만장일치로 이 학교들을 선호했던 것이다. 이 12개의 학교는 한 지역 사람들이 고른 것이 아니다. 더뷰크의 비뇨기과 전문의부터 털사의 잘나가는 은행원, 찰스턴의 유명 세무사까지 한 목소리로 동의한 것이다.

다음은 전국의 학부모들이 선호하는 학교 리스트다. 8개의 아이비리그에 그와 견줄 만한 4개의 학교가 추가되었다.

하버드대학교	코넬대학교
예일대학교	펜실베이니아대학교
프린스턴대학교	스탠퍼드대학교
다트머스대학	듀크대학교
브라운대학교	애머스트대학
컬럼비아대학교	윌리엄스대학

이것이 바로 12개의 특급 대학이다. 학부모들은 이들 대학과 그 아래 단계에 속하는 대학 사이에는 엄청난 격차가 있다고 굳게 믿고 있었다. 노스웨스턴대학교나 라이스, 웨슬리안, 스워스모어대학은 훌륭한 학교들이지만 학부모들이 열망하는 인지도 면에서는 떨어진다. 이 12개 학교에 아이를 보내지 못한 부모들을 보면 명백히 알 수 있다. 그들은 지인들에게 우리 딸은 인턴십 프로그램이 아주 잘 되어 있어서 얼햄대학을 택했다며 얼버무린다.

하지만 아이를 그 12개 대학 중 한 곳에 보내려 애쓰면서 부모들이 정말 얻으려 하는 것은 무엇일까? 이 학교들이 정말 '최고의 교육'을 대표하는 학교들인가? 설사 그렇다 해도 도대체 '최고'라는 것의 기준은 무엇일까?

사람들은 하버드와 펜실베이니아대학교 혹은 윌리엄스대학의 강의는 일류 교육의 정점에 이른 상태라고 생각한다. 하지만 이러한 가정이 단지 분위기에 따른 것인지 아니면 실제 현실에 기반을 둔 것인지는 관심 밖이다.

2010년, 대입에서 이 12개의 학교는 1만 5,000명이 조금 넘는 신입생을 받았는데, 이는 전체 대학 합격자의 1퍼센트에 약간 못 미친다. 코넬과 펜실베이니아대학교는 방대한 직업훈련 프로그램을 운영하고 있기 때문에 이는 인문교양학부 신입생만 포함시킨 숫자다. 코넬대학교의 호텔경영 과정과 펜실베이니아대학교의 간호직 과정은 앞서 말한 특급 대학의 프리미엄과는 거리가 있기 때문이다.

예전에는 신입생 대부분이 정해진 길, 즉 값비싼 사립 고등학교를 거쳐 이들 대학에 들어왔다. 요즘에도 이런 고등학교들이 있기는 하지만 그런 학교 출신이라 해서 이들 12개 대학에 입학이 보장되는 것은 아니다. 그로튼 (Groton School, 일류대를 들어가기 위한 준비 과정으로 유명한 사립기숙학교 - 옮긴이)에서는 최근 몇 년 사이 학생들 중 3분의 1만이 12개 학교 중 하나에 입학했다. 입시 상담사들에게는 반가운 소식일 수 있지만 그로튼에 보내기 위해 투자한 부모들에게는 나쁜 소식이다. 자녀들이 결국 호바트나 디킨슨, 조지타운 같은 대학에 입학한다면 신분이 하락한 것처럼 보이기 때문이다.

이 장의 시작 부분에서 언급한 부모들은 자녀가 12개 대학 중 어디를 가든 비싼 학비를 감당할 수 있는 매우 부유한 사람들이다. 여기서 한 가지 덧붙일 점은 이런 이들이 더 이상 우리 사회에서 소수가 아니라는 점이다. 1982년에는 소득이 10만 불 이상인 가구가 차지하는 비율이 전체에서 13퍼센트에 불과했지만 이 글을 쓰는 시점에서 가장 최신 자료인 2009년 통계에 따르면 화폐 가치 변화를 고려해도 26퍼센트가 연 수입이 10만 불 이상인 그룹에 속한다.

최근의 불경기에도 이들 중 상당수는 장학금 없이 제 돈을 다 내고 대학에 다닌다. 그러므로 상류층이 증가하면 공급(입학 정원)은 거의 꿈쩍도 하지 않는데도 결국 12개의 특급 대학에 대한 수요는 폭발적으로 증가할 것이다.

이 중산층들이 바로 아래 그룹에 속하는 노스웨스턴이나 웨슬리안, 스워스모어, 밴더빌트 같은 학교에 기꺼이 이 정도의 명예로운 지위를 부여했더라면 이렇듯 안타깝지는 않았을 것이다. 하지만 현실은 그렇지 않았다. 12개 대학과 나머지 대학 사이에 벌어진 틈은 다른 어느 때보다 넓고도 깊다.

물론 이 학교들이 단지 지위의 상징만은 아니다. 애머스트대학, 다트머스대학, 윌리엄스대학, 브라운대학교는 아름다운 캠퍼스를 가지고 있고 헌신적인 교수들이 강의하고 있다. 컬럼비아는 뉴욕 시의 예술적이고 지적인 에너지를 한껏 발산하고 있다. 듀크는 의료계에서 성공하기 위한 지름길이 될 수 있는 학교다. 듀크의 의학전문대학원 입학은 모교 출신의 학생에게 더 유리한 듯 보인다. 스탠퍼드의 캠퍼스는 너무도 우아해서 산 시메온에 있는 허스트캐슬에 와 있는 듯하다.

그럼에도 아이비리그의 두 대표 격인 하버드와 예일의 학부 교육에는 허점이 많다. 이 두 학교는 연구 중심 대학이기 때문에 교수들은 학문적인 성과를 내는 일에 집중하고 있다. 이곳에서 학부 교육은 우선순위에서 밀려나 있다. 이는 오래된 진실이다.

지금으로부터 40년 전 '컴퓨터 구루' 에스더 다이슨(Esther Dyson)이 하버드 대학교의 학부생일 때의 일이다. 그녀의 아버지인 유명 물리학자 프리먼 다이슨(Freeman Dyson)은 에스더가 공부에는 관심이 없고 교내 신문 일에만 몰두하는 것을 꾸짖었다. 그때 에스더는 현명하게도 이렇게 말했다.

"아빠, 우리는 하버드에 강의를 들으러 온 게 아니에요. 서로 만나기 위해 온 거지요."

하버드의 전반적인 학부 교육이 보통 수준밖에 안 된다는 것은 아이비리그에서 잘 알려진 비밀이다. 그렇다면 부모들은 왜 그렇게 이런 학교에 못 보내서 안달이 난 걸까? 더 높은 곳을 향해 버둥거리며 사는 부모들도 자기 자녀만은 그저 행복하고 교양 있는 성인으로 성장하길 바란다.

하지만 그 수를 다 헤아릴 수는 없지만 자녀들이 인생에서 '성공'하기를 바라는 부모들도 꽤 많다. 무엇보다 이 12개 대학이 중요한 이유는 졸업생들의 지위를 상승시켜 준다는 점이다. 이는 다른 대학은 할 수 없는 일이다. 매컬레스터대학에 보내도 자녀가 하버드만큼 좋은 교육을 받을 수 있다. 어쩌면 교육의 질은 더 나을 수도 있다. 그럼에도 부모들은 여전히 이 초일류 그룹에 속하는 대학에 들어가는 것이 자녀를 엘리트로 키우는 시작점이 될 것이라고 생각한다.

모든 것이 계획대로만 된다면 수년 안에 당신은 지인들에게 우리 딸이 설리번 & 크롬웰(미국의 유명 로펌 – 옮긴이)의 파트너 변호사가 되었다거나 클리브랜드 클리닉(미국 내에서 최고로 꼽히는 병원 – 옮긴이)의 비뇨기과 과장이 되었다고 말할 수 있을 것이다. 이것이 바로 프린스턴대학교나 다트머스대학이 은밀하게 선전하는 부분이다. 하지만 결과가 과연 그럴까?

12개의 특급 대학 졸업자들의 성공 여부를 알아볼 수 있는 자료를 찾기는 쉽지 않다. 그 시작점으로 우리는 대학 졸업 이후 성공을 위해 통과해야 할 관문으로 여겨지는 기관들을 살펴보기로 했다. 우리가 택한 것은 하버드대학교 로스쿨이다. 그 이유는 모든 사람들이 하버드 로스쿨로는 1, 2등을 다툰다는 데 동의할 것이기 때문이다. (나머지 하나는 예일대 로스쿨이다.)

물론 모든 사람이 변호사가 되고 싶어 하는 것은 아니며, 변호사가 되는 것이 성공에 이르는 유일한 길도 아니다. 하지만 우리는 하버드 로스쿨이 학부 대학을 어떻게 평가하고 있는지 한번 살펴보는 것도 나쁘지 않을 것이라 생각했다. 물론 하버드가 지원자의 출신 학부에 순위를 매기진 않지만 적어도 최근 몇 년간의 입학생을 보면 몇 가지 패턴을 찾을 수 있다.

일단 하버드대학교에서는 이러한 정보 공개를 거절했다는 사실을 밝힌다. 그래서 우리는 캠브리지에 사는 친구들의 도움을 받아 2002년부터 2008년까지 7년간 신입생의 출신 대학이 담긴 리스트를 구할 수 있었다.

다음에 나올 리스트는 우리가 발견한 사실의 요약본이다. 그다지 놀라울 것 없는 사실 중 하나는 총 3,714명의 입학생 중 500명 가까이, 정확히는 499명이 모교인 하버드 출신이라는 점이다.

입학 관리처의 공식적인 설명은 하버드 출신들도 다른 대학에서 온 지원자와 똑같은 기준으로 심사했다는 것이다. 그러므로 두 번째로 입학생이 많은 예일대학교에 비하더라도 하버드 출신이 월등히 많은 이유는 단지 하버드대학교가 최고의 대학이기 때문이라는 것이다. 이 점에 대해서는 우리도 반박할 별다른 증거가 없으므로 더 이상 논의하지 않겠다.

2위인 예일대학교의 뒤를 잇는 것이 12개의 대학에 속하는 9개 대학, 스탠퍼드대학교, 애머스트대학, 컬럼비아대학교, 코넬대학교, 듀크대학교, 브라운대학교, 다트머스대학, 윌리엄스대학이다. (펜실베이니아 대학은 나중에 다시 언급하겠지만 조금 뒤처져 있다.) 최근 7년 동안 12개의 특급 대학 출신은 하버드 로스쿨의 신입생 3,714명 중 48퍼센트에 이르는 1,785명이나 되었다. 즉 나머지 52퍼센트인 1,929명은 298개의 다른 학교 출신이라는 것이다. (예일대 로스쿨을 분석해 본 결과도 비슷했다. 12개 대학 출신이 54퍼센트를 차지했다.)

다음에 나오는 표는 적어도 5명의 학생을 입학시킨 40개 대학의 명단이다. 괄호 안의 숫자는 실제 입학생 수다. 하지만 대학마다 규모의 차이가 크기 때문에 (애머스트대학은 2,860명밖에 안 되는 졸업생 중 38명이나 입학한 것이고 뉴욕대학교는 3만 2,870명의 졸업생 중 39명이 입학한 것이다) 우리는 이 표를 조금 수정해 각 학교의 졸업생 수에 비례하는 합격자 수를 지표로 만들었다. 이 방법을 통해서도 하버드대학교는 여전히 1위를 차지했고, 이 숫자를 1,000점으로 정하고 이를 기준으로 삼았다.

최상위권에서도 서열 구분은 확실하게 드러난다. 프린스턴대학교(467점)는 윌리엄스대학(228점)보다 점수가 2배나 높다. 반면 듀크대학교(277점)와 브라운대학교(272점)의 차이는 미미하다. 그러므로 하버드 로스쿨 입학생을 보면 12개(펜실베이니아 대학을 제외하면 적어도 11개) 대학은 다른 대학에 비해 우위에 있다는 것을 알 수 있다. 우수한 학교라 할 수 있는 에모리대학교(69점)와 노

하버드 로스쿨이 매긴 대학 순위	
신입생 3,714명의 출신 대학, 2002~2008	
(괄호 안의 수는 실제 입학생 수, 점수는 해당 대학의 졸업생 규모를 반영한 수치. 1위 대학을 1,000으로 함)	
대학명(실제 입학생 수)	**점수**
하버드대학교 (499)	1,000
예일대학교 (259)	685
프린스턴대학교 (144)	467
스탠퍼드대학교 (166)	340
애머스트대학 (38)	340
컬럼비아대학교 (118)	315
코넬대학교 (117)	282
듀크대학교 (98)	277
브라운대학교 (114)	272
다트머스대학 (74)	261
윌리엄스대학 (33)	228
라이스대학교 (46)	203
스워스모어대학 (19)	195
포모나대학 (18)	178
조지타운대학교 (75)	162
펜실베이니아대학교 (125)	160
시카고대학교 (34)	104
브랜다이스대학교 (23)	102
바너드대학 (16)	94
웰슬리대학 (15)	94
노스웨스턴대학교 (47)	84
MIT (27)	84
밴더빌트대학교 (29)	74
보우도인대학 (9)	74
에모리대학교 (30)	69
미들베리대학 (12)	69

노트르담대학교 (38)	66
워싱턴대학교/세인트루이스 (30)	66
웨슬리안대학 (13)	66
캘리포니아대학교 버클리 캠퍼스 (113)	61
칼턴대학 (7)	53
하워드대학교 (19)	51
버지니아대학교 (44)	48
캘리포니아대학교 로스앤젤레스 캠퍼스 (82)	41
미시간대학교 (59)	36
텍사스대학교 (85)	36
브링햄영대학교 (65)	33
뉴욕대학교 (39)	28
노스캐롤라이나대학교 (27)	25
서던캘리포니아대학교 (28)	25

스웨스턴대학교(84점)는 확실히 뒤처져 있다. 칼턴대학이 애머스트대학만큼 교육의 질이 좋다고 해도 하버드 로스쿨의 기준에서는 그렇지 않다는 것을 알 수 있다. 애머스트대학(340점) 출신 입학생은 칼턴대학(53점)의 6배나 된다.

그 다음 우리가 펜실베이니아 문제라고 볼 수밖에 없는 것이 있다. 알 만한 사람들 사이에서 펜실베이니아대학교는 아이비리그의 프레도 꼴레오네 (Fredo Corleone, 영화 '대부'에 나오는 주인공 마이클의 형으로 배신자로 그려진다.─옮긴이) 같은 존재다.

이 학교가 훌륭한 인물들을 배출한 것은 맞다. 하지만 그 이상 별다른 것은 없다. 학부모들은 강의 규모가 지나치게 크고 심지어 학부생이 가르치는 강의도 있다는 데 대해 지속적으로 불만을 제기하고 있다. 이 학교는 하버드 로스쿨 리스트에서 16위를 차지했는데, 아이비리그가 아닌 조지타운대학교나 포모나대학보다도 낮은 순위다. (예일 로스쿨 리스트에서는 다른 대학에 비해 크게 뒤처져 있다.)

대학 측은 자기네 학교에는 경영대인 와튼스쿨의 재학생 수가 많아서 이들이 법조계보다는 금융계를 선택하는 경우가 많다고 주장할 것이다. 실제로도 많은 학생들이 금융계를 선택하고 있어 우리는 이 같은 사실을 감안해 경영대 학생 수는 제외하고 인문교양학부 수만으로 계산했다. 숫자만 놓고 볼 때 입학생 125명은 적은 수가 아니다. 하지만 이 대학 졸업자 수가 중급 주립대 규모인 1만 명에 달하는 것을 고려하면 결코 많다고 볼 수는 없다.

이렇게 학생 수가 많은 상태에서는 일류 대학에 걸맞은, 학생 하나하나에 관심을 기울이는 교육이 불가능하다. 이 학교의 교수-학생 비율은 1:17인데, 1:13인 브라운이나 1:10인 프린스턴대학교와 예일대학교보다 강의의 규모가 커질 수밖에 없는 상황이다. 그럼에도 펜실베이니아대학교가 브랜다이스나 라이스보다 높은 명성을 유지하는 한 부모들은 하버드나 예일대 로스쿨이 이곳을 중위권 대학으로 평가함에도 자녀를 이 대학에 보내기 위해 기꺼이 비싼 등록금을 감당할 것이다.

다른 관점에서 볼 때 하버드는 입학생을 고를 때 민주적이면서도 폭넓은 잣대를 들이대고 있다. 우리가 조사한 7년 동안 310개의 서로 다른 학교 출신의 신입생이 들어왔고, 그중 상당수는 무명이거나 의외의 학교다. 퍼시픽루터런, 이스턴켄터키, 오랄로버츠대학교, 발도스타주립대학교, 노던아이오와대학교, 콜로라도광산학교, 트루먼주립대학교, 발파레이소대학, 서던오리건대학교, 위텐버그대학이 그 예다.

이런 예들은 하버드 로스쿨이 모든 지원자에게 열려 있고 출신 학교에 대한 편견 없이 학생을 뽑는다는 인상을 준다. 하지만 이런 자료는 사람들을 기만하는 것일 수 있다. 310개의 학교 중 125개 학교는 7년간 단 한 명의 입학생만 배출했을 뿐이다. 나머지 학교 중 71개 학교는 2명 혹은 3명이 들어왔다. 다시 말해 그 외의 해에는 단 한 명의 입학생도 없었다는 얘기다.

하버드 로스쿨은 이중 플레이를 하고 있다. 한 편에서는 선택받은 12개 대학 출신 학생들에게 절반 이상의 자리를 내주고 있다. 그도 그럴 것이 지원자들은 이미 12개 대학 입학 관리처의 심사를 통과한 어느 정도 검증된 학생들이기 때문이다. 게다가 선택받은 학교에서 4년을 보냈기 때문에 하버드의 캠퍼스에도 쉽게 적응할 것이다.

다른 한 편에 있는 나머지 절반의 학생, 즉 289개의 다른 학교에서 온 1,929명의 지원자들은 또 다른 경우다. 발도스타, 발파레이소, 서던오리건에서 온 학생들은 출발은 별로 좋지 않은 학교에서 했지만 엘리트가 될 수 있는 두 번째 기회를 얻은 셈이다. 일단 하버드 로스쿨을 졸업하면 고용주들은 그들이 조지아나 인디애나의 시골 출신이라는 사실은 신경 쓰지 않을 것이기 때문이다. 그런 점에서 하버드 입학생 중 절반은 이미 가진 기득권을 반영하지만 나머지는 변화를 가져올 수 있는 새로운 집단인 셈이다.

사실 이 같은 경향은 한 세기 전 하버드가 뉴욕시립대학교 출신의 젊은이인 펠릭스 프랭크퍼터(Felix Frankfurter)를 받아들일 때부터 시작되었다. 펠릭스는 대법원으로 가기 전까지 하버드대학교 교수를 지냈다.

리스트에서 3위에 오른 것은 프린스턴이다. 그러므로 프린스턴 졸업장을 따면 일류 로스쿨에 들어가는 이점을 누릴 수 있다는 것은 명백하다. 물론 프린스턴에 들어가는 일 자체부터가 쉽지 않다. 최근에는 지원자 10명 중 한 명만이 프린스턴에서 입학 허가서를 받았다.

부모들이 왜 그렇게 자녀를 프린스턴에 보내고 싶어 하는지 다시 설명할 필요는 없을 것 같다. 사람들은 일단 졸업장이 내 정체성의 일부가 되고 나면 그것이 이 사회를 이끄는 상류층의 자리로 데려다 줄 것이라 생각한다.

캠퍼스에서 보낸 4년이 그 후 40년간 배당금을 가져다줄 것이라고 믿는 것이다.

이 학교는 2009년 학생 1인당 13만 9,109달러를 썼다고 발표했다. 전국에서 학생 1인당 가장 많은 돈을 쓴 학교 중 하나다. 이 투자 금액만 놓고 보면 졸업생에게 돌아가는 혜택이 무척 클 것이라 예상된다.

사실 프린스턴의 존재 이유는 이 학교 총장의 연설과 기금 모금 행사에서 반복적으로 드러나고 있다. 이 학교 홈페이지는 프린스턴이 "학생들이 리더가 될 수 있도록 준비시키고 있다"고 말하고 있고, "전문 분야와 지역사회의 리더를 길러 내는 것"이 목적이라고 쓰여 있다. 덧붙여 "프린스턴의 미션은 국가 지도자를 길러 내는 것"이라는 말이 뒤따른다.

지금까지 프린스턴이 이 약속을 얼마나 잘 지켜 왔을까? 우리 생각에 리더십은 2가지 형태로 나타난다. 하나는 지역사회나 국가의 정치권, 기업 세계, 군(軍)에서 자신을 뒤따르는 사람들에게 영감을 불어넣는 일이다. 이는 단지 직함을 가졌다고 되는 일이 아니다. 중요한 것은 얼마나 사람들을 잘 동원하는지와 리더의 자리에 있을 때 무엇을 했는가 하는 것이다.

프린스턴 졸업생 중 일부는 이런 리더로 성장했다. 동문 중 생존한 8만 명 중 그런 사람이 없다면, 그것이 오히려 이상한 일이다. 제임스 매디슨(James Madison)과 우드로우 윌슨(Woodrow Wilson)은 역사에 남을 만한 인물들이다. 랄프 네이더(Ralph Nader)와 도널드 럼즈펠드(Donald Rumsfeld)도 있다. 자수성가한 사업가인 이베이(eBay)의 창업자 맥 위트먼(Margaret C. Whitman)과 아마존(Amazon)의 제프 베조스(Jeff Bezos)도 빼놓을 수 없다.

또 다른 리더로 불릴 만한 이들은 자기 영역에서 독자적인 경지에 이른 사람들이다. 여기서 말하는 것은 생전 혹은 사후에라도 존경을 받을 만한 뚜렷한 업적을 남긴 경우다. 예술이나 과학 분야에서 이런 리더가 나올 수 있고,

전문 영역을 개척한 의사나 변호사도 리더가 될 수 있다. 프린스턴 출신의 제임스 스튜어트(James Stewart)는 유진 오닐(Eugene O'Neill), F. 스캇 핏제랄드(Scott Fitzgerald)처럼 예술 분야의 리더였다.

프린스턴이 이런 두 종류의 리더를 키워 낸 성과를 평가하기 위해 우리는 상세한 분석이 가능한 샘플 집단, 즉 1973년 졸업생들 중 생존 중인 934명을 골랐다. 우리가 이들을 고른 첫 번째 이유는 이 정도 규모면 세밀한 분석이 가능하고 결과를 일반화하기에도 충분하리라 생각했기 때문이다. 두 번째 이유는 프린스턴이 1969년부터 여학생을 받기 시작했고 흑인 학생의 비율도 늘렸기 때문에 1973년이 여학생과 흑인 졸업자의 수가 일정 수준에 이른 첫 해이기 때문이다.

세 번째 이유는 우리의 연구 목적과 가장 관련이 크다고 할 수 있는데, 이들은 지금 50대 중반으로서 인생에서 성취할 수 있는 상당 부분을 이룰 만한 연령에 이르렀다고 볼 수 있다. 우리는 프린스턴의 내부 문서와 다른 자료까지, 구할 수 있는 모든 정보를 동원해 이들을 추적했다. 이에 추가로, 그중 몇 명과는 실제 인터뷰를 하기도 했다.

우리는 프린스턴이 공언한 "국가 지도자를 길러 내는" 미션에서부터 시작했다. 이 기준에 따라 분석해 본 결과 934명 중 백악관 참모나 국회의사당의 연방 판사, 금융 관리자 혹은 공기업의 최고경영자로 일한 경우는 단 한 건도 없었다. 그나마 가장 근접한 것이 교육부 부차관을 지낸 경우와 파나마와 보스니아에서 대사를 역임한 경우였다.

4명은 주 정부 차원에서 리더로 일한 경험이 있었다. 애리조나의 외무장관과 오하이오 칠리코시의 판사, 아칸소 주의원, 텍사스의 법무부 보좌관이 그들의 경력이다. 국제적인 리더가 된 유일한 경우는 빈센트 폭스(Vincente Fox) 정권에서 외무장관을 지낸 호르헤 카스타네다(Jorge Castaneda)와 요르단 왕과

결혼해 인도주의적 명분을 위해 활동하고 있는 리사 할라비(Lisa Halaby)다.

당연히 이들 중 많은 이들이 전문직을 가지려고 했다. 하지만 대부분은 그저 평범한 직업에 머물고 말았다. 학교로 간 경우도 꽤 많지만 일류 대학으로 간 경우는 그다지 많지 않다. 대부분은 애크론대학교나 웨스턴미주리주립대학교 같은 곳에서 일하고 있다.

변호사도 많지만 일류 로펌에서 파트너가 된 경우는 손에 꼽을 정도며, 의사가 된 사람 중에도 유명 병원에서 일하는 경우는 드물었다. 기업 쪽에서는 한 명이 중국 충칭(重慶) 시에서 브론프만 시트러스 컴퍼니의 지부장을 맡고 있고, 다른 한 명은 코카콜라의 회계 담당자가 되었다. 이것이 기업 쪽에서는 우리가 찾은 가장 높은 지위였다. 또, 헬렌 지아(Helen Zia)라는 한 여성은 「미즈 Ms.」 잡지의 편집장을 맡고 있었다.

이들 졸업생이 이룬 성과를 계량화하기 위해 우리는 주목할 만한 성과를 이룬 사람들을 모아놓은 리스트인 미국판 『후즈후 *Who's Who in America*』(세계적인 유명 인사의 리스트를 담은 미국판 인명 사전 – 옮긴이)를 이용하기로 했다. 많은 단점이 있긴 해도 그것이 우리가 한 사람의 업적을 확인해 볼 수 있는 최선의 선택이었다.

934명의 생존 중인 동문(미졸업자도 포함) 중 26명이 리스트에 올라 있었다. 그중 가장 눈에 띄는 사람은 케니언대학의 총장인 조지아 뉴전트(Georgia Nugent), 『아트 인 아메리카 *Art in America*』의 편집장 마르시아 비트로크(Marcia Vetrocq), 하버드대학교 역사학과장인 리즈베스 코헨(Lizbeth Cohen) 교수, 산타페에 사는 예술가인 페이지 앨런(Page Allen), 뉴욕대학교의 사학과 교수이자 전(前) 미국 역사협회장인 바버라 웨인스타인(Barbara Weinstein), 퓰리처상 전기 부문 수상자인 애널린 스완(Annalyn Swan)과 마크 스티븐스(Mark Stevens) 부부 정도였다.

『후즈후』의 기준을 적용하면 2.8퍼센트가 국가 지도자급 인물에 해당되는 셈이다. 결과가 실망스러웠지만 놀랍진 않았다. 결국 우리가 주장하려는 것은 특급 대학이라 불리는 12개 학교의 명성이 상당 부분 부풀려졌다는 것이다. 예일이나 윌리엄스에서도 유사한 결과가 나오지 않을까 싶다. 하버드의 경우에는 문학 분야에서 일하는 졸업생이 많기 때문에 조금 더 나을 수도 있겠다.

프린스턴의 1973년 졸업생 중 여학생이 남학생에 비해 훨씬 두각을 나타내고 있다는 사실은 주목할 만하다. 졸업할 당시 여학생의 비율은 전체의 18퍼센트였다. 하지만 그들 중 26퍼센트가 우등 졸업을 했고, 28퍼센트가 우등생 클럽인 파이 베타 카파(Phi Beta Kappa, 미국 대학 우등생들로 구성된 친목 단체-옮긴이)의 회원이 되었다.

여기서 끝난 것이 아니다. 『후즈후』에 이름을 올린 사람들 중 35퍼센트가 여자였다. 비율로 따지면 남자보다 2배나 많은 셈이다. 그리고 우리가 판단하기에 여학생의 업적이 더 두드러졌다. 예를 들어, 로빈 허먼(Robin Herman)은 프린스턴에서 배운 것을 토대로 「뉴욕타임스」에서 최초의 여성 스포츠 전문 기자가 되었다.

좀 더 세속적으로 보면, 프린스턴 출신들은 발파레이소나 서던오리건대학교 출신보다 돈은 더 많이 벌고 있을 것이 틀림없다. 그렇지 않다면 이상한 일이다. 이 문제에 관해 우리가 얻을 수 있는 최고의 정보는 2008년 졸업 35주년 기념행사 무렵에 돌린 설문 조사 결과다. 설문에는 자녀나 취미, 혼외관계(30퍼센트가 있다고 답했다) 등에 대한 내용이 포함되어 있다. 개인 수입에 대한 질문도 있었다.

하지만 그 결과에 대해 말하기에 앞서 설문을 받은 사람의 3분의 1만이 설문에 응했다는 사실을 덧붙여야 할 것 같다. 사회학에서는 이런 종류의 설문 조사를 할 때 성공하지 못한 사람일수록 설문에 응하지 않는 경향이 있다고 본다.

전체 남자 응답자의 소득의 중간값은 17만 5,000달러였고, 여자는 11만 5,000달러였다. 우리는 남자만 놓고 볼 때 일류대 출신의 50대 남자가 받는 소득치고는 놀랄 정도로 적다고 느꼈다. 게다가 중간값이라는 것의 의미는 응답자 중 절반은 소득 수준이 17만 5,000달러에도 못 미친다는 얘기다.

우리는 프린스턴대학교 졸업생들이 학교에 대한 충성심이 아주 강하고 평생 동창회에 애정을 가지고 산다고 들었다. 여기서도 우리는 우리가 조사한 졸업생들에 한해서만 이야기할 수 있다. 우리는 2004년부터 2009년까지 지난 6년간 이들이 기부금 모금에 참여했는지를 조사해 보았다. 934명 중 기부금을 보낸 사람은 48퍼센트에 그쳤다. 그렇다면 나머지 52퍼센트는?

동문회에 가입된 사람이라면 누구나 알겠지만 기부금을 내라는 전화는 정기적으로 걸려온다. 그들이 후렴구처럼 반복하는 얘기는, 다른 중요한 데 돈을 써야 한다면 그냥 참여율을 높이기 위해 상징적으로 소액의 수표라도 보내 달라는 것이다. 하지만 적어도 우리가 살펴본 이들 사이에서는 이런 일들이 일어나지 않았다.

최근 수년간 프린스턴은 동문 자녀 지원자 중 절반이 넘는, 60퍼센트 가까이를 불합격시켰다. 동문 자녀의 수를 제한하기 위해서가 아니라 단지 그들이 프린스턴에 입학할 자격이 안 되었기 때문이다. 우리가 입수한 리스트에 따르면 934명 중 자녀를 프린스턴에 보낸 이는 120명에 불과하다는 것이다. 만약 60퍼센트의 불합격률이 1973년 졸업생에게도 적용된다면 180명의 동문은 자녀를 프린스턴에 보내고자 했으나 뜻을 이루지 못했다는 얘기다. (동문회 소식지에서는 아무도 이런 이야기를 고백하지 않았다.) 동문 소식지에는 동문 자녀 중 겨우 3명만이 프린스턴을 제외한 나머지 특급 대학 중 한 곳에 입학했다는 소식이 있을 뿐이다. 2명은 하버드에, 다른 한 명은 코넬에 들어갔다.

아직은 긍정적인 면도 있다. 동문 자녀 중 많은 이들이 그보다 덜 좋은 대학에 입학했다는 것은 민주주의 차원에서 좋은 징조이긴 하다. 그 자리가 덜 부유한 집에서 자란 다른 재능 있는 지원자들로 채워질 것이기 때문이다. 가장 눈에 띄는 것은 현재 프린스턴대학교 학생 중 14퍼센트는 이 학교 동문의 자녀가 아닌 아시아인이라는 사실이다.

우리는 프린스턴의 1973년 졸업생들이 모두 훌륭한 시민일 것이라고 확신한다. 그들은 투표에 참여하고, 꼬박꼬박 세금을 내고, 자신의 집과 주변을 잘 관리하며 지역사회 일에 잘 동참하고 있을 것이다. 하지만 프린스턴은 그 이상의 것을 기대한다고 말한다.

방대한 지원금이 이 학교에 쏟아지고 있다. 물론 이는 프린스턴의 졸업생 대부분이 탁월한 능력을 가지고 두드러진 커리어를 영위하며 살 것이라는 전제나 약속에 기반한 것이다. 우리가 만난 동문들은 모두 유쾌한 사람들이었다. 하지만 전반적으로 볼 때 그들이 역사를 주도해 가는 이들은 아니었다. 프린스턴대학교 졸업생들 중 어떤 이들은 그렇게 꿈이 클 필요는 없지 않느냐고 주장할 수도 있을 것이다. 물론 그것도 옳은 말이다. 하지만 그것이 "남다른 재능과 잠재력을 가진 젊은이를 알아보는 능력과 선별력"을 자랑으로 삼는 대학교의 주된 목표일 수는 없다.

그래서 우리는 이 시점에서 다음과 같은 질문을 던지게 된다. 프린스턴으로 갈 기부금이 다른 곳으로 간다면 세상이 더 뚜렷이 달라질 수 있지 않을까?

가르치지 않는 대학

"대령의 부인과 주디 오그래디는 한 꺼풀만 벗기면 자매다." 우리는 하버드대학교와 오리건주립대학교 두 곳을 방문하는 동안 러디어드 키플링(Rudyard Kipling)의 이 기발한 말을 떠올렸다. 처음 보면 그 대학들은 서로 완전히 동떨어져 있는 것처럼 보인다. 실제로 두 대학이 있는 코밸리스와 케임브리지는 4,149킬로미터나 떨어져 있다.

하버드대학교는 지원자 중 7퍼센트만 합격할 수 있는 학교인 반면 오리건주립대학교는 지원자의 84퍼센트를 합격시켜 준다. 최근 몇 년간 하버드대학교에서는 학생 한 명당 13만 4,200달러의 예산을 편성한 반면 오리건주립대학교에서는 3만 1,124달러로 꾸려 나가고 있다.

두 대학의 교수 연봉, 대학원 합격률, 사회적 평판 역시 격차가 크다. 그러나 두 대학이 유일하게 닮은 점이 있으니, 바로 학생들이 듣는 강의 수준이었다. 대체로 강의 수준은 형편없이 낮다. 우리가 하버드대학교와 오리건주립대학교에서 보고 들은 것은 대학 사회에 만연한 전형적인 문제이자 국가적인 수치다. 초등학교에서 고등학교까지 교육에 문제가 있다는 비판들에도 불구하고 대학이 지닌 문제는 더 눈에 띄게 심각하다.

"교수님들은 우리를 위해 여기에 있는 게 아닌 것 같아요." 하버드대학교의 3학년 학생 한 명이 우리에게 말했다.

"우리가 하버드대학교에 온 이유는 우리가 받는 교육 때문이 아니라 이 학교의 학위가 우리에게 주는 명성 때문이라는 점을 깨달아야 했습니다."

오리건주립대학교에 다니는 네이선 십먼의 경험담은 더 적나라하다.

"여기에는 선생님이 없어요." 그가 말했다.

"교수님들은 강의 첫날에 이렇게 말하더군요. '나는 연구를 위해 이 학교에 있는 겁니다. 강의는 어쩔 수 없이 하는 거예요. 그러니 여러분은 한 학기를 재미있게 보내지는 못할 겁니다.'"

우리가 보기에 두 학교 모두 교수진이 학부생에 대해서는 신경도 쓰지 않으며, 그래야 할 필요성조차 못 느끼고 있는 것이 분명했다.

하버드대학교는 교수 한 명당 학생 수 비율이 1:7이라는 사실을 자랑한다. 적어도 그것이 그 학교가 『피터슨 *Peterson's*』이나 『배런스 *Barron's*』같은 입시 안내서에 제시하는 수치다. 그리고 하버드대학교에 세미나 규모의 강좌들이 있는 것도 사실이다. 한 4학년 학생도 우리에게 다음과 같은 이야기를 들려주었다.

"심지어 제가 수강한 가장 작은 규모의 수업, 개별 지도 같은 세미나들에서는 학생이 10~20명이었는데도 교수님이 리포트를 채점도 하지 않는 경우가 많았어요." 그는 평판이 좋은 하버드대학교 역사학과의 소규모 수업들을 회상하며 이렇게 말했다.

"수업을 진행하는 교수님이 있었는데, 리포트를 채점하는 대학원생 조교가 딸려 있었지요. 적어도 학기 말에는 교수님이 직접 채점할 거라고 생각했고 그러기를 바랐죠. 하지만 조교가 대신 했어요."

우리는 그 말에 귀를 의심했다. '20명 이하 학생들의 리포트를 대신 읽는 사람이 있다고?'

그러나 우리가 제대로 들은 것이었다.

"제가 수강한 역사학과 개별 지도 수업들이 모두 그런 식이었어요." 그가 덧붙였다.

그 교수들은 자신들이 너무 고귀해 학생들의 리포트를 읽을 수 없다고 생각한 것일까? 아니면 오리건과 하버드대학교 양쪽 모두 교수들이 표면상으로는 학부생들을 가르치는 일로 급여를 받으면서도 그들을 은근히 무시하는 마음이 가득했던 것일까?

학생들이 찬밥 신세가 되는 주요 원인은 무척 간단하다. 교수들에게는 연구와 논문 발표 실적이 최우선이기 때문이다. 이런 것들이 승진이나 외부에서 좋은 제안을 받는 지름길이 되기 때문이다. 하버드대학교의 교수들은 자신의 분야에서 일인자가 되리라는 기대를 받는다. 그들이 그곳에 있는 이유도 바로 그 때문이다.

앞서 말한 학생 1인당 배정된 13만 4,200달러의 예산은 사실 교수에게 드는 돈이다. 교수들은 이 돈을 연구 조교를 구하고, 안식년을 사용하는 데 쓴다. 강의는 몇 개 맡지도 않기 때문에 교수가 강의를 하는 대가로 월급을 받는다고 보기 힘들 정도다. 학생들이 하버드대학교의 명성이 자신에게 영향을 주기를 원한다면 그들의 등록금은 바로 그러한 광 내기에 지불되고 있는 것이다.

오리건주립대학교의 사정은 약간 다르다. 이 학교는 오리건 주에서는 서열이 2위이며 유진에 있는 1위 대학인 오리건대학교보다는 확실히 아래다. 이런 면에서 성격이 비슷한 대학들이 많은데, 아이오와주립대학교, 조지아주립대학교, 미시간주립대학교 등이 그와 같은 경우다. 과거에는 이런 대학들이 이류 대학이라는 지위를 받아들였을 수도 있겠지만 더 이상은 그렇지 않다. 그 대학들 모두가 주 1위 대학과 어깨를 나란히 하고 싶어 한다. 그래서 교수진에게 메시지를 보낸다. 연구하시오! 쓰시오! 발표하시오! 이것이 대학들이 이름을 알리는 방법이다.

오리건주립대학교의 학생들은 그 영향을 느끼고 있다. 그곳의 교수들은 자신이 강의에 무관심해도 비난받지 않을 것이라는 사실을 알기 때문이다. (오리건주립대학교가 아닌 다른 한 연구 중심 대학교에서 한 무리의 학생들이 부실한 강의에 대해 학과장에게 항의하자 그는 이렇게 말했다고 한다. "여러분이 그런 것을 원한다면 소규모 리버럴 아츠 칼리지로 갔어야 합니다. 여기서는 그런 강의를 하지 않습니다.")

오리건주립대학교에서 수업 자료에 대해 상의하기 위해 교수 사무실에 가 본 적이 있는 학생은 거의 없었다. 하버드대학교에서도 상황은 별로 다르지 않았다. 한 학생은 우리에게 이렇게 말했다.

"학생들이 실제로 한 번도 만난 적이 없는 교수에게 가서 말하기가 두려운 것도 하나의 이유인 것 같아요." 그가 덧붙였다. "또, 많은 학생들이 교수에게 말하려면 정말로 의미 있는 무엇이 있어야만 한다고 생각하는 것 같아요. 근무 시간에 찾아가 교수가 하는 일을 방해하는 것이 되지 않으려면 통찰력 있는 무엇, 교수가 학생을 만난 시간이 가치 있었다고 여길 만한 무엇이 정말로 있어야 한다고 생각하는 거죠."

우리의 기본 전제는 이것이다. 모든 학생은 지성을 갖추고 더 넓은 세계에 대해 호기심이 있다는 것이다. 지금 맥주에 절어 사는 대학 2학년생도 몰리에르의 『상상으로 앓는 환자 *La Malade Imaginaire*』에 대한 세미나 리포트를 발표할 수 있는 것이다. 우리는 사변이나 추측이 아니라 자명한 진리를 말하고 있다.

게다가 강의의 주제들은 목적을 달성하기 위한 수단일 뿐이다. 우리가 예로 든 정신적 자극은 화학, 미적분학, 문학, 언어학, 경제학 또는 지구과학 수업에서도 생겨날 수 있다. 안타깝게도 자신의 재능을 발견하고 개발하도록 격려받고 있는 학생들은 지극히 극소수다. 이론적으로는 교사가 존재하는 이유도 바로 이 때문이다. 학생들의 지성과 상상력을 자극하여 그들이 전혀 알지 못했던 우주에 눈을 뜨게 해 주는 것이다.

실제로 이런 일은 분명히 일어나고 있다. 우리는 어디서, 어떻게 이런 일이 일어나고 있는지 보여 줄 것이다. 그러나 현실에서는 우리의 젊은이들이 갈망하고 그들이 응당 누려야 하는 수준에 이르지 못하고 있다.

기쁜 소식은 하버드대학교에서 들려오는 소식이 죄다 실망스러운 것은 아니라는 사실이다. 일부 교수들은 크게 화제가 되고 있다. 매년 가을 '정의(Justice)'에 대한 마이클 샌델(Michael Sandel)의 강의가 진행되는 하버드대학교의 샌더스 강당은 800명의 학생으로 가득 찬다. 물론 샌델 교수가 직접 가르친다. 그렇게 많은 인원이 모여 있는데도 샌델 교수는 끊임없이 질문을 던지고, 학생들의 답변을 경청하고 추가 답변을 요구하는 경우가 많다.

사실 이것이 지속적으로 의견 교환이 이루어지는 소규모 세미나 방식은 아니지만 효과는 있다. 그 강의를 들은 800명의 학생 가운데 거의 모든 학생들이 샌델이 개인적으로 감동을 주었다고 말했다. 그는 가르치는 자로서 강의실의 북적이는 청중을 휘어잡을 수 있는 거장이다.

"강의는 무엇보다도 일단 학생들의 주목을 끌고 그것을 계속 유지하는 것이 가장 중요하지요." 샌델이 말한다.

그러한 기술의 핵심은 동시에 모든 사람에게 생각할 거리를 제공하는 것이다. 그들이 해당 과목의 전공자로서 우등생이든 공대에서 청강하러 온 학생이든 상관없이 말이다.

이는 흔치 않은 재능이다. 일부는 계발되기도 하지만 어느 정도는 타고나는 것이다. 최고의 교수들 중에는 사실상 학생들이 지금껏 보아 왔던 이들과는 확실히 구별되는 파격적이고 기발한 사람들이 많다. 그중 한 사람이 앨런 블룸(Allan Bloom)이었다. 그는 코넬대학교에서 골루아즈 담배를 피우고 돌아

다니며 『보바리 부인 *Madame Bovary*』에 담긴 정치학에 대해 장광설을 늘어놓으며 한 세대의 마음을 사로잡았다.

마이클 해링턴(Michael Harrington)은 뉴욕의 퀸스대학에서 '미국의 권력(Power in America)'에 대해 강의할 때 사회주의적인 성향을 거침없이 표현했다. 그리고 1960년대에 뉴욕대학교에서 활동하던 코너 크루즈 오브라이언(Conor Cruise O'Brien)은 현직 정치인이자 외교관이었지만 언제나 지성인이었다. (그는 본서의 저자들 중 한 명이 글을 쓰게 된 것과 깊은 관련이 있다.)

이들은 모두 자신의 사상에 대해 확고했고, 학계에서 요구하는 것이 아니라 자신이 믿는 바를 말했다. 믿기지 않을 정도로 열정적이고 굉장한 교수들은 자신의 주장이 공식이나 각주에 의해 항상 뒷받침되지는 않을지라도 온 세상을 자신의 텃밭으로 여긴다. 물론 여기에는 자기도취나 강의실을 연설장으로 악용할 위험성이 따를 수 있으나 학생들은 이를 분별할 수 있다.

우리가 말하고 싶은 요점은 위대한 지성을 가진 교수는 교육에서 필수불가결한 존재이며, 그의 활동을 제한해서는 안 된다는 것이다. 이는 단순히 학문의 자유 차원의 문제가 아니라, 그가 학생들의 삶을 변화시키는 정신적 자극을 줄 수 있는 존재이기 때문이다.

모든 대학에는 그런 교수들이 있다. 서로 많이 다른 두 학교, 스틸워터에 있는 오클라호마주립대학교와 캘리포니아에 있는 포모나대학의 강의 평가서를 보면 잘 알 수 있다. 우리가 훑어본 1,000장이 넘는 평가서에서 대부분의 교수들이 '좋다(good)', '평균이다(average)', '끔찍하다(awful)'로 묘사되어 있었으며, 우울하게도 '끔찍하다'는 평가가 꽤 많았다. 그래도 우리는 계속 읽어 나갔다.

우리는 다음과 같은 보물들을 발견했다. "믿기지 않을 만큼 훌륭한 교수님!", "이 교수님은 천재다!", "교수님의 인격에서 많은 것을 배웠다", "정말로 인생과 도덕에 대해 생각하도록 만든다", "허심탄회하고 흥미롭고 열정적이다", "그 과목에 대한 교수님의 열정이 강의실 전체에 빛을 발한다", "나는 내가 영원히 변한 것을 알 수 있었다", "굉장한, 타고난 능력자!", "교수님 혼자서 화학을 정말 싫어했던 나를 화학을 사랑하는 사람으로 바꾸어 놓았다."

이런 평가들을 보면 소수의 유명 교수들뿐만 아니라 대학 교문 밖에는 이름이 알려지지 않은 많은 평범한 교수들 역시 훌륭한 강의를 하고 있다는 것을 알 수 있다. 우리는 모든 학부생들이 그런 강의를 듣는 경험을 했으면 좋겠다. 그런 경험이 그들에게 대학 시절의 가장 인상적인 추억으로 남게 될 것이다.

이제 훌륭한(great) 강의에서 좋은(good) 강의로 넘어가 보자. 좋은 강의를 하려면 우선, 설명을 잘하는 능력이 필요하다. 그것은 모호한 문제나 사건을 명확하게 풀어내는 능력이다. 예를 들어, 게티스버그 전투가 왜 미국 독립전쟁에서 결정적인 역할을 했는지, 유전자의 돌연변이가 다윈의 진화론을 어떻게 보완하는지 등에 대해 명확하게 설명할 수 있어야 한다. 조리 있게 강의를 잘 풀어 나가는 것도 당연히 중요하다. 그러나 더 중요한 것은 학생들이 잘 이해하고 있는지를 감지하는 능력이다. 밴더빌트대학교 철학과의 존 락스(John Lachs) 교수는 이렇게 말했다.

"저는 강의할 때 학생들의 눈을 살펴봅니다. 눈이 게슴츠레해지면 내 강의가 지루하다는 뜻이거든요."

우리는 많은 교수들이 그런 식으로 강의실을 훑어보지 않는 것을 보고 충격을 받았다. 학생들의 주름진 이마, 찌푸린 눈살, 반쯤 들다 만 손이 모두 한눈에 알아볼 수 있는 반응들인데도 말이다.

우리는 또한 설명하는 데 능숙한 교수들이 모호한 내용을 재해석하고 개념을 구체화하는 과정에서 어떻게 예화나 우화, 유머를 활용하는지 살펴보았다. 설명을 잘하는 일이 쉽지 않다는 사실은 알고 있다. 그러나 교수들은 그 일을 하라고 보수를 받고 있는 것이다. 만약 설명하는 능력이 떨어진다면 잘할 방법을 찾아야 한다. 오리건주립대학교 2학년 학생인 퍼트리셔 앨봄은 이렇게 말했다.

"자기 분야에서 천재일 수는 있겠지요. 하지만 그런 교수들 중 일부는 가르치는 방법을 전혀 몰라요."

슬프게도, 이런 경우 무능한 교수들이 흔히 쓰는 수단은 학생들이 게으르고 부주의하다고 비난하는 것이다. 우리는 그들이 그보다는 "왜 학생들이 다른 교수의 수업에서는 열심히 공부하는데, 내 수업에서는 그렇지 않을까?"라고 자문해 보았으면 한다. 아니면 밴더빌트대학교의 존 락스 교수처럼 이렇게 인정하기라도 했으면 좋겠다. "내 강의가 실패할 때는 내가 어떤 것을 하지 못했기 때문일 겁니다."

우수한 강의를 위한 두 번째 필수 조건은 관심이다. 교수가 학생에게 관심을 기울이는 방법은 여러 가지이며 학생들은 이를 쉽게 알아차린다. 우리는 애리조나주립대학교에 다니는 샬린 쇼빅의 표현이 마음에 든다.

"제가 강의에서 무언가를 배웠다고 말할 수 있는 때는 교수님이 '나는 정말 여러분을 위해 이 자리에 있고 싶습니다'라고 말할 때였어요."

또 다른 애리조나주립대학교 학생은 한 교수가 두 번째 강의를 하는 날에 모든 학생의 이름과 전공을 알고 있었던 것을 회상했다.

"어떻게 아신 건진 모르겠지만 다 알고 계시더라고요."

오리건주립대학교의 대니얼 바오는 수업이 끝나고 질문을 했는데 교수가 자신도 답을 모르겠다고 이야기했다.

"그 후에 교수님이 어렵사리 제 이메일 주소를 알아내어 답변을 보내 주셨어요. 정말 깜짝 놀랐어요." 바오가 말했다. 그 학생이 우리에게 그 이야기를 해 주고 싶어 했던 것은 이런 경험이 워낙 예외적인 경우였기 때문이다.

'우수한 강의는 교수가 연구에도 적극적일 때에만 가능한 것이다.' 우리는 이러한 종류의 상투적인 말을 분명 적어도 10여 명의 학과장과 학장들로부터 들었던 것 같다. 연구에 열심인 학자는 자기 전공 분야에서 일어나는 동향을 잘 파악하고 있다. 그래야 자신의 연구에도 반영할 수 있기 때문이다. 그러므로 강의에도 가장 최신의 생각들과 연구 결과들이 등장한다.

반대로, 연구를 게을리하는 교수는 주제와 별로 상관이 없거나 한물간 내용을 계속 다룬다. 한 대학의 교무처장이 이 문제와 관련해 이렇게 말했다.

"연구와 논문을 통해 자신이 배운 것을 공유하는 데 관심이 없다면 좋은 교사가 되기는 힘들죠."

요즘에는 모든 대학교들과 점점 더 많은 수의 대학들이 교수들이 새로운 지식을 발견하고 창출하여 그것을 출판물로 기록하기를 기대한다. 연구 성과는 높은 평가와 승진을 위한 첫 번째 시험이다. 이와 대조적으로 어느 교수가 강의를 얼마나 잘하는지는 사람들에게 잘 알려지지 않는다.

그렇다 하더라도 예일대학교의 임용 위원회가 휘티어대학의 화학개론 강의에서 학생들을 완전히 매혹시키고 있는 한 교수에 대한 이야기를 들었다고 상상해 보자. 위원회가 그에게 관심을 표시할 수도 있지만 그렇다 해도 적어도 그 이유가 예일대학교의 학부생들이 화학 과목을 기피해 왔기 때문은 아닐 것이다. 어쩌면 그럴 수도 있겠지만 그때에도 위원회는 "그 교수의 연구 발표 실적은 어때요?"라는 질문부터 할 것이 틀림없다.

단, 문제가 있다. 첫 번째 문제는 이런 현상이 사실상 옳지 않다는 것이다. 두 번째 문제는 그에 따른 결과가 치명적이라는 것이다. 우리가 대학에서 관찰할 수 있었던 것은 공부를 열심히 하는 학부생들도 최신 연구 결과에 대해 질문하지 않는다는 것이다.

교수들은 자신의 세부적인 연구 분야를 가르치고 싶어 한다. 아니면 윌리엄 베넷(William Bennett)이 지적한 대로 "자신의 박사 논문이나 다음에 쓸 학회지 논문 내용을 가르치려는 교수들이 너무 많다."

다음의 표는 교수들이 선정한 강의 주제들이다. 너무 세분화된 주제의 강의 과목이 급증하여 정작 우리 자신과 세상에 대한 적절한 이해를 가로막고 있다. 스탠퍼드대학교 역사학과가 229개나 되는 강의를 개설하고 있는 것도 같은 이유에서다. 학생 중심으로 강의를 고안한 것이 아니라 교수들

교수들의 연구가 어떤 식으로 그들의 강의에 스며들어 있는가 학부 강좌의 예
모더니즘에서의 탐색, 수수께끼 그리고 해답 : 세속적 모더니스트 걸작들에 나타난 미스터리와 초월적인 경험에 대한 역설적 지향을 퍼즐과 수수께끼 그리고 그 해법에 집착하는 모더니즘의 특징을 통해 살펴본다. (스탠퍼드대학교)
현실주의와 반(反)현실주의 : 리얼리즘의 일반적인 배치를 알고 '현실성', '반영', '모방', '대표성', '총체성', '개별성', '의외성' 그리고 '모사'의 개념에 대해 알아본다. (스탠퍼드대학교)
언어, 장애 그리고 소설 : 현대 소설에서 드러난 인지와 언어의 장애에 대해 알아본다. 이런 특징들이 타자성, 초월성, 물(物)성, 비참함의 형성에 어떻게 영향을 미쳤는지 알아볼 것이다. 그리고 이런 문학적 추상성의 반복이 동시대의 과학, 사회학, 윤리학, 정치학 그리고 미학 담론과 어떤 상호작용을 했는지도 알아볼 것이다. (예일대학교)
죄와 구원 : 너새니얼 호손의 『주홍 글씨』는 죄에 빠진, 그러나 즉시 재생하고 구원하는 사랑으로 악명 높은 디바급의 성적인 모험가가 등장하는 소설이다. 거짓 친구들의 집단인 신성한 마을과 이교도의 복수는 스토킹과 박해, 스스로에게 내리는 형벌에 뒤엉켜 갇혀 있다. 청교도의 하나님이 투영된 유령은 징벌에 대해 너무도 확고한 나머지, 그에게 있어 '고백'이라는 것은 오직 집단적 모욕과 비참함을 의미하는 것이었다. (듀크대학교)

이 자신이 전에 썼던 논문이나 곧 출판할 책을 이용해 편하게 강의를 하려는 것이다.

그래서 한 사람은 '세계사 속의 담배와 건강'에 대한 강의를 개설하고 다른 사람은 '남성 동성애자의 자서전'에 대해 강의할 수도 있다. 반면에 한 동료는 '유고슬라비아의 성립과 붕괴'에 대해 자세히 설명한다. 그러나 이런 주제들이 들어간 229개의 뷔페식 강의는 인문교양 교육을 무너뜨리고 있으며, 이로 인한 피해는 연구를 우선시하는 대학을 선택한 학생들에게 고스란히 돌아간다.

표면상으로는 인문교양 교육에 전념하는 소규모 독립 대학들조차도 교수들에게 연구 성과를 기대하고 있다. 윌리엄스대학에서 교수들은 강의를 전혀 하지 않아도 월급을 받는다. 그들은 「루도비쿠스 독일 왕(817~876) 치하의 왕권과 다툼Kingship and Conflict under Louis the German」 또는 「무분별 직각삼각형의 다항식에서 0의 통계적 분포The Statistical Distribution of Zeros of Random Paraorthogonal Polynominals in the Unit Circle」(이 학교 홈페이지에서 강조하는 연구들)에 대한 지식을 생산하고 있지만 우리는 이러한 연구가 윌리엄스대학 학부생의 교육에 어떤 도움이 될지 의문이다. 물론 이것도 지식이다. 그러나 이런 종류의 지식은 교수들이 동료 교수들을 위해 만들어 내는 지식이다.

이 연구를 맡은 교수들이 안식년을 이용해 연구를 했는지는 모르겠다. 그러나 우리는 윌리엄스대학에 다니는 학생이나 학부모들이 그런 연구를 위해 학비를 내는 것은 아니라고 생각한다. 그러나 하버드대학교의 하비 맨스필드(Harvey Mansfield)가 지적했듯이 교수들은 점점 "자신이 연구하고 있는 것이 바로 학생들이 알 필요가 있는 것"이라고 믿게 된다. 그러나 윌리엄스대학에는 대학원이 없기 때문에 교수들은 극히 세부적인 자신의 전공을 학부생들에게 강요하고 있다.

불행하게도, 더 많은 연구에 대한 압력은 갈수록 심해지고만 있다. 이 책을 쓰기 시작할 무렵 우리는 2007년도 미국 사회학회(American Sociological Association) 회의에 참석했다. 우리는 틈이 날 때 그 프로그램에 나열되어 있는 논문의 수를 세어 보았다. 총 논문 수는 3,015개였으며 나중에 알고 보니 이는 역대 최다였다. 조사 결과, 1985년에 발표된 논문 수는 502개에 불과했으며, 그동안 사회학자의 수는 거의 늘어나지 않았다.

물론 사회학은 한 사례일 뿐이다. 그러나 이것이 인문교양을 구성하는 약 30개 분야의 전형적인 상황이라면, 매년 9만 편 정도의 논문이 쏟아져 나오는 셈이다. 게다가 우리는 여기에 항공공학이나 스포츠 경영학 같은 직업훈련 과목은 포함시키지 않았다. 이런 과목들도 제각기 학회와 학술지가 있다.

이런 모든 연구가 진정으로 필요한 것일까? 우리는 지식의 확장과 향상을 전적으로 지지한다. 진화 과정에서 우리가 얻은 것들을 생각해 볼 때 우리는 우리 자신과 세계에 대한 이해를 발전시킬 의무가 있다. 그런 점에서 우리가 어떻게 연구를 반대할 수 있겠는가? 그럼에도 결국 우리는 그 3,015편의 사회학 논문 가운데 꼭 필요한 논문은 거의 없다고 말해야 할 것 같다.

여기에 그 이유가 있다. 오늘날 학문을 가장해 진행되고 있는 연구 대부분이 사실은 지성의 확장에 기여하지 못하고 있기 때문이다. 논문을 통해 우리는 그 사회학자들의 강의 과목이었던 여자 하키와 중년의 경찰관들에 대해 더 많은 것을 알게 되었다. 지금 우리가 이런 것들은 굳이 몰라도 되는 것들이라고 말하고 싶은 것 같은가? 아니라고는 못하겠다. 이런 주제들을 연구하지 않더라도 세상은 지금과 마찬가지로 계몽된 상태일 것이다. 그러나 우리가 언급했듯이 우리가 진짜 주장하는 바는 이런 모든 논문에 들이는 시간과 에너지, 자원을 더 나은 강의를 하는 데 쏟아야 한다는 것이다.

논문 발표에 대한 압력은 역효과를 가져올 수도 있다. 우리는 옐로스톤 국립공원에 회색늑대를 다시 들여오는 데 도움을 준 몬태나 주의 생물학자 더글러스 스미스(Douglas Smith)에게서 이 사실을 알게 되었다. 그는 육식동물의 행동을 조사할 때 그 연구가 (필자들이 여러 편의 논문을 게재한 실적을 쌓기 위해) 빈번하게 토막 내어져 너무 많은 간행물에 실리는 바람에 전체적인 연구 내용이 무엇인지 파악하기 힘들다는 이야기를 해 주었다.

"저자들이 한 연구를 가지고 3~4개 간행물에 쪼개어 싣기 때문에 짜증이 납니다." 스미스가 이야기했다. "그래서 그 저널에는 온전한 이야기가 나와 있지도 않고, 세 군데 이상의 곳에 게재될 수도 있기 때문에 직접 찾아봐야 하지요."

더글러스 스미스는 아마도 회색늑대에 대해서라면 지구상의 그 누구보다도 더 많이 알고 있을 것이다. 그러나 대학에 있는 생물학자들은 그에게 높은 점수를 주지 않는다. 그는 자신이 필요하다고 믿을 때에만 논문을 쓰기 때문이다.

"학계에서는 내 간행물 목록의 길이로 나를 판단해요. 그것이 항상 첫 질문이죠."

우리는 리버럴 아츠 칼리지들이 규모만 작을 뿐 결국 연구 중심 대학과 별반 다르지 않게 변신하려고 노력하는 것을 보면서 낙심했다. 그것은 그 학교들이 할 일도 아니고 잘할 수 있는 일도 아니다. 윌리엄스대학은 최근에 홈페이지에 자기 학교 교수들이 학회에 발표한 133편의 간행물 목록을 올려놓고 있다. 대학 총장들의 새로울 것 없는 모토는 자신들이 이 연구를 승인해 주지 않으면 교수들이 그렇게 해 줄 더 큰 학교로 옮길 것이라는 것이다.

이는 또 하나의 괴담이다. 메이저리그에서 제안을 받는 교수는 거의 예외

없이 떠난다. 그러나 실상 그런 제안을 받는 교수는 거의 없다. 그래서 우리는 대부분의 마이너리그 연구들은 일류 대학들의 관심을 끌 만큼 중요하지 않다는 생각을 하게 된다.

논문 발표 바이러스에 시달리고 있는 곳은 4년제 리버럴 아츠 칼리지들뿐만은 아니다. 커뮤니티 대학과 간호대학, 예전에는 교수가 학회지에 이름을 올리지 않아도 잘 돌아가던 하위권 대학에서도 이런 현상이 나타나고 있다.

클로디아는 정기적으로 그런 학교들에 있는 젊은 교수들로부터 전화를 받는데, 그들은 예를 들어, 신기술이 뉴스 취재와 보도에 어떤 영향을 미치는지에 대한 그녀의 의견을 묻는다. 결국 전화한 사람은 학회에서 발표할 '논문'의 재료가 필요한 것이다. 그것은 모두 이력서 분량을 늘리기 위한 집동사니일 뿐이다. 좀 더 수준 높은 학교에서는 논문이 얼마나 많이 인용되었는지가 시금석이 된다. 심지어 다른 사람들이 쓴 논문의 각주에 해당 교수의 이름이 언급된 횟수를 보여 주는 데이터베이스도 있다.

우리는 하버드대학교나 캘리포니아대학교 버클리 캠퍼스에서의 그러한 연구마저도 우려스럽다. 그것이 학부 강의와 전공의 질과 내용을 뒤엎고 학교의 우선순위를 바꾸어 놓고 있기 때문이다. 경제 위기로 캘리포니아주립대학교 체제가 겪고 있는 어려움을 보면 가장 잘 알 수 있다.

마크 유도프(Mark Yudof) 총장은 작문, 수학 등 학부의 기초 강의를 맡고 있는 시간제 강사들에게 해고 통지서를 보냈다. 반면 고통 분담을 위해 고참 교수들은 그저 무급 휴가를 며칠 쓰도록 했을 뿐이다. 유도프의 가장 큰 불만은 예산 삭감 탓에 스타 교수를 잃게 되었다는 것이다. 클락 커 총장의 후임자인 그의 사명은 대중 교육을 포기하고 연구소 체인을 만드는 것인 듯해 보인다.

교수들이 자신이 아는 것을 가르치는 것이 무엇이 잘못되었단 말인가? 결국 신경과 의사들은 자기 전공 과목에 근거해서 환자들을 진료한다. 소방관이나 별 4개짜리 요리사의 경우에도 마찬가지다. 그러나 한 가지 차이점은 교수들에게는 인문교양을 가르칠 책임도 있으며, 그들의 청중은 학부생들이라는 것이다. 그래서 교수가 아는 것, 즉 학문적 지식은 장애물이 될 수 있을 뿐만 아니라 실제로 학부 교육의 목표 자체를 위태롭게 할 수 있다.

우리는 정말 학부 교육이, 하버드대학교의 저명한 역사학자 찰스 마이어(Charles Maier)가 동료에게 말한 것처럼 "학생들에게 학자들이 어떻게 연구를 하는지 알아야 한다고 강조하는 것"이 되기를 원하는 것일까?

중세 시대에 현인들이 '철학자의 돌[Philosopher's Stone, 중세의 연금술사들이 황금으로 바꿀 수 있다고 생각한 가상의 비금속(卑金屬) 재료-옮긴이]'을 찾기를 희망했다면 현

학생들이 노트북 컴퓨터로 무엇을 하는지 살펴라. 우리는 강의에 참관할 때 보통 강의실 뒤쪽에 앉았다. 뒤에 앉으면 교수가 볼 수 없는 것을 볼 수 있다. 즉 학생들이 노트북 컴퓨터로 무엇을 하는지 알 수 있다. 우리가 청강한 거의 모든 강의에서 절반 이상의 노트북은 혼자 게임을 하거나 운동 경기의 재방송을 보거나 친구에게 메시지를 보내는 데 사용되고 있었다. 노트북이 널리 쓰이기 전에는 학생들이 졸기는 했을지언정 적어도 교수가 주요 관심 대상이었다.

파워포인트를 쓰지 마라. 만약 계속해서 강의에 파워포인트를 사용한다면 학생들은 교수가 학생을 거의 볼 수도 없는 어두운 방에서 대학 생활을 보내게 될 것이다. 줄줄이 늘어선 파워포인트 슬라이드는 그날 강의의 개요를 학생들에게 강하게 각인시킨다. 그러면 칠판에서 하듯 강의 중간에 새로운 아이디어를 추가하는 것이 불가능해진다. 만약 그래프나 그림이 필요하다면 미리 복사해 수업 전에 나누어 주면 된다.

표절을 방지해라. 표절은 게으른 학생의 잘못일 뿐 아니라 게으른 교수에게도 책임이 있다. '암흑의 핵심'이나 '비엔나 회의' 같은 일반적인 과제는 선후배 사이에서 같은 숙제를 찾아내 복사하거나 인터넷에서 쉽게 같은 내용의 과제를 구입할 수 있는 주제. 교수들은 학생들이 내는 과제에 이번 학기 강의에서 이루어진 토론이나 읽기 자료에 담긴 내용이 포함되어야 한다는 것을 확실히 해야 한다.

대의 학자들은 심오한 이론을 찾고 있다. 과학 분야에서는 언제나 뉴턴과 아인슈타인, 다윈의 뒤를 잇는 이를 찾는 여정이 이어졌고 오늘날 철학 교수들은 토마스 쿤(Thomas Kuhn)의 '패러다임의 전환(paradigm shift)'을 모방하기를 희망한다. 심리학자들의 목표는 레온 페스팅거(Leon Festinger)의 '인지 부조화(cognitive dissonance)'와 유사한 부류를 만들어 내는 것이다. 사회학자들은 로버트 머튼(Robert Merton)의 '자기실현 예언(self-fulfilling prophecy)' 같은 어구와 연계될 수 있다면 행복하게 은퇴할 것이다.

오늘날 이에 가장 딱 들어맞는 모델은 캘리포니아대학교 버클리 캠퍼스의 주디스 버틀러(Judith Butler) 교수일 것이다. 그녀가 만들어 낸 '규범적 담론(regulative discourse)', '수행성(performativity)', '이해도의 기본 구조(frameworks of intelligibility)'라는 신조어는 현재 널리 인용되고 있다. 만약 당신이 센트럴미주리주립대학교에서 맥이 빠져 더 수준 높은 학교로 불려 가기를 갈망한다면 그곳을 벗어날 방법은 관념적이고 분석적으로 들리는 관용어와 연계되어 그것이 교수들의 전문 용어집에 실리기를 희망하는 것이다.

이론으로의 전환은 1960년대에 기존의 모든 것에 대한 대학 사회의 항거의 일환으로 시작되었다. 베트남 전쟁과 셀마몽고메리 행진(마틴 루터 킹이 이끄는 시위대가 셀마에서 몽고메리까지 50마일을 걸으며 흑인 인권 해방을 요구한 사건-옮긴이)에서 진짜 피가 흘려지고 있는 동안 두각을 나타내기 시작한 종신교수 집단은 '확률론적 모델(stochastic models)'과 '수행성 텍스트(performativity texts)'를 받아들였다.

그러나 이전 세대처럼 인문교양을 부르주아의 오락거리라고 공격하는 대신 더 쉬운 길은 딱지는 그대로 두고 내용물만 옮겨 담는 것이었다. 아리스토텔레스가 나간 자리는 알튀세르(Althusser)가 대신 차지했고, 디킨스(Dickens)는 데리다(Derrida)로, 로크(Locke)는 라캉(Lacan)으로 대체되었다.

많은 사람들이 텍스트를 해체주의(deconstruction)에 맡기는 것이 기업자본주의의 토대를 위태롭게 할 것이라고 진심으로 믿었다. 그러나 학부생들을 가르칠 때 이론을 추구하는 것은 방향이 잘못되었을 뿐만 아니라 교육 환경 전체를 왜곡시킨다.

우수한 강의와 학문 연구 사이에는 오히려 역방향의 상관관계가 있다. 우리는 이류 대학들도 교수에게 논문 발표 압력을 넣기 시작하면서 오리건주립대학교의 학생들이 수업에서 얼마나 속은 듯한 기분을 느끼고 있는지를 보았다. 2008년과 2009년 미국학생참여전국조사는 학생들에게 교수가 '도움이 되었는지'와 '필요할 때 만날 수 있었는지' 여부에 따라 평가하도록 했다. 이 2가지는 학생들이 자신이 받고 있는 교육에 대해 어떻게 느끼고 있는지를 가늠하기에 좋은 척도인 것 같다.

설문 조사 결과, 최고 점수는 가까스로 80점이 넘었고 최하 점수는 40점 이하였다. 공통적으로 만족도가 가장 높은 이들은 잘 알려지지 않은 소규모 대학에 다니는 학생들이었다. 켄터키 주의 센터대학(81점), 인디애나 주의 얼햄대학(78점), 미네소타 주의 옥스버그대학(77점), 아칸소 주의 헨드릭스대학(75점) 등이었다.

연구를 하도록 교수진을 몰아대는 대형 주립대학교들은 점수가 현저하게 낮았다. 노스캐롤라이나대학교(48점), 버지니아대학교(46점), 아이오와대학교(45점), 미시간대학교(40점), 미네소타대학교(39점) 등이 그와 같은 경우다. 만족도에 이렇듯 차이가 나는 것은 놀랄 일이 아니다. 얼햄대학과 옥스버그대학의 강좌당 학생 수는 대개 25명인데, 노스캐롤라이나대학교는 일반적인 인원이 250명이다.

뉴욕 주 북부의 포츠담대학은 자신들이 처음 개설한 학부생 대상 수학 강의가 성공한 이유가 강의와 연구를 분리시켰기 때문이라고 믿고 있다. 다음은 학교 측의 주장이다.

교수가 하는 가장 중요한 2가지 활동은 강의와 학문 연구다. 일반적으로 이 2가지가 서로를 강화해 주는 역할을 한다고 추정한다. 그러나 수학에서는 오히려 이 2가지가 서로에게 악영향을 주는 경향이 있다. 수학 연구 프로젝트가 다루는 자료는 대개 학부생들이 접근하기 어렵다.

자연과학도 마찬가지다. 제대로 가르치고 이해한다면, 자연과학은 인문교양의 일부다. 사실 아리스토텔레스의 시대에서 근대에 이르기까지 과학은 자연철학이라고 불렸다. 과학이 지식의 총체에 그만큼 밀접하게 연관되어 있기 때문이다. 우리는 생물학이나 화학 교수들이 시간을 내어 자연계의 질서(또는 혼돈)에 대해 생각해 보기를 바란다.

더 나아가 그들이 자기 전공 분야가 꿈꾸는 미래와 과학의 전반적인 목표에 대해 다루는 개론 강의를 가르칠 수 있다고 믿고 싶다. 하지만 사람들이 과학에 대해 무지하다는 경고가 나오는 이 시점에도 그런 강의는 거의 찾아볼 수 없다. 대학이 정한 과학 필수 과목이라는 것은 대개 화학개론 같은, 과학이 무엇인지, 무엇을 하는 것인지에 대한 폭넓은 고민을 할 필요가 없는 기초 강의 하나를 듣는 것으로 끝난다.

인문학도 예외는 아니다. 심지어 신입생 강의에서도 이런 일들이 일어나고 있다. 우리는 한 공립대학에서 작문 강좌의 강의계획서를 보게 되었다. 지난 3주 동안의 읽기 과제는 『죽음의 권리와 삶을 다스리는 능력 Right of Death and Power over Life』, 『다루기 쉬운 몸 Docile Bodies』, 『사형수의 몸 The Body of the Condemned』이라는 제목의 에세이들로 모두가 난해하기로 악명 높은 프랑스의 철학자 미셸 푸코의 글이었다.

우리는 젊은이들이 명료하고 조리 있는 글쓰기 지도를 받기를 원한다. 학생들에게 푸코의 글을 가르치고 있는 것이 이러한 목적을 달성하기 위함일까? 아니면 영어 입문 과목의 강사가, 지도교수의 눈에 들려고 하는 박사 학위 지원자인 경우가 많아서 학생들이 난해한 텍스트를 잔뜩 떠맡게 된 것일까?

강의와 연구를 분리시키는 것이 학생들에게도 쉬운 길은 아니다. 좋은 강의는 교수가 떠먹여 주거나 쉽게 풀이해 주는 것이 아니기 때문이다. 오히려 높은 기준을 제시하고 제대로 배우려면 힘들 것이라고 경고하는 경우가 많다. 사실 좋은 강의는 학생을 중심에 두고 스스로 사고하도록 유도한다. 이런 방식은 적게 가르쳐 주는 것이 오히려 더 많은 배움을 주기도 한다. 교수들은 흔히 한 주에 500~600쪽짜리 책을 읽어 오게 했다고 자랑하는데, 일주일 안에 학생들이 그만한 분량을 흡수했을 리 만무하다. 차라리 잘 고른 2개의 짧은 글에서 더 많은 것을 배울 수 있을 것이다.

이렇게 학생을 배려하지 않는 태도는 많은 사람들에게 피해를 입힌다. 서던메인대학교의 데이비드 해리스(David Harris) 교수는 자신의 해부생리학 강의의 학습자료가 너무 많다는 것을 인정했다. 그로 인해 학기마다 20퍼센트의 학생들이 낙제하고 있다. 그러나 여기서 학생이 문제일까, 아니면 교수가 문제일까? 해부생리학에서도 간략히 다루고 넘어갈 수 있는 주제들이 있다. 그런다고 하늘이 무너지진 않는다. 5명 중 한 명의 낙제율은 심각한 문제다.

미국대학변혁센터(National Center for Academic Transformation)의 캐럴 트위그(Carol Twigg)는 수백 개 대학에 대해 연구했다. 그녀는 신입생 대상 강의에서 45퍼센트 정도가 수업을 포기하거나 철회하거나 낙제하고 있다고 말했다. 그녀는 왜 그렇게 많은 학생이 2학년으로 올라가지 못하는지에 대해 이야기하고 싶어 했다. 미국 대학교육의 가장 큰 수치는 바로 대학 첫 학기에서 일어나는, 아니면 일어나야 함에도 일어나지 않고 있는 일이다. 정확한 집계는 없지만 25퍼센트가 넘는, 거의 3분의 1에 가까운 신입생들이 대학을 떠난 것으로 추산된다.

한 주를 예로 들어 보면, 미주리주립대학교 세 곳에서 신입생의 자퇴율은 각각 35퍼센트, 36퍼센트, 44퍼센트다. 물론 이 중 일부는 다른 학교로 편입했거나 나중에 다시 대학에 다닐 것이다. 그러나 대부분은 돌아오지 않는다. 미주리 주가 유별난 것도 아니다.

대학 측에서 강의에 문제가 있음을 공개적으로 인정하는 것은 자주 있는 일이 아니다. 그러나 하버드대학교는 인정했다. 아마도 학교 측에서 『프린스턴 리뷰 *Princeton Review*』가 하버드대학교 재학생들을 상대로 한 설문 조사 결과를 읽었을 것이다. 학생들은 그 설문 조사에서 교수들의 강의 실력에 C⁻를, 강의실 밖에서 학생과의 관계에 D를 매겼다. 이는 12개의 특급 대학 중에서 가장 낮은 점수였다.

그래서 하버드대학교에서는 무엇이 잘못되었는지를 파악하고 해결책을 제시하기 위한 TFT를 구성했다. '위원회'보다는 더 적극적으로 관여하는 듯한 어감을 주는 명칭이지만 TFT의 팀원들은 단 한 명을 빼고는 모두 석좌 교수다. (윌리엄스 마이어 정치경제학 석좌 교수, 소스랜드 패밀리재단 로망스어문학 교수 같은 식이다.) 젊은 교수나 조교, 특히 학생은 단 한 명도 참여시키지 않았다.

조사단은 일부 학부생들의 체험담을 듣기 시작했다. 모든 학생의 불만은 "학생에게 관심이 없는 교수가 너무 많다"는 것이었다. 또, 교수들이 "강의에는 소극적이면서 외부 활동에만 관심을 쏟는다"는 것이었다. 이런 불만들은 파문을 일으켰다. TFT는 하버드대학교에 창의적이고 헌신적인 교수들이 있지만 절반 가량의 교수는 그런 평가를 받을 자격이 없다고 결론 내릴 수밖에 없었다.

우리가 보기에는 이것이 「하버드대학교에서 교육과 학습을 향상시키기 위한 협약 A Compact to Enhance Teaching and Learning At Harvard」이라는 제목의 83쪽짜리 보고서의 가장 핵심적인 내용이다. 그러므로 남은 과제는 어떻게 하면 실적이 나쁜 교수들을 변화시킬 것인가 하는 문제였다. 그 보고서의 제안은 보고서의 결론만큼이나 많은 것을 알려 주고 있었다. 그중에서 우리의 눈길을 끈 3가지 제안은 다음과 같다.

첫 번째 제안은 교수들이 연구 시간을 줄여 강의에 쓰는 데 대해 보상(나중에는 '급여 인상'이라는 구체적 표현이 나옴)을 해 주자는 것이다. 물론 여기서 전제는 하버드대학교는 교수에게 학생들의 리포트를 채점하라거나 개론 강의를 맡으라고 무조건 명령할 수는 없다는 것이다. 그렇기 때문에 유일한 방법은 이미 평균 19만 1,200달러의 연봉을 받고 있는 정교수에게 금전적인 유인책을 쓰는 것이다.

두 번째 제안은 교수들이 서로의 강의에 참여해 서로 배우고 조언해 줄 수 있는 시스템을 만들자는 것이다. 이런 단순하고 당연한 일을 하는 데 왜 시스템이 필요한지 궁금하다. 사실 교수들이 알아서 이렇게 하지 않는다면 어떻게 자기 강의에 관심을 쏟을 수 있을지 의문이다.

작은 학교에서는 교수들이 정해진 형식 없이도 다른 교수의 강의에 참여하며, 이것이 서로에게 도움이 되고 있다. 우리가 참석한 자리에서 한 교수가 동료 교수에게 왜 어떤 여학생을 호명하지 않고 넘어갔는지 이유를 물었다. "그 학생이 손을 들지 않아서요"라는 동료 교수의 말을 듣고 그 교수는 "하지만 당신이 (신곡의) 『지옥편 Inferno』의 12곡에 대해 강의할 때 그 학생이 의아해하는 표정을 짓는 것을 보지 못하셨나요?"라고 말했다.

세 번째 제안은 좀 더 구체적이다. 모든 젊은 교수들은 자신의 강의를 비디오로 녹화해 보는 시간을 가져야 한다는 것이다. 언뜻 듣기에는 혁신적이고 시대에 맞는 제안처럼 보인다. 녹화 장면을 통해 교수들이 자신의 모습을 관찰하도록 하는 것은 점점 더 흔한 일이 되고 있기 때문이다. 이 경우 어떤 교수들은 충격을 받고 어떤 교수들은 별 반응을 보이지 않는다. (돈이 더 들더라도 카메라를 여러 대 설치해 학생들의 반응도 보게 해야 한다.)

놀라웠던 것은 하버드대학교가 세 번째 제안에 대해서는 젊은 교수만 대상으로 삼았다는 점이다. 하버드대학교 또는 다른 학교에서도 최고의 강의는 '더 에너지가 넘치고 학생들과의 상호작용에 관심을 쏟는' 젊은 교수의 강의인 경우가 많다. 사실 학생들은 고참 교수에 대해 더 불만이 많았다. 그럼에도 불구하고 하버드대학교는 839명의 정교수들은 책임에서 면제해 주고 372명의 강사와 조교수들만 강의를 녹화하도록 했다. (부교수 170명은 어떻게 하기로 했는지 잘 모르겠다.)

이런 결론은 학교가 종신교수의 강의 실력을 향상시킬 수 있는 방법이 전혀 없다는 일종의 자기고백이다. 그러나 시도조차 해 보지 않았다는 사실은 TFT가 학생들의 더 나은 강의에 대한 욕구보다 중년의 동료 교수들의 감성을 더 중시했다는 사실을 보여 준다.

학부 교육에 대해 여기서 언급하지 않은 곤란한 문제가 하나 더 있다. TFT의 암묵적인 전제는 하버드대학교 교수들이 그러한 논문 발표 압력을 받고 있지 않다면 강의를 더 잘할 수 있으리라는 것이었다. 그래서 논문에 대한 부담을 덜어 주면 그들이 지적인 자극을 주는 강의를 할 수 있으리라는 것이었다.

다시 말해, 하버드대학교에는 교육학적인 잠재력이 있다고 가정한 것이다. 우리도 그렇게 확신할 수 있었으면 좋겠다. 그러나 이는 시간의 문제가 아니라 그저 역량의 문제일 가능성이 있다. 일부 교수진은 단순히 젊은이들을 효과적으로 가르칠 수 있는 자질이 부족하다. 결국 모든 사람이 모든 것에서 탁월할 수는 없는 것이다. 그래도 우리는 자신의 강의 수준을 C에서 중간급인 B로 올리기 위해 조언을 받으려는 교수들이 있을 것이라 생각하고 싶다.

그러나 여기서 진짜 문제가 되는 것은 교수진이 변화에 참여하려는 의지다. 하버드대학교에서 그 보고서에 대해 논의하기 위한 교수 회의가 소집되었는데, TFT의 일원이었던 물리학과 교수 에릭 마주(Eric Mazur)의 말로는 그가 기억하는 모든 회의를 통틀어 참석률이 가장 저조했다고 한다. "그들은 이 보고서를 자신에게 영향을 미칠 중요한 것으로 여기지 않았어요. 만약 그랬다면 참석했겠죠." 그는 학내 주차 규정을 개정하는 보고서에 대한 회의였다면 참석자가 더 많았을 것이라고 단정했다.

직업훈련
vs 대학교육

'인문교양[liberal arts. 한국에서 흔히 말하는 인문학(humanities) 즉 문학, 역사, 철학, 언어학뿐만 아니라 수학, 자연과학, 사회과학, 예술 등을 포함한 더 넓은 의미의 순수 학문을 뜻한다. arts and science 혹은 arts and letters도 같은 의미로 쓰인다. ─옮긴이]'이라는 말 자체가 고요한 존경심을 일으킨다. 스포츠 경영학과 패션 비즈니스에 학사 학위를 주는 시대에 철학과 역사를 전공하는 학생들 이야기를 들으면 여전히 존경심이 우러난다. 인문교양은 고전적인 교육이자 지적인 모험으로 여겨지고, 배움 자체가 목적으로서 정신적인 삶을 추구하는 것으로 여겨진다. 고등교육에서 가장 칭송받는 변두리는 일반적으로 학부생들만 입학시키고 직업훈련 프로그램은 삼가는 리버럴 아츠 칼리지들일 것이다.

학교마다 교육의 질과 지위가 천차만별이기는 하지만 거의 모든 대학교에는 인문교양학부가 있다. 프린스턴대학교와 스탠퍼드대학교에서는 인문교양학부가 최고의 학부 프로그램으로 간주된다. 앤아버(미시건대학교), 매디슨(위스콘신대학교), 채플힐(노스캐롤라이나대학교) 같은 각 주의 대표적인 캠퍼스들에서는 인문교양 교육이 존중되기는 하지만 대학원 프로그램에 더 많은 예산이 할애되고 교수진의 관심이 집중된다.

텍사스A&M대학교나 퍼듀대학교 같은 다른 주립대학교에도 인문교양학부가 있지만 이런 학교들은 직업과 관련된 실용 학과의 강의에 더 많은 시간과 예산을 투입한다. 매사추세츠공과대학교에는 인문교양학부가 있고 몇 개의 전공 과정도 개설되어 있지만 수강자들은 주로 과학이나 공학이 자기 적성에 맞지 않다는 것을 깨달은 학생들이다.

캘리포니아공과대학교 역시 인문학 교수들이 있기는 하지만 그 학교에서 해당 교수들의 분야를 전공하는 것은 불가능하다. 이 간략한 개관에서 우리는 사실상 미국에서는 독립 대학들을 제외한 대부분의 고등교육 기관에서 인문교양 교육이 주변부에 자리 잡고 있다는 것을 알 수 있다.

처음 접했을 때는 인문교양학부를 구성하는 연구 분야들이 예전과 거의 그대로인 것처럼 보였다. 대학 편람에는 여전히 철학, 인류학, 화학으로 불리는 학과들이 실려 있다. 그러나 예를 들어 심리학이나 문학의 강의 과목을 더 자세히 살펴보면 겉에는 같은 라벨이 붙어 있지만 속에 든 내용물은 현저히 변했다는 것을 발견하게 된다.

물론 변화하는 시대에 적응해 나가는 것은 전혀 잘못된 것이 아니다. 그래서 우리가 이제 때로는 지질학 대신 '지구과학(earth sciences)'을 보게 되는 것이고, 적어도 한 학교가 심리학을 '심리두뇌과학(psychological and brain sciences)'으로 교체한 것이다. 우리는 이제 우리의 인성과 우리의 세상을 이해하려면 학문 간의 경계를 넘나들어야 한다는 것을 인정한다. 그러나 본장에서 우리가 우려하는 것은 현대 지식의 복잡성이 아니다. 우리의 관심은 인문학에서 무슨 일이 벌어지고 있는가 하는 것이다. 그래서 결국 대학들이 현재 인문교양학 학부 과정을 어떻게 기획하고 교육하고 있는지를 살펴보는 일이 필요하게 된다.

앞 장들에서 논의한 것처럼 교수 개인의 세부 전공 분야를 파고들기 위한 수업은 전적으로 길을 잘못 든 것이다. 그러나 교과과정에 존재하는 다른 장애 요인들 역시 커다란 근심거리다. 첫째는 인문교양을 가르치는 교수들이 강의의 범위를 좁히고 있다는 점이고, 둘째는 직업훈련이 학문을 침해하는 것이다.

한때 인문교양의 핵심 교과는 교육받은 사람이라면 반드시 알아야 할 것들을 전달할 수 있도록 구성된 대학의 공통 과정으로 이루어져 있었다. 다양한 학과의 교수들이 강의에 참여하기는 했지만 그 수업이 '학제 간(interdisciplinary)' 수업으로 불리지는 않았다. 다루는 주제나 방법에 있어 아무런 제한도 받지 않았기 때문에 '초전공(supra-disciplinary)'이라는 표현을 쓰는 것이 더 적합할 수도 있겠다.

컬럼비아대학교에서 있었던 '동시대의 문명'이라는 시리즈 강의는 모든 전공 분야의 교수가 참여하는 수업이었다. 그렇기 때문에 경제학 교수가 『맥베스Macbeth』에 대한 토론을 이끌기도 하고 심리학 교수가 베르사유 조약을 설명하기도 했다. 이런 식의 인문학 접근법은 비전문가나 전문가가 전공이라는 틀에 전혀 구애받지 않고 배우고 가르치는 접근법이었다. 컬럼비아대학교는 아직도 이 강의를 하고 있다고 한다. 예전과 달라진 점은 강의에 참여하는 고참 교수는 점점 줄어들고, 겸임 교수나 조교들이 수업을 맡고 있다는 사실이다.

애머스트대학에서는 '지구와 인간의 진화(Evolution of the Earth and Man)'라는 강좌가 있었는데, 천문학, 지질학, 생물학 교수들이 만들어 낸 것이었다. 그들은 서로의 강의를 들었을 뿐 아니라 모든 토론 수업을 이끌었다. 그들은 특정한 분야들에서 훈련을 받았지만 공통의 과학 문화를 구성하는 개념들을 이해하고 가르칠 의향이 있었고, 능력도 있었다. 하지만 그 강의는 오래전에 사라졌다. 우리가 듣기에 현재의 교수진은 더 전문적인 커리어를 위한 목표를 가지고 있다고 한다.

어쩌면 최고의 자리는 시카고대학교에 돌아갈 것 같다. 학부생에 대한 관심을 표현하기 위해 대학 측은 대학원 수업을 전담하지 않는 정교수들이 학부생들을 가르치게 했다. 우리는 그러한 정책의 수혜자들 중 한 명인 프랭크 윌첵(Frank Wilzcek)과 대화를 나누었다. 그는 노벨물리학상 수상자이며 현재 매사추세츠공과대학교 교수다. 그는 절망적인 환경에서 자란 천재 소년으로서 뉴욕 시 외곽에서 성장했다.

"시카고대학교는 정말 나를 일깨워 주었습니다. 매우 특별했던 문학 수업이 생각나요. 『실낙원 *Paradise Lost*』을 상세히 강독하던 수업이었는데, 그 구조가 정말 일관되게 이루어져 있다는 것을 깨달았어요. 그것은 테마가 반복되는 음악과 같았지요." 우리는 그 수업이 그가 노벨상으로 가는 길에 들어서는 데 도움이 되었는지를 물었다. 그는 대답 대신 미소를 지어 보였다.

데이비드 리스먼(David Riesman), C. 라이트 밀스(C. Wright Mills), 마거릿 미드(Margaret Mead) 같은 교수들이 우리들의 기억 속에 생생하다. 이들은 사려 깊은 대중과 직접 대화하고 그들을 위한 글을 썼다. 경제학의 존 케네스 갤브레이스(John Kenneth Galbraith)나 과학 분야의 칼 세이건(Carl Sagan)과 제이콥 브로노스키(Jacob Bronowski)도 마찬가지다. 이런 학자들은 일인이역을 하지 않았다. 그들은 동료나 학생들과 소통하는 방식 그대로 대중과 소통했다. 그뿐 아니라 그들은 자신들이 개척하는 영역에 대한 열정을 가지고, 인간 정신은 목적의식에 의해 확장되고 활력을 얻을 수 있다는 것을 보여 주었다.

그러나 교수와 대중 사이의 이러한 유대 관계는 주로 학과에서 가해지는 제약들로 인해 단절되어 왔다. 이것은 실로 학문적 지식이 일상의 지식과 완전히 멀어지게 하는 일이다. 무엇보다 슬픈 것은 밀스나 미드, 브로노스키가 될 수도 있는 젊은 교수들이 자신의 경력을 좌지우지하는 선배 교수들에게

통속적인 사람으로 무시당할 것을 두려워한다는 것이다.

인문교양은 그것이 지닌 시야의 범위에 의해 규정되는 것으로서 그 폭은 지켜져야 하며 인위적으로 제한되어서는 안 된다. 우리가 가진 또 하나의 우려는 이런 시야가 완전히 사라질 조짐이 보인다는 것이다.

엘파소에서 64킬로미터 떨어진 라스크루케스에서 번창하고 있는 공립대학인 뉴멕시코주립대학교를 방문해 보자. 브릴런드 홀에 들어서면 철학을 전공하는 학생들이 인식론이나, 형식논리학, 심리철학 같은 강의에 몰입해 있는 것을 볼 수 있다. 우리 생각으로는 이것이 대학교육의 핵심이며, 이것은 매사추세츠 주의 케임브리지(하버드대학교와 매사추세츠공과대학교가 소재한 도시—옮긴이)는 물론 뉴멕시코 주의 라스크루케스에서도 추구될 수 있다.

같은 캠퍼스의 토머스 홀에서는 리조트 경영학을 선택한 학부생들을 만나게 될 것이다. 그들이 듣는 강의는 급식 생산, 게임 운영, 음료 관리 등이며 이런 과목으로 학사 학위를 받을 것이다. 인식론이 대학교육의 지위에 오른다면 음료 관리는 그와 같은 지위에 오를 수 없다는 것이 우리의 견해다.

그것은 교육이 아니라 직업훈련이다. 그것은 기껏해야 커뮤니티 대학이나 대학원 수준의 전문 프로그램 안에 있는 연속 강좌가 되어야 한다. 음료 관리가 특별히 색다른 예는 아니다. 요즘 대학들은 대부분 이런 직업훈련 분야에 자원을 쏟아붓고 있다. 이러한 분야의 전공자가 인문교양 전공자보다 많기 때문이다. 우리가 가진 최신 자료인 2008년 통계를 보면 서비스업 관련 학사 학위 수는 이미 철학사 학위 수를 능가했다.

사실 직업훈련은 미국 대학들에서 오랫동안 견고하게 자리 잡아 왔다. 지금도 매사추세츠공과대학교에는 과학 전공자보다 공학 전공자가 더 많다. 아이비리그에 속하는 펜실베이니아대학교의 경영대학원에 있는 학부 과정은 그 학교에서 가장 인기 있는 전공이다(우리는 이에 대해 더 많은 이야기를 하게 될 것이다). 연방 정부는 미래의 공무원들을 위한 취업 준비 장소 역할을 하도록 직업학교 네 곳을 후원하고 있다.

모든 사람이 역사나 문학, 천문학이나 물리학을 선택하던 황금시대는 예전에도 없었다. 반면에 교사를 양성하는 교육학은 항상 학생들의 희망 전공 목록의 맨 꼭대기에 있었다. 그러나 적어도 1960년대에는 직업훈련과 인문 교양 사이에 근본적으로 대등한 균형이 유지되었다. 법학이나 의학을 전공하려는 학생도 있었지만 그들이 신입생 때부터 그런 직업들에 골몰해 있지는 않았다.

인기 전공을 보여 주는 다음의 표에서 볼 수 있듯이 경영학은 1968년 이후 가장 두드러진 성장을 보인 분야이며, 건강 분야가 그 뒤를 따르고 있다. 전통적인 인문학 중에서 인기를 끌고 있는 것은 심리학이 유일한데, 이는 자아에 집착하는 미국인의 특성 때문일 것이다. 마찬가지로 미술과 공연 예술도 영화산업과 영상제작에 관한 전공으로 대체되고 있다. '기타'에 속하는 카테고리가 늘어난 것은 스포츠 경영학, 패션 머천다이징, 범죄 현장 조사 같은 새로운 응용 전공들이 성장했기 때문이다.

가장 크게 몰락한 것은 사회과학과 인문학, 물리학이다. 영어 전공자는 1960년대에 비하면 절반 수준이고, 역사학과 외국어 전공자는 그보다 더 줄었다. 물리학 전공자는 60퍼센트나 줄었다. 수학 전공자의 비율도 4분의 1로 감소했다. 그 결과, 한때 높이 평가받던 분야들에서 교수 채용이 줄어들고 있으며, 은퇴하는 교수의 후임자를 좀처럼 뽑지 않고 있다. 아예 폐지되거나 좀 더 포괄적인 전공 분야로 통합된 과들도 있다.

조지메이슨대학교에서는 더 이상 프랑스어, 독일어, 라틴어, 그리스어를 전공으로 선택할 수 없다. 공교롭게도 수학과는 계속 번창하고 있는데, 모든 신입생의 필수과목에 수학이 포함되었기 때문이다. 그러나 강제적인 수업인

인기 전공 TOP 10			
학사 학위 1,000개당 학위 수			
1968		2008	
교육학	213	경영학	215
사회과학	191	사회과학	108
경영학	128	인문학	86
인문학	115	교육학	69
물리학	68	보건	67
공학	59	심리학	59
생물학	50	순수예술	56
순수예술	40	공학	54
심리학	38	신문방송학	51
보건	28	생물학	49
기타 직업 관련 전공	70	기타 직업 관련 전공	186
	1,000		1,000
총 직업 관련 전공	498	총 직업 관련 전공	642

* 사회과학에는 역사학, 물리학에는 수학, 순수 예술에는 공연 예술이 포함되어 있음.

만큼 그중에서 수학을 전공으로 선택하는 학생은 많아야 1퍼센트 정도다.

1960년 이후로 대학에 다니는 미국 청년 인구가 2배로 늘었다. 이러한 증가는 대부분의 학생들이 가족 중 최초로 대학에 입학했다는 의미다. 그들 중 다수가 직업 관련 전공을 선택하려는 것은 놀라운 일이 아니다. 결국 그들이 대학에 진학한 이유는 학위가 더 높은 수입과 지위를 가져다준다고 믿기 때문이다. 우리는 오리건주립대학교에서 그러한 배경을 지녔지만 인문학 과목 공부를 선택한 몇몇 학생과 대화를 나누었다. 그들은 부모와 친척들이 쓸

모없어 보이는 과목들이 신분 상승에 얼마나 도움이 되겠느냐며 끊임없이 괴롭힌다고 말했다. 대학 신입생들이 이런 질문에 답변할 말을 만들어 내기는 쉽지 않다.

대학이 직업훈련을 중단해야 한다는 우리의 주장에는 몇 가지 이유가 있다. 우선 우리는 젊은이들이 정신을 풍요롭게 하는 데 바칠 수 있고 그렇게 해야 할 세월을 낭비하는 것은 중대한 실수라고 생각한다. 지금 일류 대학들이 바로 이런 짓을 하고 있다. (그러나 항상 그런 것은 아니다. 12개 특급 대학 가운데 2개 대학에는 공대 학부 전공 과정이 없다.) 인생에서 다시 올 수 없는 몇 년을 장식용 원예나 제빵 예술에 쏟아붓는 것은 대학교육의 합리적인 범위를 뒤엎는 것이다.

몇 가지 실질적인 이유도 있다. 그중 하나는 학생들이 고등학생일 때 그런 직업훈련을 전공으로 선택한다는 점이다. 17세 청소년의 대부분이 똑똑하고 배울 능력을 갖추었겠지만 그들이 모르는, 그 나이에는 알 수 없는 한 가지가 있다. 실제 성인의 직업 세계는 그 나이 또래 아이들이 생각하는 것과는 다르다는 점이다.

부모가 회계사나 스포츠 중계자라도 십대 아이들은 한 직업에 대해 단편적인 인상만을 가질 뿐이다. 우리는 심지어 대학 평균 졸업 연령인 21세나 22세도 치의학이나 리조트 경영을 직업으로 결정하기에는 이르다고 생각한다. 가장 최선은 대학 졸업 후 베스트바이(Best Buy, 미국의 대표적인 전자 제품 판매 체인점-옮긴이)나 올드네이비(Old Navy, 의류 브랜드-옮긴이) 같은, 숙련 기술을 요하지 않는 직장을 구해 직장 선택에 눈과 마음을 계속 열어 두는 것이다.

노동부의 최근 통계에 따르면 미국에는 에어로빅 강사에서 동물학자에 이르기까지 1,400개의 직업이 있다. 지금 이 순간에도 아직 이름조차 붙이지 못한 새로운 직업이 만들어지고 있다.

이미 언급했듯이 경영학은 줄곧 학부에서 가장 인기 있는 전공이다. 경영학을 과연 대학교육이라 볼 수 있는지 여부에 대한 우리의 견해와는 상관없이 경영학은 다른 전통적인 전공을 대체하며 대학 내에서 특히 중요한 위치를 차지하고 있다. 그래서 우리는 실제 경영학 수업에서 무엇을 가르치고 배우는지 살펴볼 의무가 있다고 생각했다. 우선 경영학과 중에서 1위를 차지한 펜실베이니아대학교의 와튼스쿨이 우리의 관심을 끌었다.

와튼스쿨의 강의는 사뭇 진지했다. 고등학교를 졸업한 지 몇 달밖에 안 된 1학년생들이 엄숙한 분위기에서 '혁신과 리더십, 글로벌 시각, 경영 변화'에 대해 배우게 될 것이라는 이야기를 듣고 있다. 그렇다면 모든 학생들이 첫 학기에 필수적으로 듣는 경영학 개론을 살펴보자.

이 강의의 목적은 학생들에게 팀 플레이를 가르치는 것이다. 대형 강의는 10개의 소그룹으로 나뉘는데, 각자 학교 밖에서 정해진 프로젝트를 수행하는 것이 과제다. '행사 조직하기'라는 최근의 과제 중 하나는 학교 인근 재즈 클럽에서 세계 에이즈의 날을 알리는 행사를 여는 것이다.

또 다른 과제는 지역 초등학교를 위한 소방 안전 프로그램을 기획하는 것이었다. (이 프로젝트가 진행되는 동안 이 학교의 다른 학생들은 헤로도투스와 갈릴레오에 대해 깊이 생각하는 중이었다.) 팀마다 프로젝트 진행을 안내해 주고 토론을 이끌 멘토가 한 명씩 배정되었다.

우리가 놀란 것은 이 멘토를 맡은 사람이 교수도 조교도 아니라는 사실이었다. 전년도에 같은 수업을 들은 학부생들이 멘토 역할을 맡고 있었다. 팀으로 일하는 법을 배우는 것이 중요하며, 좋은 교사는 학생들이 그룹을 이루어 스스로 공부하게 하는 경우가 많다는 점을 인정한다. 그러나 와튼스쿨의 문제점은 멘토를 맡은 2학년 학생 중에는 학생들의 질문에 대응할 정보와 기술, 대학 수준의 토론을 이끌 만한 능력을 갖춘 사람이 많지 않다는 사실이다.

경영학 훈련을 좀 더 심도 있게 알아보기 위해 우리는 좀 덜 유명한 학교인 플로리다걸프코스트대학교를 골랐다. 이 학교가 전국에 있는 평균적인 학교와 더 비슷할 것이라는 생각에서였다. 플로리다걸프코스트대학교는 지원자의 76퍼센트가 합격하는 커뮤니티 대학이다.

우리가 살펴본 강의는 테네시주립대학교에서 경영학 박사 학위를 받고 조교수가 된 루드밀라 웰스 교수가 가르치는 글로벌 마케팅이었다. 웰스 교수는 기업에서 근무한 경험은 오래전에 뉴저지 주의 한 광고 대행사에서 일한 것이 전부라고 말했다. 마케팅 전략을 가르치는 또 다른 수업은 휴스턴대학교에서 경영학 박사 학위를 받은 활기찬 젊은 교수인 칼레드 아불나스르가 맡고 있었다. 그의 경력은 전부 학계에서 쌓은 것이었고, 기업에서 근무한 경험은 전혀 없었다.

우리는 이런 현상이 일반적이라는 것을 알게 되었다. 경영대학은 실제 회사 근무 경력을 가진 사람보다 박사 학위 소지자를 선호한다. 대부분의 대학에서 정교수가 되기 위해서는 박사 학위가 있어야 했다.

우리가 만난 학생들은 대부분 19~20세의 3학년 학생들이었다. 아불나스르 교수의 파워포인트는 5가지 '성장 전략', 즉 생산 설비 증대, 브랜드 확대, 신규 브랜드 도입, 측면 브랜드, 대항 브랜드로 시작했다. 그는 5가지 전략을 간략한 예를 들어 설명했다. 코카콜라가 미닛메이드를 인수하면서 코카-메이드로 바꾸지 않았다는 식의 설명이었다.

그리고 나서 새로운 상품을 도입하는 3가지 전략인 일관성, 자원, 수요에 대해 이야기했다. 그 다음에는 제품 출시 4단계, 즉 아이디어 개발, 아이디어 평가, 경영 분석, 테스트 마케팅이 이어졌다. 그리고 광고의 3가지 기본 목적인 정보 전달, 설득, 환기로 마무리했다.

글로벌 마케팅 강의에서 웰스 교수 역시 수업 시간 내내 불을 끄고 파워포인트를 사용해 설명했다. 그녀는 목록에 의존하기보다는 극적인 표현을 즐겨 사용했다. 능동적인 자극, 상품의 수명, 중대한 내부 사건, 역방향 혁신, 임의적 상품 개량, 내수 시장 포화 같은 것들이었다. 학생들은 이 모든 용어를 공책이나 노트북 컴퓨터에 받아 적고 있었다. 강의는 소그룹으로 나뉘어져 있었다. 그중에서 우리가 살펴본 그룹에 주어진 과제는 인도에 선글라스 제품을 수출하는 전략을 짜는 것이었다.

두 강의 모두에서 교수들은 꾸준히 질문을 던졌다. 그러나 30명 안팎의 학생 중에서 대답을 하는 학생은 손에 꼽을 정도였다. 그 이유는 금방 드러났다. 이 학부생들은 교과서 속의 사례 연구를 제외하고는 직장 경험이 전무한 데다 간부 수준의 경험은 확실히 없었기 때문이다.

그럼에도 이런 일은 전국의 경영학 수업에서 벌어지고 있다. 그 상황에는 2가지 측면이 있다. 한편으로는 50만 명의 학생이 경영학과에 등록하면서 졸업 후 조금이라도 나은 조건에서 취업할 수 있기를 기대한다. 다른 한편에서는 강의를 개설하려면 교수를 뽑아야 한다. 그러나 교수와 학생 모두가 무엇을 배워야 할지를 확실히 알지 못하고 있다. 커리큘럼은 각종 목록과 그럴듯한 말들, 논문에 등장하는 사이비 이론으로 가득 차 있다. 교수들은 학생들에게 간부 역할을 하면서 운동화를 아웃소싱하는 것부터 선글라스를 판매하는 것에 이르기까지 회사의 경영 전략을 세우라고 요청한다.

그렇다면 좋은 경영학 프로그램은 무엇을 해야 할까? 우리는 우선 학생들이 강의에서 배우는 것은 졸업 후 첫 직장에서 하게 될 일과 거의 아무런 상관이 없다고 말하고 싶다. 와튼스쿨이든 플로리다걸프코스트대학교든 학부생들이 졸업하고 뱅크 오브 아메리카에 취직한다면 회사가 그들에게 요구하는 것은 회의실에 앉아 세계 경영 전략을 짜는 일은 아닐 것이다. 그보다는 프레스노 외곽에 있는 지점에 보내져 모기지 신청 서류의 수를 계산하거나, 기껏해야 신청자들의 신용 상태를 조사하는 일을 하게 될 것이다. 그런 후에 신입사원들은 선배들이 어떤 방식에 따라 결정을 내리는지 듣게 될 것이다.

우리는 인문학 전공자도 충분히 첫 직장에서 그런 일을 해낼 수 있다고 생각하고 싶다. 이는 우리의 바람만은 아니다. 코스트코의 최고경영자는 대학에서 사회학을 전공했고, 골드만삭스의 회장은 영어를 전공했다. IBM과 P&G, 유니온퍼시픽, 와이어스의 회장은 모두 역사학 전공자들이다.

우리는 전공으로 경영학을 고려하고 있는 대학생들에게 인문학을 택하라고 설득할 수 있었으면 좋겠다. 그러나 미래에 대한 걱정이 이들의 결정에 영향을 미치는 한 우리의 설득은 쉽지 않을 것이다. 더 쉬운 방법은 대학들이 우리 학교에는 직업훈련과 관련된 전공은 없다고 말하는 것이다.

실제로 공학은 모릴법이 제정된 이후로 오랫동안 학부에서 가르치는 과목이었다. 문제는 이런 과목을 택하려면 고등학교 졸업반 학생들이 장기적으로 어떤 직업을 선택할지를 먼저 결정해야 한다는 점이다. 그렇기 때문에 공대를 상대로 한 설문 조사에서 37~66퍼센트의 학생들이 졸업을 하지 못했다는 것은 놀라운 일이 아니다.

매년 『프린스턴 리뷰』는 전국의 학부생을 대상으로 강의 평가 설문 조사를 진행한다. 2011년 설문 조사 결과 최악의 강의로 가장 많이 언급된 곳은 공과대학교들이었다. 최악의 학교로는 스티븐스공과대학교, 렌셀러공과대학교, 조지아공과대학교, 일리노이공과대학교 그리고 스타 교수들이 많은 것으로 유명한 캘리포니아공과대학교가 꼽혔다.

어느 학교라고 밝히진 않겠지만 이 학교 중 한 곳에 다니는 학생들은 자기 학교의 교수들은 신나는 강의는 고사하고 강의를 흥미롭게 만드는 데도 관심이 없다고 말했다. 대신 교수들은 학생들이 공학에 지대한 관심을 가지고 들어왔고, 아무리 엉망으로 가르쳐도 교수가 가르치는 내용은 무엇이든 흡수할 준비가 되어 있다고 생각한다.

상황이 이렇다 보니 신입생 강의는 학생들을 격려하기보다는 잡초를 솎아 내는 것이 목적이다. 이런 태도는 조교들에게도 전파되어 대부분은 강의를 해 본 적도 없고 거의 알아들을 수도 없는 영어로 학생들을 가르치기도 한다. 사실 공대에서는 대학원 이상의 과정에 외국인 학생이 꽤 많다. 엉망으로 운영되는 학부 강의를 견뎌 내고 살아남는 미국 학생의 수가 적기 때문이다. 이 외국인 학생들이 없다면 대학원에서 학위를 수여할 일이 없어질지도 모른다. 석박사 학위 지도는 대학 내에서 교수의 지위를 결정하는 중요한 일인데도 말이다.

공학 전공은 전부 대학원 강의 과목이 되어야 할까? 우리는 그래야 한다고 생각한다. 적어도 학생들이 대학원에 들어오는 시기는 22세 이후이고 이때쯤이면 직업에 대해 좀 더 신중하게 고려할 수 있기 때문이다. (하버드대학교나 스탠퍼드대학교 같은 최고의 경영대학원들은 20대에 한참 들어선 지원자를 원한다.)

우리는 공학 학위를 받는 데 4~5년이 걸릴 필요가 없으며, 학생들이 더 성숙한 경우에는 특히 그렇다는 사실도 알 수 있다. 교수들은 교과과정을 최대한 늘리고 싶어 하는데, 이는 자신의 전공 분야를 최대한 오래 써먹을 수 있기 때문이다. 심지어 로스쿨도 3년 과정에서 마지막 1년은 불필요하다는 것을 인정하기 시작했다.

간호학도 마찬가지다. 간호학은 오래전부터 학부 전공이었으며 매년 약 5만 5,000개의 학사 학위를 수여한다. 공교롭게도 매년 거의 같은 수(최근 한 해에는 5만 7,000명)의 간호사가 2년제 대학 수백 곳에서 동일한 수준의 훈련을 받고 준학사 학위를 받는다.

사실 양쪽 모두 현재 전국적으로 실시되는 간호사 시험 응시에 적합한 준비로 받아들여지고 있다. 가장 큰 차이는 학사 학위를 받으려면 유기화학, 미생물학, 분자유전학 같은 순수과학 강의를 더 이수해야 한다는 점이다. 대학 홈페이지에 나와 있는 이런 필수 과목들은 겉보기에는 그럴듯해 보이지만 그런 과목들이 효과적인 간호와 어떤 연관이 있는지는 아무런 증거도 제시되고 있지 않다. 그래서 문제점이 더 많은 것이다.

직업훈련 교과과정을 가르치는 교수는 자신이 가르치는 과목이 실용적으로 보일수록(주사를 놓는 법이나 중환자실을 모니터하는 법 등) 학계에서 자신의 지위가 낮아진다는 사실을 깨닫고 있다. 그래서 이론적 경지에 도달하기를 열망하는 직업훈련 과정이 점점 더 늘어나고 있는 것이다.

샌디에이고대학교는 간호 과정 이론, 횡문화 간호 모델, 인본적 간호 이론 등의 강의를 개설하고 있다. 이 학교는 이 분야에서 150개가 넘는 박사 학위를 수여해 온 것을 자랑한다. 대학은 실무훈련이 횡문화적인 모델과 인본적 이론으로 대체되는 것에 만족하라고 하지만 우리는 이에 동의할 수 없다. 우리는 병동과 보건소에서 특별히 주말과 야간 근무를 하려는 간호사가 부족하다는 소식을 자주 듣는다. 점점 더 많은 현장 간호사들이 이론을 더 공부해야 한다는 말을 듣고 있는 상황에서 우리는 밤 10시에서 아침 6시까지의 근무조에 들어갈 수 있는 사람이 누가 있을지 궁금하다. 그리고 과연 간호 이론가가 정맥 카테터를 삽입해 주기를 원하는 환자가 있을지도 의문이다.

우리는 한 집단이 가진 기술 수준을 가리켜 '인적 자본'이라는 말을 자주 쓴다. 정규 교육에 쏟는 시간이 많을수록 사람들은 더 숙련된 기술을 갖게 되고, 생산성이 올라간다는 것이다. 즉 모든 단계에서 교육에 투자하는 것은 실질적인 보상을 가져온다는 주장이다. 우리는 이런 주장이 어디까지 진실인지 의심스럽다. 대학들이 학자금 대출에 의존하고 있는 현실을 생각할 때 직업훈련 프로그램을 선전하는 것은 학생을 채무자로 만든 것을 합리화하는 수단으로 보일 뿐이다.

후반부에 한 장을 할애해 우리는 대학에서 보낸 시간에 따라 개인이 어떻게 변하는지를 알아볼 것이다. 가장 간단한 대답은 '아무도 모른다'는 것이다. 물론 간호사와 엔지니어는 실용적인 기술을 배우지만 그중 대부분은 졸업 후 취업했을 때 사용하게 될 도구나 장치들을 다루는 법 따위에 관한 것들이다. 공학은 또한 계량적인 능력을 요구하기는 하지만 흔히들 주장하는 것보다는 학문적 수학과의 관련은 더 적다. (공학은 소수점 다섯 자리까지 정확하게 따지는 것이라기보다는 견적을 잘 내는 것이다.) 그리고 경영학 수업에 대한 진실은 경영학에서 가르치는 것 중에서 '기술'이라고 부를 만한 것이 있다는 이야기를 들어 본 적이 없다는 것이다.

우리가 본 최고의 연구는 캘리포니아대학교 버클리 캠퍼스의 노턴 그러브(Norton Grubb)와 펜실베이니아대학교의 마빈 레이저슨(Marvin Lazerson)에 의해 진행되었다. 그들은 모든 직업과 전문 직종에 걸쳐 가장 중요한 기술은 직장에서 학습된다는 사실을 발견했다. 그들은 "취업하기 위해 필요한 능력은 그 직장의 업무 환경에 달려 있다"라고 설명했다. 물론 회계법인은 지원자가 회계 지식을 더 갖추고 있기를 원하지만 더 중요한 것은 그러한 지식이 프라이스워터하우스쿠퍼스(Price Waterhouse Coopers, 다국적 회계 법인-옮긴이) 같은 특정 회사에서 어떻게 적용되고 진행되는지를 배우는 것이다.

우리는 직업 관련 학위를 선택하는 것이 한 가지 이점을 제공한다는 것을 인정한다. 당신이 패션 머천다이징을 전공했다고 가정하자. 올드네이비는 역사학 학위 소지자의 입사 지원서보다 당신의 지원서에 우선권을 줄 가능성이 매우 높다. 그러나 그것은 채용 담당자가 당신이 의상 디자인학과에서 수강한 과목들에 감명을 받았기 때문이 아니다.

올드네이비의 경우에는 일단 당신을 매장들 중 한 곳에 배치해 훈련시키면서 일하는 방식을 배우게 할 것이다. 당신이 역사학 전공자보다 이곳에서 더 우위를 차지하는 이유는 당신이 패션 관련 전공을 선택했다는 것이 대학 시절 몇 년을 패션에 의욕적으로 헌신했으며, 이는 곧 당신이 이 분야에서 경력을 쌓는 데 전념하리라는 것을 말해 주기 때문이다. 역사학과 출신의 지원자는 1년 후면 로스쿨에 진학하기 위해 회사를 떠날지도 모른다.

우리는 지금은 중년이 된 경영학 전공자들을 만나 보았다. 그들은 대학에서 철학을 전공하지 않은 것을 후회한다고 말했다. 우리가 만난 철학 전공자들 중에서 경영학을 선택하지 않은 것을 후회하는 사람은 아직 없었다.

2008년에 수여된 일부 학사 학위들

말(馬)과학과 관리

장식 원예학

가금류학

풀 · 잔디 관리

조경건축

운동생리학

전자 상거래

관광 · 여행 경영

리조트 경영

지식 경영

의상 · 액세서리 마케팅

제빵 · 페이스트리 아트

포토저널리즘

애니메이션 기술

컴퓨터 시스템 보안

세라믹 공학

로봇 공학 기술

유해 물질 관리

디젤 역학 기술

성인 발달과 노화

수화 통역

의료 시설 지원

세포 검사술

음악 요법

의학 일러스트레이션

아시아 약초학

시스템 과학과 이론

문화재 보존

스포츠 경영

용접 기술

가구 디자인

상업 · 광고 예술

섬유 · 직물 · 직조 예술

PART 3

등록금은
왜 그렇게
비쌀까

등록금이
오르는 이유

    20만 1,600달러. 4년간 오하이오 주 시골 마을에 있는 유명 리버럴 아츠 칼리지인 케니언대학에 다니기 위해 드는 기본 비용이다. 우리가 이 학교를 택한 이유는 이곳의 등록금이 이름이 좀 알려진 대학의 평균 수준이기 때문이다. 케니언대학은 다트머스대학이나 브라운대학교에 지원했다가 떨어진 이들이 주로 가는 학교다.

    2010~2011년 기준으로 두 학기의 등록금에 각종 회비를 더하면 4만 900달러가 들고, 여기에 기숙사비와 책 값으로 9,500달러가 더 든다. 이렇게 해서 케니언대학을 다니는 데 드는 비용은 연간 5만 400달러인데, 이는 대학생 자녀를 둔 일반 가정의 세후 수입의 3분의 2에 달하는 금액이다.

    물론 모든 학생이 등록금을 다 내고 학교에 다니는 것은 아니지만 이 학교에서는 절반이 넘는 학생·학부모가 5만 달러짜리 수표로 등록금을 낸다. 학교는 소위 '재정 지원' 혜택을 받는 학생에게 현금을 주는 대신 등록금을 깎아 주는 방법을 쓴다. 총 58퍼센트의 학생들이 케니언대학에서 학사 학위를 따기 위해 학자금 대출을 받고 있다.

    물론 공립대학은 집에서 다닐 수 있으니 돈이 더 적게 든다. 하지만 케니언대학은 스스로를 "세계적 학자들이 우수한 학생을 가르치고 있는 학교"라고 묘사하고 있다.

그렇다면 기숙사비와 교재비를 제외하고 학생들이 2만 달러의 등록금을 내면서 얻는 것은 무엇일까? 한 가지 확실한 것은 우수한 학생과 교수에게는 호화로운 시설이 필요하다는 사실이다. 케니언대학은 최근 7,000만 달러를 들여 20개의 수영 레인과 실내 테니스 · 스쿼시 코드, 전천후 러닝트랙을 갖추고, 와이파이 인터넷 사용이 가능한 시설과 200개의 운동기구가 마련된 체육관을 완공했다. 새 기숙사 시설을 위한 계획도 준비 중이다. 대부분 부유한 집안 출신인 재학생들이 살던 동네에서 흔히 볼 수 있는, 집 두 채가 하나로 붙어 있는 주택형 기숙사를 짓겠다는 것이다.

그와 같은 시설에 교재비, 전기료, 스포츠 장비, 친구와 간식을 먹기 위한 용돈, 연휴 때 집으로 가기 위한 비행기 표 등 추가 비용을 더하면 4년간 드는 비용은 25만 달러에 이른다.

등록금 4만 900불은 특별한 경우가 아니다. 셔먼 안티트러스트 법안(Sherman Antitrust Act, 주간(州間) 거래를 방해하는 계약 · 공모(共謀) · 기업 합동을 금한 미국의 법률 – 옮긴이)과 상관없이 모든 사립 리버럴 아츠 칼리지들은 놀라울 정도로 똑같은 수준의 등록금을 받고 있다. 이를테면 프랭클린 & 마샬 : 4만 1,190달러, 리드 : 4만 1,200달러, 해밀턴 : 4만 1,280달러, 칼턴 : 4만 1,304달러, 햄프셔 : 4만 1,404달러, 디킨슨 : 4만 1,545달러, 보우도인 : 4만 1,565달러, 호바트 : 4만 1,710달러 등이다.

칼리지보드(College Board, 미국의 민간 학교 및 학력 관장 기관 – 옮긴이)에 따르면 1982년 이래로 사립대학의 등록금은 인플레이션을 고려한다 해도 2.5배 이상 올랐다고 한다. 맞는 얘기다. 부모들은 1982년에는 1,000달러를 냈다면 이제는 2,540달러를 내야 한다. 공립대학 등록금은 사립대학보다 평균 30퍼센트 저렴하긴 하지만 인상률은 더 크다. 미국 최고의 주립대학교로 여겨지는 캘리포니아주립대학교는 학생과 강사, 강의 수는 줄이면서 등록금은 3분의 1가량 더 인상하려 하고 있다.

왜 대학 등록금이 비싼지 신뢰할 만한 답을 찾기는 쉽지 않다. 대학의 재정 직원들은 세심한 주의를 기울여, 또는 창의적인 방법을 동원해 지출을 분산시키고 있다. 새 미식축구 경기장 건설 비용을 운동부가 부담하게 하는 학교는 거의 없다. 값비싼 대학원 과정의 예산도 학부 과정 운영 예산과 뒤섞이곤 한다.

대학은 대부분 비영리 법인으로 면세 혜택을 누리기 때문에 다른 기업에 비해 재정 관리가 철저하지 않다. 기업은 증권거래위원회에 회계 보고를 하지만 비영리 대학을 향한 감시의 눈은 거의 없다. 나아가, 대학은 대학교육에 대한 사회의 호의적인 시각을 이용해 자유롭게 금융 활동을 한다. 사람들은 의료 체계나 병원에 대해서는 회의적인 태도를 보이지만 대학에 대해서는 그렇지 않다. 오히려 대학에 대해서야말로 이런 태도가 반드시 필요한데도 말이다.

대학 등록금이 어떤 계산법으로 산출되는지는 그야말로 미스터리다. 아이오와 상원 금융위원회에서 두각을 나타내며 활동 중인 공화당의 찰스 그래슬리 의원은 비영리 법인의 재무 구조를 집중적으로 조사하기 위해 계약직 변호사와 조사관을 고용했다. 하지만 그도 우리에게 등록금 액수를 어떻게 정하는지 도무지 모르겠다고 털어놓았다.

"우유 값이 지난 20년간 등록금처럼 올랐다면 1갤런(약 3.8리터)의 우유를 사면서 15달러를 내는 셈이죠. 등록금이 얼마나 터무니없게 비싼지를 보여주는 예입니다."

그는 이어서 "내가 정부나 민간 연구소에 왜 대학 등록금이 물가 상승률의 2~3배로 올랐는지 물었지만 현실적인 답변은 하나도 듣지 못했어요"라고 말했다.

대학은 등록금 문제를 꺼내면 학생에게 드는 비용이 등록금 액수를 넘어서고 있다고 주장한다. 가장 최근 자료인 2009년 보고서에서 윌리엄스대학은 학생 1인당 8만 2,612달러를 썼다고 보고했다. 학생들이 등록금으로 2만 2,542달러를 내고 나머지 6만 79달러는 투자 이익과 기부금으로 메웠다는 것이다.

반면 오리건의 와인 재배지에 있는 린필드대학은 학생 1인당 2만 6,836달러를 쓰면서도 양질의 교육을 제공하고 있었다. 이 학교는 2만 1,019달러는 등록금으로, 5,817달러는 다른 방법으로 충당하고 있다. 우리는 윌리엄스대학이 린필드대학만큼의 돈으로도 지금과 같은 수준의 교육을 제공할 수 있다고 생각한다. 그럼에도 윌리엄스가 8만 2,612달러나 쓰는 이유는 간단하다. 그럴 만한 돈을 보유하고 있기 때문이다.

「뉴욕타임스」의 조너선 글레이터와 알란 파인더는 2006년 조사에서 실제 대학이 쓰는 비용에 대한 하나의 단서를 찾았다. 두 기자는 펜실베이니아의 우르시누스대학의 등록금을 17퍼센트 올리기로 한 이유를 알아냈다. 대학 측이 상대적으로 낮은 등록금 때문에 지원자가 적다고 판단한 것이다.

행동경제학에서는 제품의 가격이 싸면 사람들은 어딘가 문제가 있다고 의심하게 된다고 본다. 경제학자들의 말이 옳았다. 등록금을 올리고 4년 안에 그 대학의 신입생 수가 3분의 1이나 더 늘었다. 글레이터와 파인더는 라이스대학교와 헨드릭스대학, 브린마우어대학도 비슷한 이유로 등록금을 인상했다는 사실을 알아냈다. 그들은 다음과 같이 설명했다.

"이런 식의 등록금 인상은 의료 시스템에서 볼 수 있는 것과 유사한, 물가 상승률보다 가격이 더 빨리 오르는 대학의 경제 논리를 만들어 냈습니다."

사실 이는 바로 옆 좌석의 사람보다 2배의 요금을 내게 될 수도 있는 항공사의 시스템과 비슷하다. 모든 사립학교가 등록금 할인제도를 운영하고 있고 연 수입 18만 달러까지를 경제적으로 어려운 것으로 간주하는 상황이다 보니 학부모들이 대학과 협상을 통해 최대한의 것을 얻어 내도록 돕는 개인 컨설턴트까지 활개를 치고 있다. 자녀의 등록금을 미리 저축해 두는 집이 별로 없기 때문이다. 요즘 사람들은 더 큰 집과 화려한 휴가를 우선시한다.

리버럴 아츠 칼리지들이 등록금으로 얼마나 받는지 다시 살펴보기로 하자. 앞서 든 예를 다시 언급하면, 프랭클린 & 마샬 : 4만 1,190달러, 리드 : 4만 1,200달러, 해밀턴 : 4만 1,280달러, 칼턴 : 4만 1,304달러, 햄프셔 : 4만 1,404달러, 디킨슨 : 4만 1,545달러, 보우도인 : 4만 1,565달러, 호바트 : 4만 1,710달러다. 뭔가 이상하지 않은가? 최고가와 최저가의 차이가 520달러, 1.3퍼센트밖에 되지 않는다. 대도시에 있건 시골에 있건 등록금은 별 차이가 없다. 윌리엄스는 학생 1인당 기부금이 마운트홀리요크대학에 비해 3배나 많다. 하지만 최근 이 두 학교의 등록금은 겨우 6달러밖에 차이가 나지 않았다.

우리는 총장들이 한자리에 모여 등록금을 일정 범위 안에서 받기로 합의했다고 생각하지는 않는다. 그럼에도 대학들은 렌터카 업체인 헤르츠(Herz)와 아비스(Avis)가 하듯이 경쟁 학교가 얼마나 받고 있는지를 꾸준히 살피고 있다. 이보다 더 심각한 문제도 있다. 기부금을 충분히 받고 있는 윌리엄스는 등록금을 3만 7,640달러에서 1만 7,640달러로 쉽게 내릴 수 있다. 하지만 그렇게 하면 결과적으로 윌리엄스와는 비교도 안 되게 저렴한 해버포드대학에 가려던 학생들을 끌어들이게 될 것이다. 이 모든 실질적인 이유에서 부자 대학 사이에서는 가난한 사촌뻘의 대학보다 등록금을 적게 받지는 말자는 암묵적인 합의가 있는 것 같다.

이보다 이기적인 이유도 있다. 만약 윌리엄스대학의 등록금이 1만 7,640달러밖에 안 된다는 것이 알려진다면 사람들은 윌리엄스를 고급 승용차가 아닌 겨우 기본만 갖춘 차 정도로 보게 될 것이다. 대학들은 "윌리엄스가 저래도 되는 건가"라고 수군거릴 것이다. 대학이 가격표처럼 붙이고 있는 등록금이 그 학교 학위의 가치를 말해 주는 한 대학들은 일단 비싼 등록금을 내걸고 협상을 통해 깎아 주려 할 것이다.

쿠퍼유니언대학은 충분한 재단 기부금과 금욕적인 분위기 덕분에 모든 학생을 무료로 교육하고 있다. 그럼에도 학교의 가치가 높이 평가받기를 바라는 마음에서 공식적으로는 등록금이 3만 6,560달러라고 밝히고 있다. 그 돈을 내는 사람은 아무도 없는데도 말이다.

우리는 등록금의 최종 액수가 어떻게 결정되는지 완벽하게 알 수는 없지만 왜 등록금이 계속 인상되고 있는지는 알고 있다. 거의 모든 학교에서 가장 큰 지출은 교수의 인건비, 특히 종신교수들의 월급이다.

이제 더 이상 낡은 트위드 재킷을 입고 다니는 미스터 칩스(Mr.Chips, 영국 작가 제임스 힐튼의 소설 '굿바이 미스터칩스'의 주인공. 소박하고 학생에게 헌신적인 교사의 표본-옮긴이) 같은 교수는 없다. 요즘 고참 교수들은 마크 제이콥스(Marc Jacobs)를 입을 정도의 돈을 받는다. 게다가 평범한 교수는 없고 다들 석박사급 고급 학위를 소지하고 그에 상응하는 연봉을 기대하고 있다. 부모들은 능력이 부족한 교수가 자녀를 가르치는 것을 원치 않는다. 대학은 고등학교가 아니다. 그렇기 때문에 강의실에 선 사람이 고작 연간 300시간의 강의를 하면서 10만 달러 이상의 연봉을 받는 것도 특별한 일은 아니다.

사실 얼마 전 금융 위기가 있기 전까지 교수의 연봉은 다른 직업에 비해 훨씬 가파르게 올랐다. 앞서 언급한 것처럼 1980년대 중반 이후 스탠퍼드대학교의 정교수 연봉은 58퍼센트, 노스캐롤라이나대학교는 56퍼센트, 듀크대학교는 65퍼센트 올랐다. 왜 이렇게 많이 올랐을까? 답은 간단하다. 지난 50~60년간 대학으로 돈이 몰렸기 때문이다. 부모들은 기꺼이 인상된 등록금을 냈고, 동문들은 기부금을 냈으며, 대학은 자유롭게 장기 대출을 받을 수 있었다.

대학 등록금처럼 교수도 연봉을 얼마나 받느냐에 따라 등급을 평가한다는 이야기가 있다. 외부인들은 학자들이 뭘 하는지 잘 이해하지 못할 수도 있지만 십만 달러 이상의 연봉에는 깊은 인상을 받을 것이다.

종신제 덕분에 교수들은 업무에 대한 평가도 받지 않고, 스스로 그만 두기 전까지는 계속 월급을 받을 수 있다. 평생을 보장하는 제도로 인해 교수직은 수백만 달러짜리 계약이 되어 버렸다.

대학 예산의 가장 큰 부분을 차지하는 고참 교수의 뒤를 잇는 것은 빠르게 팽창하고 있는 행정 부서다. 앞서 논의했듯이 대학의 주된 목적이 교육이라는 사실을 보여 주기는 쉽지 않다. 인디애나에 있는 얼햄대학은 작은 규모에도 교직원 중 3분의 2는 강의가 아닌 다른 활동에 관련된 일을 맡고 있다.

또 다른 리버럴 아츠 칼리지인 노스캐롤라이나의 데이비드슨대학에서는 교직원 중 교원이 전체의 25퍼센트도 되지 않는다. 물론 학교는 이 모든 자리들이 도서관 직원과 연구실 직원처럼 강의와 연구를 지원하기 위한 것이라고 주장하고 있다. 대학 캠퍼스를 거닐다 보면 흔히 학생 수를 압도하는 직원들을 만나게 된다.

비용 면에서 가장 문제가 되는 부분은 한 부서를 새로 만들고 직원을 뽑고 나면 그 부서는 조직 내에 견고하게 뿌리를 내리고 절대 사라지지 않는다는 사실이다. 1976년 이래로 행정 직원 대 학생의 비율은 문자 그대로 2배로 늘면서 비용 증가에 박차를 가하고 있다. 대학의 관리 시설 비용도 더 비싸졌다. 기숙사는 한때 이층 침대와 군용 매트리스, 낡은 침대를 제공했고 학교 식당은 먹든지 남기든지 관심 없는 세트 메뉴가 전부였다. 이는 이제 옛

날 얘기다. 학생들은 개인 화장실과 방이 딸린 기숙사에서 살고 푸드 코트에는 종류별로 전문 음식 코너가 따로 있다. 이 때문에 기숙사비와 식비가 물가 상승률의 2배로 올랐다고 해도 놀랄 일은 아니다.

물론 학생들이 더 많은 혜택을 누리기도 한다. 워싱턴주립대학교는 학생 53명당 한 개의 대형 자쿠지를 제공하고, 휴스턴대학교에는 5층 높이의 인공암벽이 있다. 전국의 대학 관계자들은 케니언대학을 방문해 새로 만든 스포츠 시설을 보며 감탄을 금치 못했다. 케니언을 따라 하는 것은 당연히 대학의 지출을 크게 늘리는 일이 될 것이다.

대학들은 경쟁적으로 화려한 시설을 마련하고 있다. 대학 규모에 상관없이 17세짜리 지원자의 구미에 맞추기 위해 사치품을 제공하고 있는 것이다. 보우도인에는 젊은 미식가들을 위해 버터넛 스쿼시 수프와 디존 치킨, 베지터블 폴렌타를 만들어 주는 요리사가 있다. 펜실베이니아주립대학교는 학생들이 무료로 음악을 다운로드 받을 수 있는 시스템을 들여 놓았다. 이를 통해 일주일에 2백만 개의 노래가 다운로드 되고 있다. 애머스트대학의 기숙사에서는 무료 콘돔이 발견되었다. 그 옆에는 이런 안내문이 붙어 있었다. "혼자 하는 섹스에는 가져가지 마세요."

기업과 마찬가지로 대학에서도 최고 경영자에 대한 보상이 무시할 수 없는 부분이다. 1992년과 2008년 사이 16년간 우리가 조사한 대부분의 대학에서 총장의 월급은 물가 상승률을 감안하더라도 2배 이상 올랐다. 3배 가까이 오른 곳도 있었다. (같은 기간 동안 미국인의 수입은 6퍼센트 올랐다.) 스탠퍼드대학교 총장의 연봉은 25만 6,111달러에서 73만 1,614달러로 올랐고, 뉴욕대학교 총장의 연봉은 44만 3,000달러에서 136만 6,878달러로 급증했다. 규모가 작은 학교도 사정은 비슷하다. 웰슬리와 칼턴, 그리넬대학에서 총장의 연봉은 낮게는 20만 달러에서 높게는 50만 달러까지 인상되었다.

우리가 입수한 가장 최신 자료인 2008년 보고서에 의하면 연봉 100만 달러 이상을 받는 총장이 12명이나 된다. 노스웨스턴, 에모리, 존스홉킨스, 펜실베이니아대학교가 여기에 속한다. 이는 결론적으로 대학이 기업을 모방하고 있다고 볼 수밖에 없는 액수다.

회사의 지위는 총수가 얼마를 받느냐에 따라 평가된다. 이사회에서 반대를 한 징후도 없었다. 가장 흔한 변명은 능력 있는 경영자의 수가 부족하기 때문에 최고의 지도자를 모시려면 돈을 써야 한다는 것이다. 월스트리트와 『포춘 Fortune』 500대 기업에서 후렴구처럼 반복되고 있는 이 말을 대학에서 들을 날도 멀지 않았다.

우리가 만난 가장 혁신적인 총장 중 일부는 연봉이 낮은 그룹에 속한 사람들이었다. 존 마에다(John Maeda)가 로드아일랜드 디자인스쿨을 맡게 되었을 때 그는 연봉 중 10만 달러를 학생들을 위한 장학금으로 내놓았다. 앞서 언급했지만 그레고리언이 브라운대학교 총장 제의를 받았을 때 그는 이사회와 연봉에 대해서는 논의하지도 않았다. 단지 전임자가 얼마를 받았는지만 물은 것에 대해 그는 "그렇게 하면 다른 교수들이 내 연봉을 문제 삼지 않을 거라 생각했죠. 또, 그렇게 함으로써 보다 더 영향력을 미칠 수 있는 힘과 더불어, 좀 이기적일 수 있겠지만, 마음의 평화를 얻을 수 있었지요"라고 말했다.

반면 우리는 몇 년 전 의기양양한 목소리로 높은 연봉을 자랑하던 총장을 보고 충격을 받은 적이 있다. 그는 아이비리그도 아닌 학교에서 100만 달러가 넘는 연봉을 받게 될 예정이었다. 그는 농담처럼 "사상 처음으로 내가 미식축구팀 감독보다 연봉을 많이 받게 되었죠"라고 말했다. 어쨌거나 그는 손님인 우리에게 예의를 갖추며 미소를 지어 보였지만 우리의 마음은 이미 떠난 뒤였다.

사실 그가 말한 것이 바로 대학 재정이 가진 또 하나의 비밀이다. 미식축구는 모든 예산 중 가장 큰 부분을 차지한다. 모든 총장들은 이 말을 격언처럼 되풀이해야 한다. 미식축구는 결국에는 다른 어떤 것, 즉 도서관의 책 구입비나 스타 교수 영입보다 더 많은 돈이 들 것이다. 티켓을 팔고, 텔레비전 광고를 하고, 더 많은 기부금을 기대해 보아도 결국 대개 운동 팀은 대학 예산으로 보조금을 마련해 운영해야 한다.

이는 모든 미식축구 팀과 야구 팀에 해당되는 이야기다. 겉으로는 돈을 버는 것처럼 보이지만 사실 그런 일은 거의 없다. 2년 전 「오스틴 아메리칸 스테이트맨 Austin American Stateman」(텍사스 오스틴의 일간지 – 옮긴이)의 에릭 덱스하이머(Eric Dexheimer)가 계산해 보니 모든 대학을 통틀어 미식축구 팀의 적자는 36억 달러나 되었다. 골프장이든 하키 헬멧이든 애물단지인 운동 팀을 없애면 대학 등록금을 내릴 수 있을 것이다.

운동 팀을 운영하는 돈이 어디서 나오는지 살펴보자. 등록금에서 나오는 것은 아닌 것이 확실하다. 등록금은 교수 연봉과 캠퍼스 조경에 쓰이기 때문이다. 큰 액수의 기부금이 들어온다 해도 분할해서 지급되는 경우가 많다. 불가사의한 법적 이유로 인해 기부금에서 빌려 쓸 수는 없다. 대신 운동 팀의 운영비는 대부분 채권 발행으로 충당된다. 면세 혜택이 있는 대학 채권은 매력적인 투자처이기 때문이다.

이런 이유로 거의 모든 대학이 빚을 지고 있다. 2009년 하버드의 부채는 25억 달러였다. 콜게이트대학교는 세금 환급액으로 미루어 볼 때 1억 2,600만 달러의 채무가 있다. 학사 학위 과정인 미국요리전문학교(Culinary Institute of America)도 1억 400만 달러의 빚을 지고 있다.

2009년 신용평가사인 무디스(Moody's)에 따르면 대학들의 총 부채는 적어도 1,700억 달러나 된다. 연 이자를 내는 것은 물론이고 결국에는 원금도 다

갚아야 한다. 텍사스대학교의 스포츠 프로그램은 연간 1억 달러의 수익을 내고 있다. 하지만 그중 1,500만 달러는 경기장과 연습장을 증축하는 데 쓴 부채 비용으로 나간다.

부채는 대학에 갇힌 채 어디로 튈지 모르는 거대한 캥거루인 셈이다. 대학은 자금 제약에 시달리면서도 법적으로 이자와 원금을 갚는 일을 다른 어떤 지출보다 우선시하고 있다. 실제 상황은 이보다 더 나쁠 수도 있다. 호프스트라대학교 법대의 노먼 실버(Norman Silber) 교수는 대학들 중에는 "실제 채무 불이행 상태고, 담보권 행사나 압류 혹은 파산 위기에 처한 경우도 있다"고 경고했다.

대학이 진행하고 있는 갖가지 연구도 등록금을 올리는 요인이다. 일반적으로 대학들은 연구 보조금을 눈먼 돈으로 여긴다. 사실 연구비의 50퍼센트가량이 간접 비용으로 날아가는 것을 보면 가끔은 그렇기도 하다.

교수들은 연구에 쓰이는 장비와 여행비 그리고 연구 기간 동안 자신의 인건비까지 지원금을 신청하도록 되어 있다. 하지만 항상 그런 식으로 일을 하는 것은 아니다. 우리는 대학 등록금 인상과 관련한 국회 청문회에서 프린스턴대학교 총장인 셜리 틸먼이 증언한 내용을 통해 다음과 같은 사실을 알게 되었다.

그녀는 의원들에게 프린스턴의 등록금이 인상된 것은 연구에 전념하고 있기 때문이라고 말했다. 그녀는 이스트의 대사항상성에 대한 선구적인 연구가 진행 중인 유전체학 분야에 대해 언급했다. 프린스턴은 매년 연구에 학생 1인당 3만 4,213달러씩 쓰고 있다고 보고했다. 하지만 주 지원 기관인 정부나 연구 계약 주체에게서 받는 돈은 1만 7,318달러에 불과하다. 우리도 대사항상성에 대한 연구가 중요하다는 데는 동의한다. 하지만 학부모와 학생들이 이를 위해 더 많은 등록금을 내야 한다고 생각하지는 않는다.

여기에 대학 카탈로그에는 나오지 않는 비용도 있다. 등록금 중 상당 부분이 소송 비용으로 변호사와 의뢰인에게 지급되고 있다. 병원에 이어 대학은 우리 사회에서 가장 많이 피소를 당하는 기관 중 하나다. 우리의 시선을 끈 대학 관련 법률 송사는 다음과 같다.

🎓 아이오와대학교는 자신이 학생의 성적을 조작했다는 부당한 혐의를 받았다고 주장한 한 교수에게 22만 6,000달러를 지급했다.

🎓 상대방을 비방하는 이메일을 보낸 것으로 피소된 플로리다대학교의 한 학장은 합의의 대가로 51만 7,000달러를 받았다.

🎓 콜로라도 미식축구 팀에서 성적 학대를 받았다고 주장한 두 학생은 공동으로 280만 달러를 받았다.

🎓 라살대학교는 축구 경기 중 뇌 손상을 입은 학생의 가족이 제기한 소송에서 합의금으로 750만 달러를 지급했다.

🎓 찰스턴서던대학교의 한 교수는 부업으로 지역 투자자들에게 수천억대의 사기를 쳤고, 공동 피소인이 된 대학은 이에 대한 보상금으로 390만 달러를 지급했다.

우리는 변호사나 소송 당사자들이 대학이 잘 속아 넘어가고 시끄러운 소송보다는 합의를 선호한다는 점을 이용해 더 대담하게 나오는 것이 아닌지 의심스럽다. 또, 소송 중 일부는 학부모가 대학이 모든 일에 관여하고 있기를 기대했는데 그렇지 않다는 것에 실망한 결과 발생하기도 하는 듯하다. 게다가 우리가 언급한 소송 중 2개는 미식축구가 없었다면 일어나지도 않았을 일이다. 또 다른 소송은 우리가 개선되어야 한다고 생각하는 종신교수제와 관련이 있다. 여기서 우리가 말하려는 것은 이 같은 법률 관련 비용이 등록금 고지서에 숨어 있다는 사실이다.

그렇게 등록금이 비싼데 어떻게 2,736만 9,242명이나 되는 학생들이 등록금을 내고 강의를 듣고 있는 걸까? 학생이나 부모들이 등록금을 조정할 수 있는 기발한 방법을 찾아냈다는 것이 한 가지 이유가 될 수 있겠다. 또 한 가지는 대출을 받아야 하는 학생이 많다는 것이다. 우리는 결국 대학교육을 높이 평가하는 문화 속에서 살고 있고, 이는 반드시 물질적인 이유 때문만은 아니다. 사람들은 기꺼이 대학교육을 위해 미래를 저당 잡히려 한다. 하지만 갈수록 대학교육으로 얻을 수 있는 결과물은 불확실해지고 있다.

지난 20년 동안 대학이 그 기능을 확장하고 등록금을 인상하면서 교육계의 지도자들은 새로운 비용 체계를 합리화하려고 애써 왔다. 프린스턴대학교의 전 총장인 윌리엄 보웬(William Bowen)은 이렇게 주장한다.

"돈이 없어서 등록하지 못하는 학생의 수는 많지 않다."

그의 주장은 학생들이 학교를 떠나는 이유는 공부할 준비가 덜 되어 있기 때문이지 돈 문제는 아니라는 것이다. 그는 또, 대학교육이 여전히 상대적으로 비싸지 않은 편이라고 말한다. 그런 점에서 우리는 대학 졸업장을 따는 것과 바꿀 수 있는 옵션들에 대해, 그리고 사람들이 거기에 쓰는 돈에 대해 논의해 볼 것이다.

보웬은 인생의 상당 부분을 프린스턴에서 보냈고, 그 사실이 그에게 선입견을 갖게 했을 수 있다. 프린스턴이나 다른 일류 대학에 다니는 학생들은 제 돈을 다 내고 학교에 다닐 능력이 있다. 그러므로 등록금이 인상된다고 해서 대학교육의 접근성이 떨어지지는 않는다는 얘기다. 사실 대학교육의 핵심 고객층은 계속 번창해 왔다.

지난 50~60년 동안 미국에서 상류층의 수입이 국민 전체 소득에서 차지하는 비중은 더 커졌다. 2009년 자료에 따르면 연봉이 20만 달러가 넘는 가구 수는 거의 400만에 달한다. 더구나 이들은 불경기에도 아무런 영향을 받지 않는다. 이 계층의 사람들에게 대학에 진학할 나이의 자녀가 있는 한 그들은 망설이지 않고 대학에 보낼 것이다. 그러므로 예일대학교의 경우 학부모의 52퍼센트가, 듀크대학교는 62퍼센트가 자녀의 등록금을 모두 감당할 능력이 된다는 사실은 전혀 놀라운 일이 아니다.

사실 일류 대학들은 현금 수요를 충당하기 위해 부잣집 자녀에게 의존한다. 다양한 배경을 가진 지원자를 뽑는다고 말하지만 매년 등록금을 다 내고 입학하는 상류층 학생의 비율은 변하지 않고 있다. 그러므로 우연이든 고의든 적어도 합격자의 절반은 재정 지원이나 등록금 할인도 요구하지 않는 것으로 밝혀졌다. 물론 이런 상류층이 일반적인 경우는 아니다. 하지만 그들이 다양성에 있어 중요한 부분을 차지하는 것은 사실이다.

모든 편의시설이나 인력의 증가는 돈이 얼마가 들든 누군가가 외상으로 지급하거나 신탁 자금을 끌어올 것이라는 무언의 가정을 기반으로 한다. 가장 눈에 띄는 것은 최근 대학의 대출이 크게 늘었다는 사실이다. 이런 대출은 안 그래도 흥청망청 돈을 쓰는 대학에 수십억 달러의 추가 자금을 가져다준다. 등록금을 낮춰서 대학교육의 접근성을 높인다는 예전의 생각은 자금력의 소용돌이와 대출금의 증가라는 추세에 휘말려 사라져 버렸다.

칼리지보드의 회장인 개스턴 캐펄튼(Gaston Caperton)은 막 20대에 들어선 학생들이 평균 2만 2,000달러의 빚을 지고 있는 것에 대해 어떻게 생각하느냐는 질문에(평균이라 함은 이보다 더 많은 빚을 진 경우도 많다는 것을 의미한다) 다음과 같이 답했다.

"학생들에게는 아주 좋은 투자죠. 차를 구매하는 것과 비슷하다고 생각하면요."

그는 2만 2,000달러는 시작에 불과하다는 사실은 언급하지 않았다. 10년 상환의 대출금 2만 2,000달러에는 7,337달러의 이자가 붙는다. 2010년 이전에는 많은 학생들이 20년 상환 계획을 택했기 때문에 이자만 2만 9,999달러가 붙었다. 그러므로 학생들이 상환하게 되는 총금액은 혼다 정도의 가격이 아니라 캐펄튼이 몰 법한 5만 달러짜리 벤츠 가격에 가깝다. 학자금 대출법안이 개정되었지만 당시에 대출을 받은 학생들은 여전히 민간 금융기관이 정한 비싼 이자를 내야 한다.

결국 2만 2,000달러 이상의 빚을 지게 되는 사람은 주로 빈곤한 노동자 계급이다. 하트포드의 도심에 위치한 대학교의 재학생 대부분은 노동자와 소수 인종들인데, 78퍼센트가 빚을 안고 졸업한다. 이자가 붙기 전의 금액만도 평균 3만 9,000달러나 된다. 미시시피의 투갈루대학은 미국에서 가장 가난한 지역에 위치한 학교로 역사적으로 흑인이 많이 다니는 학교다. 이 학교 학생의 80퍼센트는 대출금을 갚아야 하고 대출액의 평균은 4만 1,000달러다. (다시 한 번 강조하지만 평균선 위쪽 50퍼센트는 더 많은 빚을 지고 있다.)

이는 학사 학위를 딸 경우의 얘기다. 많은 학생들이 대학원이나 전문대학원에 진학할 것이고, 그럴 경우 10만 달러 이상의 채무는 아주 흔한 일이 될 것이다. 대부 업계의 로비를 받은 국회는 친절하게도 학자금 대출은 파산 신청을 할 수 없도록 만들었다.

대학교육은 현금 순환을 위해 대부업을 등에 업고 주택 시장의 거품과 비견할 만한 거품을 만들어 냈다. 학생들에게 비싼 이자의 대출을 권하고 업체에 리베이트를 받은 학자금 지원과 직원들도 이 사실을 모르지 않았다. 존스 홉킨스와 드렉셀, 텍사스대학교 직원들은 대부 업체의 '컨설턴트', '고문'이라는 직함을 걸어 놓고 주식과 월급을 받은 혐의로 기소되기도 했다.

2009년 후반 PBS(미국의 공영 교육 방송사–옮긴이)의 「나우 Now」에서 방영한 '학자금 대출의 함정'은 볼티모어의 사회복지사인 지나 모스(Gina Moss)를 집중 조명했다. 그녀의 삶은 7만 달러의 대출 때문에 추락하고 있었다. 방영 이후 웹사이트에는 비슷한 사연들이 줄을 이었다.

모니크 : 저는 절대 갚을 수 없을 것 같은 10만 달러의 대출금이 있어요. 업체에서 계속 전화가 오죠. 어떻게 공과금, 차 할부금, 보험금을 내면서 그 사람들이 말하는 대로 1년에 4만 달러를 갚을 수 있죠? 저는 다시 부모님 집으로 들어왔어요. 그러지 않았으면 차에서 자야 했을 거예요.

다이애나 : 가족들은 항상 저에게 대학을 졸업하는 일이 얼마나 중요한지 얘기했죠. 저는 임신을 하는 바람에 더 이상 일을 할 수가 없었어요. 살리매(Sallie Mae, 학자금 대출 업체 연합–옮긴이)에 연락했더니 원금이 4만 2,000달러에서 6만 3,000달러로 뛰더군요. 저는 이제 2038년까지 매달 460달러를 갚아야 한다네요!

브렌다 : 저는 암에 걸렸는데도 대출받은 학자금에 대해 파산 신청을 할 수가 없었어요. 정말 엄청난 금액인데, 제 실업 급여까지 압류하더라고요. 전 절대로 빚에서 벗어나지 못할 거예요. 대학에 가려던 노력은 무가치한 일이었어요.

그렇다면 정말 교육받기를 원하는 젊은이들은 어떤 선택을 해야 할까? 우리는 학생들이 학생을 위해 존재한다고 주장하고 있는 대학들보다는 더 똑똑했으면 좋겠다. 미국식 대학교육은 특권에 프리미엄을 붙이고 브랜드에 집착하게 만들며, 등록금을 내세워 교육의 질을 보장하는 제도가 되어 버렸다.

여기에 그보다 더 나은 전략이 있다. 어떤 주들은 자체적으로 소규모 리버럴 아츠 칼리지를 운영하고 있다. 말하자면 공립형 애머스트나 포모나대학 같은 학교다. 플로리다의 뉴대학(주민일 경우 5,364달러)이나 워싱턴 주의 에버그린(6,679달러) 같은 학교들이다. 이보다는 좀 더 비싼 학교들로는 미네소타주립대학교의 모리스 캠퍼스(1만 1,532달러)나 메릴랜드주립대학교의 세인트메리시티 캠퍼스(1만 3,630달러) 등이 있다.

하지만 여기서 가장 큰 비밀은 다른 사람들도 애머스트나 포모나대학을 선호한다는 사실이다. 비록 주립대학교에 둥지를 틀긴 했지만 그게 아니었다면 학생에 대한 무관심으로 유명해지거나 성적이 좋은 스포츠 팀 때문에나 그나마 이름이 알려질 학교들이다. 우리가 정말 소개하고 싶은 것은 비교적 최근에 등장한 우수한 공립 아너스 칼리지(honors college, 학내 우등생 위주로 운영하는 소규모 대학 – 옮긴이)들이다. 우리는 그중 두 학교, 애리조나주립대학교와 미시시피대학교를 방문했는데, 이 학교들의 교육 방식에 만족하게 되었다.

학부생 3만 363명 중 2,766명이 다니고 있는 애리조나주립대학교의 바렛 아너스 칼리지는 그 성격과 정체성에 있어 가히 자족적이라 할 수 있다. 특별 세미나와 지도교수가 있을 뿐 아니라 자체 기숙사와 식당도 있다. 대부분의 학생이 일반 과목을 듣고 있지만 학생 수를 제한하는 과목에서는 바렛에 소속된 학생이 먼저 수강할 수 있는 우선권을 가진다.

형편이 어렵다는 것을 증명할 경우 등록금과 생활비 지원도 받을 수 있다.

바렛의 설립 목적은 하나다. 애리조나 주에도 공부에 전념하기로 한 학생들이 있다는 사실을 확인하기 위해서다. 사실 이 대학은 지원자 대부분을 합격시키고 있기 때문이다.

바렛을 대표하는 인물이 무용과 생화학을 접목시킨 마이클 맥도웰(Michael McDowell)이다. 하버드가 맥도웰을 합격시킨 것도 이런 점 때문이었을 것이다. 하지만 그는 하버드가 아닌 바렛을 택했다. 애리조나가 등록금을 전액 지원하기로 했기 때문이다. 마이클은 이렇게 말했다.

"제 아버지는 아주 가난한 집에서 태어나 자수성가하신 분이에요. 어쩔 수 없는 경우가 아니라면 더 이상 아버지께 기대고 싶지 않았어요."

다른 많은 학생들처럼 마이클도 의대에 가고 싶어 한다. 이 목표를 달성하는 데 별 문제는 없을 것이다. 학교가 마이클에게 애리조나의 과학 분야 일류 교수들의 강의 수강을 보장해 주었기 때문이다.

미시시피주립대학교의 박스데일 아너스 칼리지는 9,200명의 학부생 중 860명만 선발해 운영하고 있다. 이 학교에도 바렛과 유사한 특전이 있다. 사실 주립 아너스 칼리지들은 서로 정보를 공유한다. 우리는 이 학교들이 전통적인 인문교양 교육에 열성을 쏟는 모습을 보고 크게 놀랐다. 로렌스 카운티 시골 마을에서 자란 데니스 피큰스(Dennis Pickens)는 직업과 관련된 전공(회계)을 택했다. 하지만 박스데일이 그의 시야를 넓혀 주었다.

"필수과목인 2개의 세미나에서 우리는 『공산당 선언 *The Communist Manifesto*』이나 『스크루테입의 편지 *The Screwtape Letters*』(인간의 선과 악에 대한 문제를 다룬 미국 작가 C. S. 루이스의 작품 –옮긴이) 같은 작품에 대해 배웠어요. 회계학 전공을 택하면 대개 영어나 정치학 같은 건 생각하지 않게 되는데 말이에요." 데니스가 말했다.

바렛과 마찬가지로 박스데일은 타 지역에서 온 학생들에게도 등록금 감면 혜택을 준다. 이로써 지리적이고 지적인 다양성을 추구하겠다는 것이 학교의 취지다. 다음 장에는 이와 같은 학교들에 대해 더 많은 부분을 다룰 것이다.

전국적으로 볼 때 많은 경우 자신이 거주하는 주에 소재한 대학에서 학사 학위를 받는다. 미주리대학교 메인 캠퍼스의 학부생 정원은 2만 306명이지만 12개의 분교, 즉 조플린의 서던스테이트, 워렌버그의 센트럴미주리, 매리빌의 노스웨스트미주리까지 합치면 정원은 7만 8,881명이나 된다. 사실 대학교육의 대부분은 지역 대학이 상대적으로 저렴한 가격에 제공하고 있다. 물론 소모적인 면도 있지만 부각시킬 가치는 있다.

우리는 이런 학교에서 충분히 훌륭한 인문교양 학위를 받을 수 있다고 재차 강조하고 싶다. 우리는 대여섯 군데 학교를 방문해 교수와 학생들과 대화를 나누었다. 이에 대해서는 이 책의 마지막 장에서 더 자세히 이야기하겠지만 우리가 받은 인상은 크게 2가지다.

첫 번째는 학생들이 다른 어느 학교에 다니는 젊은이만큼 똑똑하고 학문에 대한 열정이 대단하다는 사실이다. 두 번째는 지역 대학의 교수는 우리가 만나 본 교수 중 가장 헌신적인 사람들이라는 것이다. 웨스턴오리건주립대학교는 신호등이라고 달랑 하나 있는 시골 마을 먼마우스에 있다. 우리는 그곳에서 피터 칼레로(Peter Callero) 교수와 사회학과의 딘 브라(Dean Braa) 학장과 오전 시간을 보냈다.

그들은 학생 개개인의 꿈과 재능에 대해 이야기했고 자신이 얼마나 가르치는 일을 좋아하는지도 이야기했다. 우리가 저녁에 만난 5~6명의 학생들은 자신이 교수에게 받고 있는 관심에 대해 감사하게 생각하고 있었다. 그동안 돌아본 다른 학교에서는 듣지 못한 얘기였다. 그 학생들의 고등학교 동창생들은 학생들에게 훨씬 냉담한 오리건주립대학교에서 공부하고 있다고 했다. 학생들은 자신이 훨씬 인간적인 분위기에서 저렴한 가격에, 더 나은 교육을 받고 있다고 생각하고 있었다.

그러므로 상대적으로 저렴한 비용으로도 대학을 졸업하는 것이 가능한 일이다. 한 예로 플로리다는 학생들이 연간 학비가 최저 2,538달러인 28개 커뮤니티 대학 중 하나에서 대학 생활을 시작하도록 독려한다. 2년 과정을 끝낸 학생들은 어렵지 않게 등록금이 4,792달러인 플로리다애틀랜틱대학교 같은 곳으로 편입할 수 있다.

이렇게 해서 4년 동안 드는 순 비용은 1만 4,664달러다. 미국의 가정 대부분이 이 정도 돈은 모을 수 있을 것이다. 가장 기본적인 옵션의 자동차보다도 저렴한 비용이기 때문이다. 게다가 이런 학교에 다니면 자전거를 타고 등교할 수도 있고 점심을 싸갈 수도 있으며, 집에서 통학할 수도 있다. 물론 여기에는 기회비용과 교재비, 부수적인 비용은 포함되지 않았다.

솔직히 말해 모든 주가 플로리다만큼 학비가 저렴한 것은 아니다. 뉴햄프셔에서는 커뮤니티 대학의 연간 학비가 6,030달러고, 플리머스주립대학교의 연간 학비는 9,906달러, 4년간 총 학비는 3만 1,782달러나 된다.

그럼에도 칼리지보드가 2010~2011년, 672개의 4년제 공립대학교의 학비를 조사한 것을 보면 같은 결론을 내릴 수 있다. 공립대학교의 연간 평균 등록금은 공식적으로는 7,610달러로 평범한 수준의 학생에게는 다소 부담스러운 금액이다. 하지만 연방 정부 장학금과 다른 보조금 등을 모두 합치면 학생들이 실제 내는 돈은 연간 1,540달러로 대학이 공표한 등록금보다는 낮다. 우리는 대부분의 미국 가정에서 이 정도 비용은 감당할 수 있다고 본다.

학생들에게 가장 부담이 되는 것은 학비가 아니다. 돈이 부족한 이유는 공립대학교를 다니는 학생 절반 이상이 집을 떠나 살기 때문이다. 오리건의 먼마우스 같은 소박한 지역이라도 어쨌거나 집을 떠나야 하기는 마찬가지다. 이런 학생들에게 가장 주된 비용은 학비가 아니라 생활비와 주거비, 식비 등이다.

SUV를 타는 학생부터 면 종류 옷을 입고 피넛버터만 먹고 사는 경우까지 삶의 질은 다양하기 때문에 학생들의 생활비가 얼마나 드는지에 대한 정확한 자료는 없다. 다만 학교가 기숙사비와 식비라고 공개하는 액수가 하나의 기준은 될 수 있을 것 같다. 그 액수는 미시시피의 블루마운틴대학의 3,900달러부터 포드햄대학교의 1만 4,491달러까지 다양하다.

집을 떠나 사는 것의 교육적 효과에 대해 진지하게 연구된 바는 없지만 일반적으로는 유익한 효과가 있을 것이라 여겨지고 있다.

아프리카에서는 아이들이 어느 정도 나이가 되면 '청소년의 집'이라는 곳에 가서 그 부족에 전해 내려오는 이야기를 듣고 노래를 부르고 의식에 참가하면서 부족 사회의 일원으로 성장해 간다. 여러 면에서 집을 떠난 대학 생활도 이와 비슷한 기능을 할 것이다. 그곳에서 젊은이들은 부모와 떨어져 독립적으로 생활하면서 성인으로서의 정체성을 형성해 나간다. 하지만 이런 식의 과도기가 그렇듯 큰돈을 지불할 만한 가치가 있는지는 의문이다.

적어도 우리 둘 중 한 사람은 그럴 만한 가치가 없다고 생각한다. 이는 학생들이 집에서 통학하는 학교에서 가르친 경험이 있는 사람의 편향된 생각일 수도 있다. 졸업 후 몇 년이 지나 만난 학생들은 집을 떠나 통학하는 학교에 다닌 학생들과 다름없이 교양을 갖추었고 사회생활을 잘 해나가는 듯했다. 물론 우리도 집을 떠나 사는 것이 훨씬 더 재미있다는 점은 인정한다. 그런 재미에 반대하는 것은 아니다. 다만 이 장에서 우리는 대학에 다니는 비용에 대해 다루고 있고, 그런 점에서 우리는 집에서 멀리 떨어진 대학에 다니는 것은 너무 많은 비용이 든다는 사실을 말하는 것이다.

대부분의 사람들은 대학교육의 목적이 경제적 투자든 정신을 고양시키는 것이든 이익을 가져온다는 데 동의할 것이다. 그런 점에서 우리는 미국인들이 이를 위해 거의 돈을 쓰지 않는다는 사실에 놀라지 않을 수 없었다.

노동통계청은 매년 가계 지출 항목에 대한 설문을 실시한다. 우리는 자녀가 대학에 다닐 나이인 45~54세인 응답자 집단을 살펴보았다. 이들의 평균 연봉은 8만 976달러였고 평균 2.4개의 차를 보유하고 있었으며, 외식비로 3,102달러를 쓰고 있었다. 여기까지는 예상 가능한 내용이다. 하지만 새롭게 발견한 것은 이들이 교육비로 쓰는 돈은 식당에서 쓰는 돈보다도 낮은 2,055달러밖에 안 된다는 사실이다. 이렇듯 교육비 지출 수준이 지나치게 낮다면 도대체 자녀의 대학 학비로 1만 달러 이상의 수표를 쓰는 부모가 몇 명이나 되는 걸까 하는 의문이 들었다.

이에 관한 가장 좋은 자료는 2009년 칼리지보드가 학생을 상대로 한 설문 조사 자료다. 자신의 부모가 학비를 충당하기 위해 저축을 하고 있다고 답한 학생은 절반에 불과했고, 저축액은 2만 달러에도 못 미쳤다. 이렇게 선견지명이 없는 탓에 상류층 가정들도 형편이 어렵다고 호소하고, 대학은 여기에 귀를 기울이는 것이다.

프린스턴에서는 12만 5,000~15만 달러를 버는 학부모들은 등록금의 절반만 내면 된다. 대학의 기부금 모집 행사의 주요 주제는 기부금을 모아 학생들의 장학금을 지급한다는 것이다. 그런 호소문에 감춰진 사실은 10만 달러 이상을 버는 학부모도 수혜자라는 것이다.

대학이 무언가 옳은 일을 하고 있다는 것은 언제나 반가운 소식이다. 등록금이 무료인 쿠퍼유니언대학에 다니는 콰메 라이트는 우리에게 국제적인 기술 프로젝트에 참여하기 위해 일본에 다녀오는 것을 고려하고 있다며 다음과 같이 말했다.

"지금껏 전혀 학비가 들지 않았으니 대출금을 받아 그런 곳에 다녀오는 것도 나쁘지 않을 것 같아요."

하지만 그의 지도교수는 당장 그 계획을 중단시켰다. 교수는 그에게 "빚이 전혀 없는 상태에서 노동 시장에 뛰어들면 훨씬 더 잘 살 수 있다"고 충고했다. 우리는 다른 교육자들도 그 교수처럼 책임감을 보여 주기를 바란다. 대학은 다음 세대가 미래를 건설하도록 도와야지 미래를 저당 잡히도록 해서는 안 된다.

명분 없는 철밥통,
종신교수제

언뜻 보면 종신교수제는 무해한 제도처럼 보인다. 말 그대로 특정 지위를 유지하는 기간을 의미할 뿐이다. 예를 들어 "그는 예일대 역사상 재임 기간이 가장 짧은 레슬링 코치였다"고 할 때처럼 말이다.

하지만 대학교수들의 세계에서 종신교수제보다 더 중요한 단어는 없다. 그도 그럴 것이, 종신교수제는 교수의 평생 고용을 보장해 주는 철밥통이기 때문이다. 종신 재직권을 따기만 하면 원할 때까지 교수직에 남아 있을 수 있다. 심지어 나이가 80줄에 접어들어도, 아니 그 이상의 고령에도, 더 나아가 죽는 날까지도 직업을 갖고 살 수 있다. 종신교수제는 이 책의 1장에서 열거한 교수들이 가진 수많은 특권 중 에베레스트 등정에 맞먹는다. 교수 외에 그런 방어벽을 자랑할 만한 직업은 연방 법원 판사뿐이다.

따라서 우리는 종신교수제라는 단어를 쓸 때 이는 대학교수가 받는 건강 보험 혜택이나 기나긴 방학 같은 단순한 교원 복지 제도가 아니라는 점을 강조하고 싶다. 종신교수제는 단순히 노조의 단체 협약이나 인사 규정에 포함된 연공 서열제도 아니다. 우리가 이 글을 쓰는 지금도 수백만의 미국인이 직장을 잃고 새 일자리를 구하지도 못한 채 살아가고 있다. 전문직도 사정은 마찬가지다. 하지만 종신을 약속받은 교수들은 그 숫자가 줄거나 해임되는 경우가 거의 없다. 그들 대다수는 그야말로 그 어떤 불에도 타지 않는 내화 상태로 보호받고 있다.

유일한 변수는 대학에서 임금을 제대로 줄 수 있느냐는 것뿐이다. 하지만 대학은 충격 회복 능력이 탁월한 조직이다. 1930년대 대공황에도 문을 닫은 대학은 거의 없었다. 지난 2009년과 2010년, 대학 예산이 삭감되자 말단 교직원들부터 잘려 나갔다. 공립인 캘리포니아주립대학교조차 계약직 강사 수백 명을 해임했다. 이들이 가르치던 수업은 폐강되었고 수강생들은 발길을 돌려야 했다. 일부 4학년 학생들은 졸업 필수이수 과목조차 듣지 못했다. 하지만 종신교수는 단 한 명도 쫓겨나지 않았다. 최악의 경우라 해 봐야 무급 휴직과 10퍼센트 미만 수준의 임금 삭감을 견뎌 낸 정도다.

종신교수제는 복잡다단한 감정을 유발시키는 주제다. 특히 종신 재직을 보장받은 교수들은 이 상(賞)이 얼마나 쓸모 있는 상인지 잘 알고 있다. 이들은 자신의 안위를 보장해 주리라고 믿는 논쟁에서도 적극적이다. 물론 교수들에게서 가장 많이 들을 수 있는 말은 '학문의 자유'다. 학문의 자유야말로 종신교수제의 모든 것이라고 말한다.

제약 없는 연구, 자유로운 진리 추구, 강의실에서 학생과 교수가 이루어 내는 지적 진보 등은 우리 역시 지지하는 가치들이다. 그러나 한 가지 더 보탤 것이 있다. 종신교수제는 이를 손에 쥔 이들에게 혜택을 주기 위해 생긴 제도가 아니라는 점이다. 더 정확히 말하자면, 교수를 보호해야 할 이유가 있다면 그것은 사회를 위한 일이기 때문이다. 다시 말해, 교수의 연구와 강의가 빚어 낸 과실을 공공이 함께 누리기 위해 종신교수제가 존재한다는 뜻이다.

이 문제와 관련해 자주 인용되는 1974년 뉴저지 지방법원의 판결을 들여다보자. 이에 따르면 종신교수제는 "억압받지 않고 학문 활동을 하고 이를 무료로 공중에 전파함으로써 결국은 보편적 복지에 기여한다는 취지로" 존재하는 제도다. 종신교수의 지적인 성과가 국익으로 이어질 때는 이 같은 주장이 타당하다. 앞으로 이 학문의 자유라는 어구가 얼마나 다양하게 해석되고, 적용되는지 따져 보겠지만 우리가 학문의 자유를 전적으로 지지한다는 사실은 재론의 여지가 없다.

우리는 종신교수제가 평가할 만한 가치가 있고 꼭 필요한 축복이라는 주장을 확신하기 위해 무엇이 필요한지, 종신교수제보다 더 효과적이고 괜찮은, 적어도 부정적인 면이 좀 덜한 방법은 없는지 묻고 싶다. 하지만 먼저 30만 명 이상의 교수를 종신 재직 보장권이라는 망토 속에 숨겨 줄 경우 드는 비용과 그 결과를 따져 볼 것이다.

종신교수제에 대해 문제를 제기하면 좀 이상한 부류 취급을 받는 느낌이다. 종신교수제에 반대하는 경우 대부분은 어떤 식으로든 고용 보장 자체를 질색하는 경영진이거나 종신교수제가 캠퍼스 좌파들이 정당성을 확보하도록 방조하고 있다고 보는 보수주의자들이다. 하지만 우리는 이 같은 이데올로기보다 상식에 근거해 종신교수제를 반대하는 입장이다.

우리는 교수들이 스스로 자기 직업의 체계를 새로 그려 보았으면 한다. 이 종신 보호 장치를 남겨 두는 한, 학생을 위한 교육이 학문의 중심에 자리 잡을 수 없다. 그 어떤 두려움이나 실적 관리를 위한 스트레스에서 해방된 지적 탐구도 마찬가지다. 대신 종신교수직을 향한 욕망이 그 자리를 채울 것이다.

하버드대학교에서 영어를 가르치는 루이스 머낸드(Louise Menand) 교수는 『뉴요커』지에 쓰는 고정 칼럼에서 "학문의 자유는 대학교육의 진취성을 설명해 주는 철학적 열쇠"라고 말했다. 전적으로 동의한다. 이 말인즉슨 연구란 거침없고 자유로워야 하며 강의실에서의 지적 탐구에는 어떤 빗장이 있어서도 안 된다는 뜻이다. 이러한 학문의 자유는 거저 누릴 수도 없다. 경력 연장과 더불어 진리를 추구하는 과정에는 끊임없이 외부로부터 공격당할 위험이 뒤따른다. 이는 많은 교수들이 종신 고용이 필요하다고 주장하는 이유다.

최근 10년간 오하이오 주 마이애미대학교의 총장을 맡은 바 있는 제임스 갈랜드(James Garland) 교수는 이렇게 말한다. 교수들은 아직도 "정부가 정치적으로 별 인기가 없거나 논쟁적인 교수가 많은 대학을 퇴출시키려는 경향이 심해졌다"고 여긴다는 것이다. 갈랜드에 따르면 클린턴 정부 때 실시된 교수 설문 조사에서 응답자의 37퍼센트가 "강의실에서 자신의 생각을 자유롭게 표현하지 못하고 있다"고 했다고 한다. 갈랜드 교수가 이 말을 꺼낸 것은 지금도 이 같은 두려움이 여전하다는 취지에서였다.

하지만 우리 입장에서는 그렇게나 많은 교수들이 경력 관리 부담 때문에 강의 시간에 말하고 싶어도 꾹 참고 있는 것이 도대체 '무엇인지' 궁금하다. 그리고 이것이 과연 천문학을 포함해 30만 명 이상의 학자를 종신 고용해 주어야 하는 이유인지도 의문이다.

앞으로 우리는 논쟁적인 강의를 보호하기 위한 수단으로서 종신교수제보다 훨씬 더 유용한 장치를 소개할 계획이다. 이미 몇 차례 지적했듯이 대부분의 학술 연구가 외부인, 심지어 대학을 졸업한 사람조차도 그 내용을 이해하기 힘들 정도로 지나치게 난해하다는 주장은 이미 공공연한 비판거리가 된 지 오래다.

대부분의 교수가 거의 외국어나 다름없는 형식과 구문으로 오직 동료 교수들을 위해 글을 쓰고 강의를 한다. 요즘 사회과학은 주로 수학적 모형으로 짜여 있고, 인문학은 포스트 구조주의적 분석에 초점을 두고 있다. 예술·과학 계열 교수들은 정치적으로는 진보적인 반면 '반복적 텍스트성(recursive textuality)'과 '타율적 지배(heteronomous hegemony)' 같은 제시어가 포함된 연구에서는 교수의 입장이 모호하다. 보통 사람들이 그런 저술에서 현실에 대한 위협적인 요소를 분별해 낸다는 것은 상상하기 어려운 일이다. 보수당 의원들이 기호학 분야의 학술지인 『세미오티카 *Semiotica*』 복사본을 휘두르고 다니는 모습을 상상하기 쉽지 않듯 말이다.

우리는 미국시민자유연합(American Civil Liberties Union)과 미국대학교수협회 등에서 찾을 수 있는 모든 자료를 샅샅이 찾아 조사했다. 하지만 연구 결과 때문에 대학교수가 해고된 사례는 찾을 수 없었다. 화학 교수가 한 화학 연구, 지질학 교수가 했던 지질학 연구, 영문학 교수의 문학 연구물을 참조해 조사한 결과, 종신교수제가 연구의 진실성을 보장한다는 의미는 있었지만 종신 고용이 보호하려는 가치가 지적 탐구인지는 확실하지 않았다. 사실 수학과 교수들조차 종신 보장을 받고 있다는 것은 좀 생각해 볼 문제다. 그들의 논리적 명제와 방정식이 반체제적으로 보일 수 있기 때문인가? 누군가 그런 사례를 알려 준다면 우리 입장을 기꺼이 수정하겠다. 하지만 그전까지는 학문 활동을 보호하는 데 종신 고용은 필요치 않다는 것이 우리의 생각이다. 물론 플라톤이나 지구의 지각판 또는 나가사키 원폭에 관한 논쟁처럼 그야말로 지루한 학계 내부 논쟁들도 있다. 하지만 이 글에서 우리는 수십만 교수들의 평생 밥줄을 지켜 주는 것보다 그러한 시비에 대처할 더 나은 방법이 있다는 사실을 보여 줄 생각이다.

그렇다면 누구를 위해, 무엇을 위해 종신교수제를 보호해야 할까? 여기 몇 가지 사례를 보자.

🎓 앨러배마대학의 한 교수는 지역 신문과의 인터뷰에서 등록 학생 수가 감소하고 학생과 교수의 사기가 형편없는 수준으로 떨어졌다며 총장을 비판

했다. 그 결과 이 교수는 "악의적인 소문을 내고 공개적으로 언어적 가혹 행위를 했다"는 이유로 해고되었다.

🎓 오하이오에 있는 신학교의 한 교수는 신학교 동료들과 지속적이고 성경적이며 영적으로 서로 관심을 주고받는, 기독교적 관계를 맺지 못했다는 이유로 해고되었다. 그의 강의나 연구에 대한 책임을 물은 것이 아니라 개인적 신념을 담은 비공식적 표현을 비난한 것이었다.

🎓 아이다호에 위치한 대학의 22년 경력의 한 공학 전공 교수는 총장 불신임 투표를 추진하려 했다는 이유로 총장에게 미운털이 박혔다. 그는 "전혀 협조적이지 않았으며 불복종 행위를 했다"는 이유로 해고되었다.

위 사례들에는 3가지 공통점이 있다. 첫째, 3명의 교수 모두 직업을 잃었다는 사실. 둘째, 모두 종신교수였지만 방패가 되었어야 할 종신교수제의 보호를 전혀 받지 못했다는 점. 셋째, 그들의 발언이나 글은 자신의 전공 분야 강의나 연구와는 전혀 관계가 없었다는 점이다.

이렇다 보니 학문적 행위 때문에 그들의 '학문의 자유'가 위협받았는지, 그래서 그들의 일자리가 위태로워졌는지에 대해 의문이 생기는 것이다. 이들이 모두 교수의 지위에 올라 있던 것은 사실이다. 그러나 하는 일마다, 단지 교수가 직업이라는 이유로 학문의 자유를 행사해야 한다는 주장은 억지다. 총장을 비판하는 데 특별한 학문적 지위가 필요한 것은 아니다. 총장은, 말하자면 보험회사 같은 기업의 우두머리가 아니기 때문이다. 물론 대학교수들이 자유롭게 생각하고 행동하고 생각하는 바를 말하고 싶어 하는 욕구는 이해한다. 우리도 그런 바람을 지지한다. 사실 우리야말로 그런 욕구에 충실한 사람들이다.

하지만 우리가 덧붙이고 싶은 말은 이 나라에는 어떤 방해나 불이익 없이 자기 자신을 표현하고 싶어 하는 3억 명의 또 다른 사람들이 있다는 사실이다. 회계사나 치과의사보다 교수들이 직장 안팎에서 더 광범위하고 강력한 보호를 받아야 한다고 주장하지는 않았으면 한다. 교수가 강의실과 연구 은신처 밖으로 걸어 나가 전공 외 분야에 대한 의견을 낼 때는 다른 이들과 똑같이 수정헌법 제1조에 호소해야 한다.

이제 마지막 사례로 넘어가 보자. 이는 사례 자체만으로도 검토해 볼만 한 사안이다. 매카시 시대 이후 원로 교수가 명문대에서 해고된 가장 유명한 실례이기 때문이다. 콜로라도 주 볼더에 위치한 콜로라도대학교에서 민속학 학과장으로 있던 워드 처칠은 종신교수였다.

학문의 자유를 옹호하는 이들에게 처칠은 거북한 사람이었다. 연극배우 같은 외모의 처칠 교수는 아메리칸 인디언의 권리를 주장하며 『땅을 위한 투쟁 Struggle for the Land』, 『인간의 이름으로 인디언을 죽이다 Kill the Indian, Save the Man』 등 많은 저작을 남겼다.

그가 낸 책들은 대부분 논란의 중심에 있었다. 많은 교수들이 그렇듯 처칠은 좌파쪽에 기울어 있었고, 거침없이 자기 의견을 드러냈다. 실제로 그는 자신의 정치적 입장 덕분에 정교수가 된 지 겨우 1년 만에 초고속으로 종신교수직을 획득한 측면도 있다. 콜로라도대는 아메리칸 인디언학계에서 보다 두드러진 입지를 확보하고 싶었고 처칠은 그 일에 적임자였다. ('아메리칸 원주민'이라는 용어는 학계에서는 더 이상 쓰이지 않는다.)

잘 알려진 바와 같이, 세계무역센터가 공격을 받은 2001년 9월 11일 이후 치칠은 「어두운 밤의 기록 Dark Night field notes」이라는 칼럼에서 9.11 테러 희생자들을 '리틀 아이히만(Eichmanns, 유대인 대학살을 지휘한 전범 – 옮긴이)'이라고 칭했다. 칼럼의 일부를 발췌했다.

> 세계무역센터에 있던 사람들로 말할 것 같으면 미국의 글로벌 금융 제국의 심장부에 테크노크라시 군단을 조직한 사람들이다. 만약 그 쌍둥이 빌딩 내 메마른 은신처에 살았던 리틀 아이히만들에게 더 효과적이고 더 괜찮은 방식으로 벌을 줄 수 있다면 나는 진지하게 그 방법을 귀담아 들었을 것이다.

분명히 그는 9.11 테러 사망자의 대다수가 금융계에서 일했고, 그래서 미국의 공격 구상에 암묵적으로 협조했다는 점을 근거로 아이히만을 인용했다. 아무리 봐도 정말 냉정한 발언이다(단순 사무직과 소방관들이 얼마나 많이 목숨을 잃었는가). 하지만 공교롭게도 처칠이 쓴 책과 그 칼럼은 2005년까지는 전혀 주목받지 못한 채 묻혀 있었다. 그런데 '리틀 아이히만'이란 구절이 수면 위로 떠올라 공론화되자 콜로라도대에는 처칠을 해고하라는 요구가 미국 전역에서 물밀듯이 쏟아졌다.

교수를 즉각 해임하라는 압력에도 불구하고 대중의 관심사는 대학이 교수 뒤에 버팀목이 되어 주어야 하느냐 마느냐 하는 지점으로 모아졌다. 그러나 볼더의 콜로라도대 총장과 이사회의 이사들(대부분은 마지못해 한 것이지만)은 처칠의 칼럼이 "헌법에 따라 보호되어야 할 발언"이라고 발표하는 데 동의했다(처칠의 발언이 그의 전공 영역과는 관계가 없다는 언급도 없었다). 따라서 그는 '리틀 아이히만'이라는 표현 때문에 해임되어서는 안 되었다. 전국적인 명성을 쌓겠다는 야심에 차 있던 콜로라도대학교로서는 처칠에 대한 전격적인 해임은 치명타가 될 수 있었다. 흥미롭게도 당시에는 처칠의 종신교수직을 문제

삼는 사람이 아무도 없었다.

하지만 사건은 전혀 예기치 못한 국면을 맞이하게 된다. 2005년, '리틀 아이히만'이라는 표현이 언론에 한창 인용되던 시점에 텍사스 주에 있는 한 작은 대학의 사회학과 교수가 「로키 마운틴 뉴스 Rocky Mountain News」 기자에게 연락했다. 그는 처칠의 저술의 자료 출처가 날조되고 위조되었다는 의혹을 제기하며 관련 자료를 기자에게 넘겨 주었다.

얼마 후 이 문제가 언론에 보도되자 대학 교직원들은 충격에 빠졌다. 엄밀히 말하면, 그들은 충격받았다고 주장했다. 사실이든 아니든 그는 비난을 받아야 했다. 우연찮게도, 1996년에도 뉴멕시코대학교의 한 교수가 처칠의 연구 및 저술 업적과 관련해 학장에게 비슷한 문제로 편지를 보낸 적이 있다. 사람들은 그런 일이 있었다는 정도는 알았지만 별다른 조치를 취하지는 않았다. 당시에는 처칠에게 그런 의문을 제기할 필요성을 느끼지 못했기 때문이다. 하지만 이제는 상황이 달라졌다.

학계 관례에 따라 사실을 확인하고 권고안을 제출하기 위해 교수들이 참여하는 조사위원회가 구성되었다. 수많은 대중의 시선을 의식한 패널들은 처칠의 출판물을 펴들고 콤마(,)와 세미콜론(;) 하나하나까지 세심히 따져 가며 무서운 기세로 달려들었다. 하지만 이들이 이 잡듯이 잡아낸 문제점은 처칠이 종신 재직권을 받을 당시에는 전혀 드러나지 않았던 것이다.

처칠이 출처를 밝히지 않은 채 다른 사람의 표현이나 아이디어를 도용하고, 이념적인 주장을 하기 위해 자료를 편향적으로 인용한 징후는 충분했다. 심지어 처칠 자신이 쓴 책을 다른 사람 이름으로 편집해 발간하고 훗날 논문에서 이 책을 자신의 주장을 뒷받침하는 자료로 다시 인용한 사실까지 드러났다.

면밀하게 조사를 수행한 위원회는 "부정행위가 심각한 수준인 데다 반복적이고 고의적"이라는 결론을 내렸다. 세 파트의 패널에 참여한 교수 19명 모두가 학문적 부정이 있었다는 데 동의했다. 10명은 처칠의 교수직을 유지하되 1년간 정직 처분을 해야 한다고 권고했고, 다른 9명은 처칠을 해임해야 한다는 입장이었다.

결국 대학 본부는 처칠의 종신교수직을 취소하고 임용 계약도 끝내 버렸다. 대학은 처칠의 해임 이유를, 그의 해임 여부를 두고 생긴 분열 때문이 아니라 그의 학문적 부정행위가 발견되었기 때문이라고 밝혔다. 콜로라도대 이사회는 8대 1로 대학 본부의 결정을 승인했다. 관련 교수와 교직원들은 하나같이 처칠이 대학에서 쫓겨난 이유를 위조, 날조, 표절 때문이라고 주장했다. 처칠의 9.11 테러에 관한 글이 해임에 영향을 미쳤다는 사실을 부정한 것이다.

처칠은 법원으로 향했다. 주지사, 다른 주(州)에서 달려온 처칠 반대론자, 처칠 교수 자신을 포함해 45명의 증인이 출석하는 지루한 재판이 이어졌다. 우리는 재판에서 이들이 주고받은 발언록 전체를 읽어 보았다. 그리고 배심원단이 어떤 진술을 들었는지 파악했다.

결과적으로 배심원단은 대학에 불리한 평결을 내렸다. 처칠을 복직시켜야 한다는 의견을 낸 것이다. 그들은 처칠의 해임을 초래한 원인은 연구 결과가 아니라 9.11 테러에 대한 발언이었다고 결론 내렸다. 대학 본부와 이사회 핵심 간부들이 청문회나 법적 절차를 거치지 않고 처음부터 처칠을 해고하려는 의도가 있었다는 사실이 직접적인 증거와 내부 문서를 통해 명백하게 밝혀졌다. 처칠의 연구에 대한 폭로 보도는 이들에게 더 쉬운 길을 제공했다. (이 대목에서 T. S. 엘리엇의 시극 「대성당의 살인」에 나오는 "누가 이 골칫거리 신부를 없애 줄 것인가?"라는 헨리 2세의 대사가 떠올랐다.)

배심원단은 대학 측 변호인단이 처칠의 학문적 부정행위 여부에 이목을 집중시키기 위해 제기한 수많은 반론을 모두 기각했다. 배심원단의 결정에는 처칠의 학문적 과오 점검 작업에 관여한 한 교수의 모두 진술이 크게 기여했다.

혐의 내용을 발표하기 전 조사위원회는 대학이 이 같은 조치에 착수한 의도와 시점에 대한 우려를 언급했습니다.

하지만 논란은 여기서 끝나지 않았다. 한 달 뒤 재판장은 배심원이 낸 평결을 무효화했다. 이후 항소심에서는 하급심(1심) 판결이 재확인되었다. 대학은 주(州)의 대리인이므로 대학의 결정에 대해서는 법적인 이의를 제기할 수 없다는 이유였다. 처칠의 변호인단은 상고를 준비했다.

여기서 우리는 배심원단에게 전달되지 않은 사실을 발견했다. 콜로라도대학교의 교수 연구 업적 조사위원회는 극히 드물게 열렸다는 점이다. 같은 목적을 위한 상임위원회가 있기는 했으나 1989~2005년까지 16년간 이 위원회가 관여한 일은 단 5건에 불과했다. 그중 4건에 대해서는 아무런 조치가 이루어지지 않았고, 마지막 다섯 번째 경우는 교수의 연구 부정이 발견되었지만 해당 교수를 해임까지 하지는 않았다.

하지만 처칠은 해임되었다. 우리는 왜 처칠에게는 다른 결과가 나온 것인지, 또는 이에 대해 대학은 적어도 어떤 입장인지 궁금하지 않을 수 없었다. 얼마 뒤 우리는 아주 우연히 콜로라도대 총장 필립 디스테파노(Philip DiStefano)와 저녁을 함께할 기회가 있었다. 그는 처칠의 문제를 처리하는 과정에서 중요한 위치에 있었다. 그에게 연구 부정을 행한 두 교수에 대해 상반된 조치가 취해진 이유를 묻자 그는 처칠보다 먼저 발각된 교수는 "죄책감을 느낀다"고 밝힌 데 반해 처칠은 끝까지 자신의 과오를 부인했다고 답했다. 마치 처칠이 잘못을 뉘우치는 기색을 보였다면 교수직을 유지할 수도 있었을 것이라는 말처럼 들렸다.

돌이켜 생각해 보니 디스테파노 총장에게 한 가지 더 묻고 싶은 것이 있었다. 처칠의 저술은 신문 기사라는 대학 외부의 지적이 있었다는 이유만으로 철저히 조사를 받았다. 콜로라도대학교는 대학 내부에서 학문적 진실 검증 작업이 활발하게 이루어지고 있다는 점을 외부에 보여 주고 싶어 했다. 그렇다면 콜로라도대학교는 앞으로 993명의 다른 교수들의 경우에도 이들의 연구 업적을 의심하는 의견이 제기되면 일일이 귀를 기울이겠다는 뜻인가? 자못 궁금해진다.

우리가 처칠의 사례에 이렇게 많은 지면을 할애한 이유는 이 경우야말로 종신교수제가 얼마나 허술한 보호막에 의존하고 있는지 보여 주고 있기 때문이다. 대학이 교수를 쫓아내려고 마음먹으면 합리적 근거가 있든 없든 쫓아낼 수 있다. 전혀 다른 문제로 트집을 잡아서라도 말이다.

매카시 시대에는 그런 일이 일상적으로 일어났다. 교수가 의회 내 위원회에 소환되어 공산주의자로 활동했을 법한 관련자의 이름을 대라고 시달리다가 마침내 해임되거나 징역형으로 끝나고는 했던, 일종의 통과의례였다. 그렇다면 교수들이 조사위원회에 협력하기를 거부했을 때 종신교수제가 교수들을 보호해 주었을까? 이에 대해 버팔로대학교의 사회학자 라이오넬 S. 루이스(Lionel S. Lewis)가 명쾌한 결론을 내렸다. "종신교수직을 약속받은 교수도 그렇지 못한 교수들과 다를 바 없이 아무렇게나 해고되었다."

그는 매카시 시대에 대해 쓴 그의 명저 『냉전 시대의 캠퍼스 *Cold War on Campus*』에서 다음과 같이 밝혔다. "막상 일이 닥치면 대학 입장에서는 종신교수제 규정 따위는 무시해도 된다는 인식을 갖고 있다는 데는 반론의 여지가 없었다."

최근 우리는 루이스에게 1950년대 그의 파일을 다시 살펴보고 종신교수직을 받은 교수를 해임한 대학 몇 곳을 뽑아 달라고 부탁했다. 루이스가 꼽은 명단에는 툴레인대학교, 템플대학교, 리드대학교, 피스크대학교, 뉴욕대학교, 제퍼슨의과대학뿐만 아니라 오하이오, 버몬트, 미네소타, 캔자스에 위치한 공립대학교들도 포함되어 있었다.

캘리포니아대학교에서는 사임을 강요하는 일도 있었다. 럿거스대학교는 종신교수들의 "임기 종료 전 퇴직"을 허용했다. 반세기가 지난 후 콜로라도대학교도 이 매카시 시대의 명단에 낄 수 있게 되었다.

이렇듯 종신교수제는 정작 필요할 때는 보호막이 되지 못했다. 중요한 사실은 또 있다. 보호막은 오직 종신교수급으로 승진한 이들에게만 효력을 발휘한다는 점이다. 대다수 대학에서 상당량의 강의를 소화하고 일부 연구까지 감당하는 이들은 조교수, 전임강사, 시간제 강사, 대학원 조교들이다. 누가 보아도 고참 교수들은 이런 시시한 이들의 학문적 자유에 대해서는 거의 신경을 쓰지 않는다.

종신교수제는 넓은 의미에서든 좁은 의미에서든 학문의 자유를 보장하는 수단이 아니며, 종신교수제에 이를 기대해서도 안 된다. 그보다 총장과 대학 이사들은 외부 비평가들의 화를 돋우는 정교수뿐만 챙길 것이 아니라 파트타임 외래 강사들 편에 서서 이들을 보호해야 한다.

매카시 시대에 시카고대의 로버트 허친스와 사라로렌스대의 해럴드 테일러는 의회의 요구에 비협조적인 교수들을 후원했다. 당시에는 하버드대와 컬럼비아대 교수들도 의회 위원회의 지시에 따를 때였다. 우리가 오늘날 마르사 질리랜드(Martha Gilliland)에게 경의를 표하고 싶은 이유다. 그녀는 워드 처칠의 사례 못지않게, 학문의 자유에 도전한 일련의 요소들에 맞서 싸웠다.

1999년 캔자스시티에 위치한 미주리대학교에서는 젠더학 전공 정치학

교수 한 명이 『저널 오브 호모섹슈얼리티 *Journal of Homosexuality*』라는 학술지에 논문을 게재했다. 논문은 각주, 인용 출처, 직접 인용, 간접 인용 등이 빼곡하게 들어찰 만큼 학술적 형식을 충실히 지키고 있었다. "성적 취향은 계급 투쟁의 무기"라며 이념적 성향을 밝힌 그 논문은 동료평가(peer-reviewed) 학술지에도 공개되었다. 이렇듯 시시콜콜 다 설명하는 이유는 논문의 주제 때문이다. 이 논문은 대학 경영진이 경악할 만한 소아성애(pedolphilia)를 다루고 있었다.

저자는 지금은 현실적으로 '부자연스러운' 것으로 여겨지고 있지만 언젠가는 그런 인식이 없어질 것이라고 주장했다. 마치 여성의 '자연스러운' 역할에 대한 인식이 달라졌고, 게이나 레즈비언 같은 동성애자를 보는 시각이 변하고 있는 것처럼 말이다. 말할 것도 없이 이 논문은 「캔자스시티 스타 Kansas City Star」와 미주리 주의회의 주목을 받았다.

일부 의원들은 이 논문이 아동 성추행을 교묘하게 옹호하고 있다고 보았다. 곧이어 해당 교수를 해임하라는 요구가 쏟아졌다. 의원들은 대학 예산에서 5만 달러를 삭감했다. 해당 교수의 연봉 및 급여의 절반에 맞먹는 금액이었다. 그러나 질리랜드 총장은 시종일관 흔들림이 없었다. 그녀는 학교로 돌아가 "우리 대학의 교수는 연구를 하고, 자신이 발견한 결과물을 출판하고 자유롭게 발언할 권리가 있다"고 선언했다. 그러면서 "우리 대학의 진실성은 우리가 알아서 하겠다"고 덧붙였다.

분명한 것은 질리랜드 총장은 해당 교수가 종신교수직을 보장받았다는 점을 결코 언급하지 않았다는 사실이다. 만약 그 부분을 말했다면 원칙보다는 교수의 특권적 지위에 포커스가 맞추어졌을 것이다. 10년이 더 지난 뒤 질리랜드 총장은 우리에게 "종신교수제 문제를 꺼내지 않은 것은 종신교수제는 핵심에서 빗겨난 문제였기 때문이다. 그것은 어떤 행동을 용납할 것이냐 말 것이냐에 관한 것이 아니라 합법적인 연구였느냐 아니냐에 관한 문제였다"고 말했다.

돌이켜 보건대, 이 대학의 리더는 자신의 행동에 후회하지 않았다. 그녀는 "내가 자리에서 물러날지언정 이에 맞서야 한다는 데는 전혀 의문의 여지가 없었다"고 말했다.

종신교수제가 폐지된다면 대학의 리더가 질리랜드에 필적할 수준의 의지가 있느냐 없느냐에 따라 학문 탐구의 자유가 결정될 것이다. 그러나 종신교수제가 지켜진다고 해도 마르사 질리랜드가 예외적인 경우라면 우리는 처칠과 콜로라도대학교 같은 경우를 더 많이 접하게 될 것이다.

만약 우리의 주장처럼 종신교수제가 학문의 자유를 위해 필요한 제도가 아니라면, 현재로서는 종신교수제의 가장 설득력 있는 근거가 사라진 셈이다. 그런 점에서 지금부터는 최다 임계치 수준으로 교수들에게 고용을 보장해 준 결과에 대해 다루어 볼까 한다. 우리가 보기에 종신교수제는 비용이 편익을 넘어선 제도다. 실제 종신교수제의 편익은 완전히 퇴색되었다. 종신교수제가 지적 탐구를 보호할 때조차 그 편익을 식별해 내느라 애를 먹을 정도였다.

우선 종신교수제는 역피라미드형 구조를 만들어 낸다. 보호받고 있는 고참 교수들의 숫자가 신참 교수들보다 월등히 많다. 실제로 미 전역에서 종신교수—비종신교수의 비율은 눈에 띌 만큼 역피라미드형에 가깝다. 버클리대학교에서는 전임 교수 77퍼센트가, 펜실베이니아대학교에서는 76퍼센트가 종신교수직을 보장받았다. 포모나대학에서는 73퍼센트가 종신교수가 되었고, 윌리엄스대학이 72퍼센트로 그 뒤를 이었다.

지역 대학도 이러한 구조는 다르지 않다. 위스콘신 주 라크로스주립대학교에서는 72퍼센트의 교수가 평생 대학에 적을 두고 있고, 캘리포니아 주의 치코주립대학교에서도 71퍼센트가 비슷한 상황이다.

　종신교수의 비율이 이런 데다 고참 교수들은 연봉도 높기 때문에 결과적으로 한정된 교수 급여 예산에서 젊은 교수들의 몫은 거의 남지 않게 되었다. 스탠퍼드만 해도 강사나 조교수들이 받는 연봉은 전체 급여액의 16퍼센트에 불과한 실정이다. 그 결과 젊은 강사나 신진 학자들은 교수 자리를 찾을 수도 없게 되었다. 은퇴할 필요가 없는 종신교수급 교수들이 자리를 차지하고 있기 때문이다.

　그리하여 최근 재정 적자에 직면한 캘리포니아대는 전임강사, 시간제 강사, 조교의 일자리를 줄였다. 이에 대해 UCLA 부총장 클로디아 미첼−커난 (Claudia Mitchell−Kernan)은 "우리는 예산이 부족할 뿐"이라며, "이럴 때는 종신직을 보장받아 월급을 받을 권리가 있는 정규직 교수가 우선"이라고 밝혔다. 이 교수들은 수업에 대한 기여도와 상관없이 확보된 예산에서 가장 먼저 월급을 챙겼고, 그 피해는 고스란히 학생들이 감수해야 했다. 필요한 수업이 폐강되었기 때문이다. 이제까지 계약직 강사들이 상당수의 필수교과를 가르쳤기에 피해는 더욱 컸다.

　이 사례는 윤리적으로 시사하는 바가 있다. 대학마다 월급은 후하게 받으면서 강의는 적게 하고 싶어 하는 고참 교수들이 있다. 그러면서도 이들은 구석에 처박힌 개인 연구실과 회의에서 장황하게 연설을 늘어놓는 것을 좋아하기 때문에 교수직에서 물러날 생각이 없다. 아니면 '은퇴자'로 뒷방에 물러나 사회적 지위를 잃는 것이 정말 두려워서일 수도 있다.

　이들은 인정하지 않겠지만 이 종신교수들이 급여액을 선점함으로써 대학은 젊은 교수를 거의 채용하지 못하고 있다. 그런데 고참 교수들은 이로 인해 희생된 무언가를 자신들이 메워야 한다는 책임감조차 느끼지 않는다.

항상 학자들은 자신들이 이윤이나 손익 계산을 따지는 것보다 더 높은 기준에 충실하다고 주장해 왔지만 종신교수제를 보면 이런 주장이 허구임을 알 수 있다.

교수들이 다른 미국인들만큼이라도 몸을 움직인다면 종신교수제 자체는 별 문제가 없을지도 모른다. 그러나 대부분의 교수들은 이 포상을 받은 이후부터는 버티고 앉아 절대 엉덩이를 들지 않는다. 우리가 예로 든 3개 대학(콜비, 미들버리, 리드)에서는 전체 교수 중 3분의 2가 최소한 20년을 해당 대학에 머물렀고, 대다수는 스스로 퇴직하겠다고 할 때까지 자리를 고수할 것이 분명했다.

이들이 대학에 남아 있는 주된 이유는 다른 대학에서 스카우트 제의를 받은 적이 거의 없기 때문이다. 어쨌든 종신교수직을 받고 나면 전국적인 명성을 얻거나 유지하는 문제에 대해 염려할 필요가 없는 것이다. 대다수 교수는 종신교수직이라는 안전장치를 보장받을 때 그다지 절박한 상황에 있지 않다. 그저 다른 교수들과 적당히 어울릴 수 있는 정도면 충분히 종신교수가 될 수 있다. 케네소주립대학교 영문학 교수인 윌리엄 라이스(William Rice)는 이런 말을 했다. "학과에서는 학생들에게 의자를 던지지 않은 사람이라면 누구에게나 종신교수직을 주고 싶어 했다." 참으로 교수들의 전성시대다.

종신교수제는 그 존재 자체만으로 캠퍼스 내 사회적 지표의 핵심을 차지하고 있다. 젊은 학자들은 삶의 초점을 종신교수직 획득 절차에 맞추면서 살아가고 있다.

에이미 비숍(Amy Bishop)은 헌츠빌에 위치한 앨러배마대학교에서 생물학을 가르치던 교수였다. 그녀가 자신의 종신직에 반대한 동료 교수들을 총으로 쏜 혐의를 받은 이후, 교육계 언론들은 종신직 심사를 맡은 교수들의 '스트레스'에 관한 기사를 쏟아냈다. 「고등교육 소식지」의 한 기자는 자신의 블로그에서 "종신교수제 심사에서 탈락한 교수를 고참 교수(아마도 다른 과 소속)가 정기적으로 돌봐주고 탈락한 교수가 재직하는 마지막 학기까지 연락을 주고받으며 지내면 어떠냐"고 제안했다. "종신교수제에서 탈락하는 상황을 짐작해 보건대, 자신의 경력이 여기서 끝나 버리지는 않을까 하는 엄청난 불안과 공포, 끔찍한 고독감 같은 감정들이 솟구쳐 어쩔 줄 모르게 될 것이다"는 이유에서다.

한 가지 사실은 분명하다. 사실 종신교수직에 이르는 과정을 보면, 유망한 교수들도 지적으로 대담해지기 힘들다는 점이다. 마치 학생이 점수를 잘 받는 데에만 혈안이 되면 진정한 배움을 놓치게 되는 것처럼, 종신교수직을 따겠다는 열망에 찬 교수들은 실적과 평가에 도움이 되는 일부터 챙기게 된다. 이때 위험 부담이 큰 독창적인 연구는 뒷전으로 밀리기 마련이다.

이제까지 서술한 종신교수제의 명분은 자유로운 연구를 보호하자는 것이었지만 종신교수직을 획득하는 과정에서 교수들은 특별히 처신에 주의해야 한다. 종신교수 심사를 통과하려면 조교수는 최소한 책 한 권, 학술 논문 몇 편, 학술대회 발표, 대규모 개론 강의 실적, 대학에 대한 '봉사' 업적 등이 필요하다. 특히 맨 마지막에 언급한 대학에 대한 봉사가 핵심이다.

통상 6~7년에 이르는 수습 기간 동안 젊은 교수 중 틀에 박히지 않은 참신한 연구를 시도하거나 정설을 깨고 학계의 소수 의견을 지지하는 교수는 거의 없다. 대신 이들은 선임 교수를 언짢게 할 만한 연구는 절대 하지 않는다. 루이스 머낸드 교수는 "박사 과정 학생들과 조교수는 원하는 주제는 무엇이든 쓸 수 있다"고 해놓고서는 곧이어 "학계에서 인정받은 선배 교수들의 아이디어에 맞추는 편이 나을 것"이라고 덧붙였다.

종신 재직권을 받기 전 교수들의 심리에 관해서는 할 말이 더 있다. 우리가 아는 한 젊은 사회과학자는 뉴저지의 별 볼일 없는 대학에서 일한다. 그가 재직 5년째일 때 소위 '놋쇠 반지(성공에 이르기 위해 견뎌야 하는 고비 또는 고통의 시기를 일컫는다.—옮긴이)'로 불리는 이때에 선임 교수들은 그에게 교내 위원회 열 군데에서 일하라고 압박했다.

그에 따르면 이는 대학에 대한 '봉사' 의지를 입증해 보이기 위한 일종의 남학생회 의식과도 같은 것이었다. 이런 패널직의 대부분은 누가 봐도 시간 낭비였지만 도저히 못 하겠다고 말할 수는 없었다. 그는 "바로 내년이면 종신교수가 코앞"이라고 털어놓았다. 마치 이 한마디에 자신의 처지가 모두 담겨 있다는 듯한 어투였다. 한마디로 "비협조적인 사람처럼 보이고 싶지 않았다"는 것이다.

실제로 종신교수제라는 장애물은 대학이 해야 할 역할을 일부 훼손할 가능성이 있다. 한 젊은 생화학 교수에 따르면, 고참 선임 교수 밑에서 일하는 젊은 교수들은 실험 데이터의 오류나 잘못된 해석을 잡아낼 때도 눈치를 보기 때문에 자기도 모르게 스스로 행동을 제한하게 된다고 한다. 일부 멘토는 그런 지적을 기분 좋게 수용할 만큼 기반이 안정돼 있기도 하다. 하지만 우리가 만난 한 젊은 교수는 상대 교수의 반응 때문에 마음에 상처를 입은 나머지 침묵이 최선의 방법이라고 말했다. 그녀는 학문이 고스란히 그 침묵의 대가를 감당해야 하는 것이 문제라고 말했다.

물론 종신교수제가 없다 해도 사람들은 여전히 실적 관리에 신경 쓸 것이다. 그러나 당신의 미래가 단 한 가지 변수에 따라 결정된다면 학문적 성과 측면에서는 불안감만 더 깊어질 것이다.

종신교수 집단은 그들 곁에 누구를 합류시킬지 허락하는 일뿐 아니라 젊은 교수들을 채용하는 영역에서도 결정권을 쥐고 있다. 비록 이념에 구애받지 않는다 해도 나이가 들수록 보수적으로 변해 가는 교수들은 자신이 편하게 느끼는 사람을 동료로 찾게 된다. 루이스 머낸드 교수는 "대학교수직이란 재생산하기보다는 스스로를 복제하는 것이다"고 말한 바 있다.

단순히 개성을 없애는 것만이 아니라 교수 자신들이 이해하기 어렵다고 해서 참신한 아이디어까지도 불편해할 수 있다는 점이 우려스럽다. 이에 더해, 대다수 종신 교수들은 인종적으로는 백인, 성별로는 남성이 많다. 상황이 이렇다 보니 여성과 유색 인종 교수 지원자들까지 따뜻한 환영을 받기는 거의 불가능하다는 지적도 과언은 아니다.

여성 문제와 관련해 간단한 사실 한 가지로 이야기를 시작해 볼까 한다. 적어도 최근 30년간 전문직으로 가는 첫 단계인 학사 학위자의 절반 이상을 여성이 차지했다. 2008년 현재 기준으로 박사 장학생 중 여성 비율은 문학 63퍼센트, 심리학 73퍼센트였고, 생물학 박사 장학생 중에서도 51퍼센트를 여성이 차지해 과학 분야에서도 여성은 약진하고 있다.

희소식은 조교수 임용 시 자연과학을 제외하고는 남녀 비율이 거의 동률에 가까워지고 있다는 것이다. 하버드대학교에서는 종신교수직을 받을 가능성이 높은 조교수직의 49퍼센트를 여성이 잡고 있다. 미시건주립대학교에서는 45퍼센트가 그렇다. 여교수 비율은 부교수급에서도 오르고 있다. 그러나 여전히 여교수가 정교수에 이르기까지 갈 길은 멀다.

현재 여자 정교수는 미시건대학교 22퍼센트, 예일대학교에서는 23퍼센트뿐이다. 따라서 속칭 파이프라인(여성이 승진하기까지 거쳐야 하는 긴 시간-옮긴이)에 있는 여성들이 얼마나 많은지는 불을 보듯 뻔하다. 하지만 앞서 말했듯이 남자 선임 교수들은 서둘러 은퇴할 필요가 없으며, 이들이 은퇴하기 전까지 그 자리는 다른 사람으로 채울 수도 없다.

통계적으로 보면 유색인 남성은 더 상황이 안 좋다. 현재 정교수 중 아프리칸, 히스패닉, 아메리칸 인디언계는 겨우 6퍼센트에 불과하다. 버클리대학교의 사회학자인 트로이 더스터(Troy Duster)는 선임 교수들은 어떠한 편견도 없다고 주장하지만 그들의 가치관 자체가 편견과 같은 효과를 낸다는 사실을 밝혀냈다. 트로이 교수는 "교수 채용 위원들은 자신들이 서구 문화의 가치를 지키고 있다고 생각한다"며 "그래서 새로운 집단이 들어오면 교수들은 도전받는다는 느낌을 갖는다"고 말했다.

우리는 상당수의 뛰어난 교수들을 만나 인터뷰를 하거나 가벼운 담소를 나눴다. 우리가 이 장을 쓰겠다고 계획한 뒤 교수들에게 종신 임용을 보장받음으로써 학문적 성과가 높아졌는지 물었다. 너그러운 미소로 답하는 이들이 많았지만 개중에는 코웃음에 가까운 반응도 있었다.

교수들은 한결같이 "물론 종신 임용으로 인해 연구 성과가 나아지지는 않았다"고 말했다. 더욱이 그들은 그런 노력을 할 필요가 없었다. 교수들은 자신이 하고 있는 일이 중요하고, 그 일을 잘하고 있으며, 대학도 자신이 학교에 기여한 바를 인정하고 있다고 생각하기 때문이다. 이것이 바로 대학교수들이 지속하고 싶어 하는 상태, 아니 실은 잃게 될까 두려워하는 상황이다. 따라서 아직 종신직을 받지 못한 교수에게 종신교수직을 준다면 대부분은 그 자리에 주저앉게 될 것이다.

제임스 갈랜드가 지적했듯이, 사실 종신교수제는 대학에 "교수율[percentage of professors, 노동인구비율(percentage of working force)에 빗대어 전체 교수 중에서 교수 노릇을 제대로 하는 사람의 비율을 의미한다. – 옮긴이]"이라는 부담을 지우는 일에 가깝다. 이런 교수들은 "수년이 지나도록 독보적인 아이디어 하나 없이 최소한의 노력으로 강의실에서 겨우 버티는 사람들"이다. 우리는 학생들로부터 이런 교수들의 사례를 수없이 들을 수 있었다. 애리조나주립대학교의 한 여학생은 한 정치학 교수가 첫 강의에 들어와서 "나는 종신교수다. 따라서 내가 강의를 하든 안 하든 내 마음이다. 하지만 너희는 반드시 시험을 치러야 한다"고 말하는 것을 듣고 깜짝 놀랐다고 했다.

그가 이렇게 우쭐댈 수 있었던 것은 금전적 비리나 성추행, 심각한 연구 부정행위 혐의가 드러나지 않는 한 계속 학교에 있을 수 있다는 자신감 때문이었다. 만약 종신교수가 되지 못했더라면 그는 더 괜찮은 교수가 되었을까? 이 교수의 태도로 보아 그러기는 힘들 것 같다. 하지만 만약 그가 6년마다 임용 계약을 갱신해야 하는 상태였다면 그는 자신의 강의나 학생들에게 더 충실했을 것이다.

이론적으로는 평가가 좋지 않은 종신교수를 퇴출시키는 메커니즘이 있다. 흔히 말하는 '종신교수 사후 평가제(post-tenure review)'다. 서류상에는 이러한 개념이 잘 반영되어 있고 제도의 목적도 확실하다. 실제로 대다수 공립학교에 이런 절차가 마련되어 있기는 하다. 하지만 문제는 대학들이 어떻게 이 평가를 활용하느냐 하는 것이다. 애리조나대학교에서는 교수 2,711명에 대한 사후 평가 중에서 단 4명에 대해서만 불만족스럽다는 평가가 나왔다. 텍사스대학교는 훨씬 더 많은 교수를 꼼꼼히 뜯어 보았다고는 하지만 종신교수직이 취소된 이는 단 한 명뿐이었다. 매사추세스대, 인디애나대, 조지아대 등에서도 평가에 참여한 모든 교수들이 양호하다는 보증을 받았다.

대학교육 전문 온라인 뉴스인 「인사이드 고등교육 Inside Higher Ed」의 보도에 따르면 메릴랜드대학교에서는 종신교수의 성과가 '적정한 기대 수준에 상당히 못 미쳤다'고 판명된 경우 '개인 성장 프로그램'을 제출하도록 하는 방안이 제시되었다. 이 계획은 교수들의 강한 반발에 부딪혔다. 교수들은 높은 학점을 남발하고, 학생들을 깨우치는 강의는 사라지고 흥미 위주의 수업만 남을 것이라고 우려했다. 일부 교수는 이 같은 계획이 골칫거리에 불과할 것이라고 일축했다. 역사학과 게이 걸릭슨(Gay Gullickson) 교수는 "위원회에 제출할 서류 준비 작업을 하느라 연구와 강의에 쏟을 시간이 줄어들 것"이라고 말했다.

그러나 학생들의 반응은 달랐다. 평가 제도의 부작용이 어떻든 간에 종신 교수들에게서 강의를 듣고 있는 사람은 학생들이다. 이들은 형편없는 종신 교수들에 대해 자신들이 어떤 조치도 취할 수 없다는 데 분노하고 있었다. 애리조나주립대부터 하버드대까지 학생들은 "종신 고용된 교수들이잖아요. 우리가 뭘 어쩌겠어요?"라고 말했다. 학생들이 얻은 것이라고는 무기력한 강의뿐이었다. 메릴랜드대학교 학생회장인 아누파마 코타리는 "교수들이 강의를 잘한다면 평가받는 게 왜 두렵겠어요?"라고 말했다.

우리는 교수에 대한 경고와 교수들의 자구 노력이 필요하다고 본다. 이는 30년간 자신의 결함을 미화하며 살아온 고령의 교수들에게는 충격적인 일이 될 것이라는 점도 알고 있다. 그러나 종신교수 평가제는 개선하겠다는 약속 이상을 얻어 내기 힘들다. 조지타운대학교 법학과 교수이자 종신교수위원회 의장인 피터 번(Peter Byrne) 교수는 "대학들은 소송에 휘말릴 우려 때문에 교수를 해임하지 않는다"고 말했다. 그는 "해임을 하면 비용이 많이 들고 시간도 오래 걸린다. 소송 결과에 따라 대학이 파산할 수도 있다. 그래서 교수를 해고하는 경우는 많지 않다"고 말했다.

이제 우리의 청구 명세서를 마무리하려 한다. 직장 내 특정 직원들에게 특수한 지위를 허용하면 그들은 자신이 속한 조직 자체를 뒤흔들게 된다. 평생 직장을 보장해 준다고 해서 강의와 연구의 질이 향상되기는커녕 그러한 고용 보장이 강의와 연구를 위해 필요한 것 같지도 않다. 도리어 강의나 연구에 쏟아야 할 노력이 약화될 뿐이다. 그러므로 우리는 대학의 가장 중요한 개혁 과제 중 하나로 대학이 종신교수제를 털어 내고 다른 고용 시스템을 도입할 것을 제안하고자 한다.

우선 퇴직 문제부터 짚고 넘어가자. 우리는 특정 연령을 정해 놓는 시스템을 경계하며, 사회 각 분야에서 연령 차별을 두는 것에도 반대한다. 그러나 나이가 종신고용 문제와 얽힐 경우라면 얘기는 달라진다. 간단히 말해, 당연히 물러나야 할 사람들이 퇴직을 거부하는 것이다.

종신교수제가 폐지된다고 해도 다른 분야의 고용 시스템이 그렇듯 개인별로 경우를 따져 계속 고용 여부를 판단해야 한다. 고참 교수들 중에는 젊은 교수들만큼, 가끔은 이들보다 더 뛰어난 성과를 내는 교수들도 많기 때문이다. 열정적이고 연구 성과가 좋은 이들이 정년 퇴직을 하기 싫어하는 이유가 여기에 있다. 90세 생일 하루 전날 90페이지에 달하는 의견서를 조목조목 써낸 존 폴 스티븐스(John Paul Stevens) 미 연방대법관 같은 이들이 학계에도 존재한다.

다른 방법도 있다. 버몬트 주에 위치한 미들베리대학은 독창적이면서도 아주 세심한 해법으로 효과를 보고 있는 경우다. 이 대학 정교수들은 60세가 넘으면 '부교수(associate status)' 직위로 옮길 수 있다. 교수들은 부교수 직함으로 한 학기 강의 후 다음 학기는 쉬고, 그 다음 학기에 다시 강의하는 식의 격학기제로 일하고, 방학 기간에는 짧게 쉬는 조건으로 기존 연봉의 5분의 3(수당은 별도)을 받는다. 각종 위원회 일에 참여하지 않아도 되며 교수 연구실도 계속 사용할 수 있다. 다만 강의가 없는 학기에는 초빙교수들과 연구실을 함께 사용해야 한다.

이 대학에서 중국어를 가르치는 존 버닝하우센(John Berninghausen) 교수는 64세에 스스로 부교수로 옮겨가 5년 넘게 일하게 된 이유에 대해 다음과 같이 말했다.

"무엇보다 자식들이 대학을 다 마쳤고, 주택 융자도 모두 갚았어요. 연금을 받기 전까지는 월급이 약간 줄어도 그럭저럭 살 만하기 때문이죠." 그는 그러면서 "전성기에 물러나고 싶었어요. 내 권위가 흔들리고 있어서가 아니라, 미들베리에서 37년을 잘 보냈고, 그 정도 기간이 존경받을 수 있는 근무 기간이라고 생각했기 때문이에요"라고 덧붙였다. 더 많은 교수들이 존 버닝하우센처럼 현명하고 겸손해지기를 바란다.

미들베리대학에는 또 다른 경로가 있다. 이 대학에서는 현직 교수가 잠시 자리를 비운 사이 연금을 받는 퇴직 교수들이 후배들을 대신해 학기당 한 과목을 가르칠 수 있다. 강의 규모가 크지 않기 때문에 퇴직 교수들이 돈 때문에 일을 하는 것은 아니다. 계속 교육 활동을 하고 싶고, 젊은이들을 가르치는 것이 건강을 유지하는 데도 유익하기 때문이다.

우리는 종신 고정 장치를 제거함으로써 더 많은 교수들이 달라진 시대 상황에 적응할 수 있을 것이라고 믿는다. 살펴본 바와 같이 고참 교수들은 비슷한 수준의 다른 전문직에 비해 이직률이 낮다. 캠퍼스 한 곳에 수십 년간 안주해서는 새로운 아이디어를 받아들이기 위한 최상의 준비를 할 수 없다.

한마디로, 종신교수제를 대체할 대안은 좀 더 활력 넘치는 계약 시스템이다. 가령 5년 또는 7년 단위의 임용 계약으로, 당연히 갱신 가능한 조건이다. 이 시스템에서는 주기적인 재평가를 통해 교수들의 안전 기간이 보장될 것이다. 이는 꿈 같은 이야기만은 아니다. 매사추세츠 주에 있는 사립 햄프셔대학, 버지니아의 쉐난도어대학교에는 종신 고용 보장이라는 미끼 없이도 뛰어난 교수들이 몰려들었다. 워싱턴에 있는 에버그린주립대학과 플로리다 걸프코스트대학교도 종신 고용을 보장하지 않겠다는 결단을 내렸다. 후자로 언급한 두 대학을 방문했을 때 우리는 교수들의 우수한 자질과 헌신적인 자세에 깊은 인상을 받았다.

요지는 대학도 다른 전문 직종처럼 운영될 수 있다는 것이다. 앞서 서술했듯이 최고의 교수는 완전 고용을 그다지 필요로 하지 않는다. 최고의 교수는 정말 뛰어나며, 그 사실을 자신도 알고 남들도 모르지 않는다는 것을 잘 알기 때문이다. 가끔 우리는 종신교수제가 교수 사회에서 지위가 어중간하거나 심지어 능력이 좀 의심스러운 교수들을 위한 피난처가 아니었나 싶다.

워싱턴에 있는 에버그린주립대학은 실험적인 공립대학이었다. 이 학교에서는 임의적인 해고로부터 교수를 강력하게 보호한다는 조건을 계약에 포함시켰다. 단, 정기적으로 교수 평가를 하겠다는 조항도 빼놓지 않았다. 우리는 이 대학에서 역사 및 사회학 강의를 하는 스테파니 쿤츠 교수를 만났다. 참고로 이 대학에는 학과 구분이 없다. 쿤츠 교수는 다음과 같이 말했다.

"평가 결과를 의심하는 교수들에게는 각자의 업적에서 부족한 부분이 무엇이었는지 듣고 팀티칭에서 개선할 수 있는 기회가 주어져요. 학장과 동료교수들이 강의 평가 결과, 강의계획서, 심지어 학생들이 쓴 보고서까지 다 들여다보거든요."

이 대학이 교수들에게 순위를 매기거나 타이틀을 주는 것은 아니지만 쿤츠 교수는 여러 권의 저서를 출간한 에버그린주립대학의 스타 교수다. 그러나 그녀도 평가에 있어서는 예외가 아니었다. 쿤츠 교수는 "이번 봄에 저도 평가를 받아야 해요"라고 말했다.

뉴잉글랜드 지역 매사추세츠 주에 위치한 햄프셔대학에서는 신규 채용된 교수의 경우 3년 계약에서 출발해 4년 재계약을 마친 뒤 다시 10년 계약을 체결할 기회가 주어진다. 이 대학 랄프 헥스터(Ralph Hexter) 총장은 종신교수제가 없어도 이직하는 교수들은 많지 않다고 말했다.

그는 "어떤 사람들은 우리 대학이 아주 유연하다고들 하는데, 그런 식으로 유연성이 드러나는 것은 아니죠"라며 빙긋 웃었다. 헥스터 총장은 "재계약이 안 되는 사람은 정말 드물어요. 한 번 10년짜리 임용 계약을 맺으면 치명적인 부정행위가 아니고서는 교수를 자를 수가 없어요"라고 말했다.

뉴욕주립대학교 내의 글로벌 리버럴 스터디스쿨은 3년마다 교수 임용 계약을 갱신한다. 교수 강의가 주로 평가 대상이기 때문에 학생들의 평가가 대학 측 평가보다 훨씬 더 큰 역할을 한다. 그러나 교수들의 연구실 벽이 성명서로 장식된 것을 보면 지적인 자유의 기반이 상당히 탄탄해 보였다. 아닌 게 아니라 일부 교수는 대학의 공식적인 입장에 반대하며 시간제 강사 및 대학원 조교들의 노동조합을 지지하기도 했다.

이처럼 살아 있는 대학의 분위기를 지켜보면서 우리는 캠퍼스에서의 지적 자유는 종신교수제보다 당대 또는 해당 지역의 정치적 상황에 달렸다는 견해를 확고히 하게 되었다.

만약 당신이 대학 경영진의 독재와 맞닥뜨린 교수라면 이것만은 기억하자. 종신교수제란 그 지위에 오른 특권층만을 위한 제도라는 사실이다. 더욱이 학장의 횡포에 대처할 수 있는 방법은 많다. 대학은 여전히 노조를 조직할 수 있고 교수협회를 더 강화할 수 있으며, 의원이나 외부 세력과 손을 잡고 교수들의 입장에 대한 지지를 끌어 낼 수도 있다.

인구학과 경제학에서는 종신교수제가 이미 위기에 처했다고 분석했다. 가장 큰 문제는 어떻게 고참 교수들의 자리를 다른 사람들로 교체할 것인가 하는 것과, 과연 그런 일이 가능하겠느냐는 것이다. 조교수들이 얼마나 많이 위로 올라가게 될지 따져 보아야겠지만 현재까지는 정규직 조교수 비중은 줄지 않았다.

하버드대학교 리처드 체이트(Richard Chait) 교수는 "종신교수제라는 관행이 앞으로는 덜 일반적인 일이 될 것"이라고 말했다. 그는 "종신직이던 자리가 비종신직으로, 풀타임 자리가 파트타임 자리로 차근차근 재편되고 있기 때문"이라며 "종신교수 지대가 조금씩 조금씩 허물어지고 있다"고 덧붙였다. 따라서 종신교수들이 퇴직하고 나면 이들이 받던 연봉은 일군의 시간제 강사단을 박봉으로 고용하는 데 쓰일 것이다. 교수들 스스로 임용 형태의 대안을 제시하지 않는다면, 경제적 궁핍에 시달린 시간강사들의 울음소리가 종신교수제를 가만두지 않을 것이다. 지금보다 더 팍팍하고 무자비한 제도가 종신교수제를 대체할 날이 올지도 모를 일이다.

돈 먹는 하마,
대학 운동부

MIT에 미식축구부가 있다는 사실을 알고 있는가?

그렇다. 전국에서 걸출한 인재들이 모인 이 이공계 대학에서는 매년 가을마다 선수 56명에게 진홍색과 검정색의 저지 운동복을 입힌다. 라이벌인 매사추세츠 매리타임대학교, 프래밍햄주립대학교, 샐브레지나대학교의 미식축구 선수들과 겨루기 위해서다. MIT 팀은 8명의 월급 코치를 두고 홍보용 인터넷 사이트가 24페이지에 달할 만큼 홍보에도 적극적이다. 이들은 연간 11만 1,203달러의 자체 예산으로 운영비를 충당하고 있다고 밝혔다. (MIT 여자 조정 팀의 연간 예산은 22만 3,922달러다.) 2006년부터 2010년까지 이 팀은 11승, 39패를 기록했다.

MIT 홍보부서는 '공돌이' 팀에 관련된 단신 뉴스거리를 끊임없이 만들어내지만 MIT의 학부생 4,138명은 이 팀에 거의 관심이 없다. 경기 기록을 관리하는 미국대학체육협회(NCAA)는 MIT가 디비전III(미국대학체육협회는 경기력에 따라 3개 수준의 디비전으로 구분된다. 디비전 I에 가장 뛰어난 팀들이 등록되어 있다. – 옮긴이)에 속한 236개 팀 중 208위라고 밝혔다. (MIT보다 순위가 더 낮은 대학들은 학생 규모가 MIT보다 훨씬 작은 곳들이다.)

우리는 MIT의 수전 호크필드(Susan Hockfield) 총장에게 왜 미식축구에까지 뛰어들어 그리 애를 쓰느냐고 물은 적이 있다. 그녀는 머뭇거리듯 작은 목소리로 대학의 정신을 세우는 일이라는 식으로 말했지만 이 문제를 불편해하는 기색이 역력했다. 우리는 그녀가 경기를 관람해 보기는 했는지 묻고 싶었지만 꾹 참았다.

대학 운동 경기를 뒤덮은 자기기만과 망상의 세계에 오신 것을 환영한다. 우리는 이를 신화 속 귀신에 빗대 '대학 운동부 악령(Incubus)'이라고 부르겠다. 이 악마는 잠자고 있는 이에게 다가가 대혼란을 일으키는 존재다.

미국에서 대학은 젊은 학생들을 가르치고 이전 세대의 지혜를 계승하기 위해 그리고 인류의 지식을 확장하기 위해 설립되었다.

대학 운동부는 원래 순수한 레크리에이션과 오락 목적으로 대학에 도입되었다. 그러나 시간이 흐르면서 운동부의 악령은 대학의 학문 연구 기능을 앞지르고 교수들의 도덕적 권위를 위협했으며, 대학의 기본 임무를 수행하는 데 쓰여야 할 자원을 집어삼켜 버렸다.

우리는 이 바이러스가 운동부 대표 팀을 가진 1,057개 대학 대부분을 감염시킨 고질적인 병이라는 사실을 입증해 보이고자 한다. 운동부 프로그램 간에는 쉽게 구분할 수 있는 차이점도 있지만 현저하게 비슷한 점들도 있다. 우리가 강조하려 하는 것도 바로 이 부분이다. 다음에 설명하는 두 학교에 관한 짤막한 글을 보자. 두 대학 모두 나름대로 대학 간 경기에 진지하게 임하고 있는 학교들이다.

텍사스대학교는 운동부 영향력이 센 곳으로 대표적이다. 2008년 한 해 동안 이 대학은 16개 대표 팀에 1억 98만 2,596달러를 썼다. 미식축구부에서 벌어들인 수입은 대부분 경비를 충당하는 데 쓰였다. 통상적인 홈경기에서 티켓을 9만 8,046장밖에 못 팔았기 때문이다. 여기에는 학부 학생들이 의무적으로 낸 관람료도 포함되어 있다.

텍사스대에는 총 525명의 학생이 선수로 뛰고 있다. 이 가운데 143명은 미식축구부 또는 농구부와 계약이 되어 있으며, 대다수가 리크루트를 통해 영입되었다. 그러나 학부생이 3만 6,835명인 점을 감안하면 전체 학생 중 운동부에 참여하는 학생은 1.4퍼센트에 불과하다. 텍사스대학교가 이 비율을 끌어올리는 데 관심이 있는 것 같지도 않다. 대학의 목표는 세간의 이목을 끄는 두 종목의 스포츠에서 최상위권에 오르는 것이기 때문이다.

매사추세츠 주 윌리엄스대학은 학생 수가 약 2,000명에 불과하지만 아이스하키나 워터폴로 같은 경기부터 골프, 알파인스키 등 28개나 되는 팀을 갖추고 있다. 미식축구 팀에 월급 코치 10명을 두고 지원하고 있으니 물리학과 교수 인원(8명)보다 축구 코치가 더 많은 학교다.

남녀 학생을 통틀어 전체 학생의 40퍼센트인 793명이 대표 팀에서 뛰고 있다. 워터폴로 같은 종목에 소질이 있으면 대학 입시에서도 유리하다. 운동부 코치가 추천을 해 준 경우라면 더 말할 것도 없다. 윌리엄스대는 매년 대학 운동부에 421만 7,896달러를 쓰고 있지만 운동부가 벌어들이는 금액은 거의 없다. 윌리엄앤메리대학은 1,755만 6,297달러 이상을 쓰고 있다고 인정했다.

우리는 혈기왕성한 운동선수들을 타락시키는 추문, 부패, 오만함 같은 주제까지 건드리지는 않겠다. 성폭행에 연루되기 일쑤인 선수들이나 스타급 선수와 계약하기 위해 규정을 모른 척하는 코치들, 수업에 결석한 운동선수들을 봐주는 교수, 뒷돈을 건넬 준비가 되어 있는 졸업생 문제도 마찬가지다. 대학 운동부의 상업화와 어떻게든 이기려고 안달하는 행태로 인한 부식효과를 다룬 책은 이미 한 아름 안고도 남을 만큼 차고 넘친다.

따라서 우리는 머레이 스퍼버(Murray Sperber)의 『맥주와 서커스, 학부 교육을 망쳐 버린 대학 스포츠 *Beer and Circus : How Big-Time College Sports Is Crippling*

Undergraduate Education』나 윌리엄 C. 다울링(William C. Dowling)의 『스포일스포트 (경기 도중 흥을 깨는 사람 – 옮긴이)의 고백 *Confessions of a Spoilsport*』에서 이미 지적한 내용을 되풀이하지는 않겠지만 이는 모두 일독을 강력히 권하는 책들이다. 우리의 가장 큰 관심은 이 악령이 어떻게 공공연하고도 교묘한 방법으로 대학에 마수를 뻗었는지에 있다. 그렇지 않았다면 대학은 배움의 중심지로 대접받았을 터인데 말이다.

2010년, 1,057개 대학에서 학부생 40만 8,364명이 선수로 등록된 1만 7,713개의 팀을 지원했다. 다음은 대학 운동부의 주요 특징들이다.

🎓텍사스대학교든 윌리엄스대학이든, 대학 대표 팀에 속한 학생들은 '선수'로 표기된다. 이는 입학처에서 이 학생들을 보는 방식이자 다른 학생들의 관점이며, 운동선수 학생들이 스스로를 평가하는 방법이다. 저 머나먼 인디애나폴리스에 있는 NCAA의 임원들은 선수들의 연습 시간, 코치들이 선수 부모와 접촉 가능한 시기, 대학이 선수들에게 줄 수 있는 용돈 액수에 관한 규정을 만들었다. 선수들이 운동하느라 장학금을 못 받게 되더라도 스포츠는 이들의 주된 활동이자 시간을 가장 많이 할애하는 분야다.

한 하버드대학교 2학년생은 자신도 야구를 잘 해 보고 싶었다고 말했다. 하지만 야구 팀 코치는 먼저 선발된 선수들로 자리가 이미 꽉 찼다며 안타까워하더란다. 사실 이 선수들은 운동부 직원들이 입학처의 편의를 위해 학생 이름 옆에 표시를 해두면서까지 일찌감치 찍어 둔 학생들이다. 여기서만큼은 하버드대학교도 프로야구 구단과 별 차이가 없다.

🎓선수들을 훈련시키고 모집하는 유급 코치들은 매일 선수를 감독하고, 빙판·코트·필드에서 선수를 배치할 권한이 있다. 이렇게 코치와 끈끈한 관계

이다 보니 실제로 코치와 선수 사이는 대다수 학생들과 교수 사이보다 더 직접적이고 힘든 편이다.

🎓 대표 팀이 다른 대학과 경기에 나서면 여행 경비가 필요해진다. 멀리 떨어진 주로 이동하려면 전세기를 띄워야 하고 호텔 숙박도 해야 한다. 이런 경우 선수들이 수업에 빠져야 하는 것은 말할 것도 없다.

🎓 대표 팀은 패배보다 승리 기록을 더 많이 쌓고 싶어 하지만 어느 경기든 패자는 있게 마련이기에 목표를 쉽게 달성하기는 어렵다. 코치들의 연봉이 꾸준히 오르는 이유가 여기에 있다. 텍사스대 축구 팀을 지휘하는 맥 브라운은 그가 텍사스대의 연승을 책임질 것이라는 기대하에 매년 500만 달러를 받고 있다.

이는 최상위권 대학에 국한된 이야기가 아니다. 테네시대학교의 수비 담당 부코치 에드 오거론은 연봉 65만 달러를 받는다. 물론 스포츠가 비즈니스인 것이 당연한 학교에서 이 정도 연봉은 더 이상 놀랄 일도 아니다. 그러나 승리감을 맛보기 위해 치러야 할 비용이 아이스하키처럼 수익을 내기 어려운 종목에조차 흘러가고 있다. NCAA의 연구에 따르면 아이스하키 코치의 절반이 최소 25만 2,000달러의 연봉을 받고 있다. 대다수 대학교수 연봉의 2배가 넘는 수준이다.

🎓 미국 대학 내 1만 7,917개 스포츠 팀 가운데 대다수가 결과적으로 손해를 보고 있다. 티켓 판매 성과가 좋을 법한 미식축구 최상위 디비전 118개 팀 중 113개 팀이 아직도 적자를 면치 못하고 있다. 5개 팀만 수익을 냈고, 각 대학 운동부가 낸 적자를 충분히 메울 만큼 수익을 낸 곳은 단 2개 팀뿐이

었다.

🎓 대학 스포츠는 군비 확장 경쟁과 비슷한 면이 있다. 경쟁이 시작되기만 하면 스스로 가속도가 붙는다. 최근 애머스트대학 총장에서 물러난 앤서니 막스(Anthony Marks)는 리버럴 아츠 칼리지 총장들에게 국제 외교무대에서 실제로 쓰이는 '상호 군비 감축' 개념이 운동부에 딱 들어맞는다며 이를 대학에 도입하자고 제안한 적이 있다. 다른 대학들이 따라와 주기만 하면 그는 애머스트의 돈 먹는 하마인 미식축구부 프로그램의 규모를 줄이려 했다. 이는 정치학자인 막스가 마치 북한에 스커드(SCUD) 미사일을 해체하라고 요구하는 듯한 모양새였고, 그의 요구에 응하는 사람은 아무도 없었다.

🎓 대학이 스포츠 팀을 창단하는 것은 학생들이 원해서가 아니다. 이유는 따로 있다. 남자 선수들이 더 많은 오하이오주립대학교는 주로 거대 규모의 미식축구단 소속이다. 그래서 이 대학은 타이틀 나인(Title IX, 1972년 제정된 양성 평등교육법으로, 연방 정부의 지원을 받는 모든 교육 기관은 성별에 따른 차별 없이 남녀를 평등하게 교육해야 한다고 규정한다.—옮긴이)에 따라 성별 균형을 맞추기 위해 여성 조정 팀을 만들었다. 그러나 문제는 이 종목을 가르치는 고등학교가 거의 없고, 이에 따라 계약할 여자 선수도 없다는 것이다.

음악 전공생인 아만다 퍼셀은 175cm가 넘는 튼실한 체격 덕분에 코치의 눈에 들었다. 아만다가 노를 젓는 대가로 대학은 그녀에게 전액 장학금과 함께 1만 800달러에 상응하는 기숙사비와 배를 제공하고 있다. 그런데 아만다와 함께 노를 저을 학생이 채워지지 않자 조정 팀은 해외에서 선수를 선발하기로 했다. 오하이오주립대의 선두 보트는 독일 출신 5명, 러시아인 한 명, 네덜란드인 한 명이 이끌고 있다. 타이틀 나인 법안의 최초 입안자들은 양성

평등을 위한 조치가 유럽 출신 여자 선수의 교육 기회 창출에 활용될 줄 상상이나 했을까?

이제 대학 스포츠 대표 팀이 괜찮은 집단이라는 세간의 통념과 경구들을 들여다볼 차례다. 우리는 그러한 통념의 근거가 얼마나 피상적인지, 어떤 방식으로 실제 분석이 아닌 주장에 근거하고 있는지 살펴볼 것이다.

▶ **속설** : 대학 간 경쟁은 대학 정신을 드높인다.
▶ **실태** : 어느 가을 날 오후, 오하이오주립대에서는 3만 명 이상의 학생들이 미시간대학교와 대항전을 펼치는 대학 팀을 응원하는 관중 10만여 명 틈에 끼어 있다. 여기에 참석하는 것이 학생들에게는 오하이오인으로서 자부심의 증거라는 데 이의를 제기하지는 않겠다. 더구나 대개는 오하이오주립대가 경기에서 이긴다. (한 가지 덧붙이자면 OSU 학생들이 무료로 입장하는 것이 아니라는 사실이다. 대학 팀을 응원하려면 다섯 경기에 150달러인 패키지 티켓을 구입해야 한다.) 지역별 체스 토너먼트에서 자기 대학이 결승전에 진출했다고 해서 학생들에게 똑같은 반향이 나올 것이라고 기대한다면 순진하기 그지없는 생각이다. 그런데도 대학 정신이 대단해 보인다면 무엇에 대한 자부심인지 한번 들여다보고 싶다.

오하이오주립대가 미식축구장에서 미시간대를 이겼다는 것은 적어도 경기장에서만큼은 미시간대보다 우월함을 과시했다는 뜻이다. 그러나 다른 측면에서는 거의 대부분 미시간대가 더 우수하다. 「US 뉴스 & 월드 리포트」의 2011년 공립대학교 평가에서 미시간대는 버클리대학교, UCLA, 버지니아대학교에 이은 4위에 올랐다. 반면 오하이오주립대는 플로리다주립대학교나 조지아공과대학교를 포함한 11개 주립대학교보다 뒤처졌으며, 전체

17위에 그쳤다.

사실 이런 서열화는 문제점도 있다. 그러나 운동부의 역량은 변수가 될 수 없다. 오하이오 주와 미시간 주는 규모나 경제적 지위 면에서 대등한 수준인데다 미식축구에 투자할 의지도 비슷해 보인다. 그러나 비슷한 점은 거기서 끝이다. 미시간은 의대와 로스쿨의 수준이 높지만 오하이오의 의대·로스쿨은 그에 비해 훨씬 급이 낮다.

미시간대는 뛰어난 교수진을 끌어 모으고 붙들기 위해 애쓰는 데다 학생들의 SAT가 평균 1,375점으로 오하이오주립대의 1,240점에 비해 한참 높다. 사실상 OSU 재학생과 동문들은 학문적 평가로도 자기 대학이 미시간대 학교에 한참 뒤진다는 사실을 알고 있다. 미식축구 경기장에서나마 이를 보상받고자 하는 모습에서 우리는 애처로운 느낌마저 들었다.

대학교육에 대한 학생 만족도가 높은 대학에서는 학생들이 대학 정신을 북돋기 위해 운동부의 대항전을 필요로 하지는 않는다. 사실 수많은 학생들은 이에 대해 별 관심도 없고 운영비도 많이 드는 미식축구단을 왜 그렇게 많은 대학들이 계속 붙들고 있는지 이해할 수가 없다는 반응이다.

이미 언급한 MIT 학생 4,138명 가운데 경기를 관람한 수는 평균 683명이다. 리버럴 아츠 칼리지로서 괜찮은 편인 그리넬대학에서는 일반적으로 학생 1,623명 중 411명 정도가 경기장에 모습을 드러냈다. 세인트루이스에 소재한 워싱턴대학교에서는 6,468명 중 5,250명이 토요일 오후에 경기장이 아닌 다른 곳에서 시간을 보냈다. 이렇게 관람자가 적은 것으로 보아 이 학교 학생들은 자기 대학에 대한 자부심을 표현하는 다른 방법을 알고 있는 것 같다.

▶ **속설** : 운동선수 학생들이 다양성 있는 캠퍼스를 만든다.

▶ **실태** : 다행스럽게도 이제는 한물간 이야기지만 예전에는 대학 대표 팀

이 흑인 학생을 스카우트하면 이 학생에게 학업을 계속하고 학위를 받을 기회를 준다는 믿음이 있었다. 그러나 더 이상 이런 주장을 하는 사람은 없다. 이런 흑인 학생들은 오직 운동 경기에서 뛰기 위해 캠퍼스에 존재하기 때문이다. 특히 축구나 농구는 시간과 에너지가 많이 소요되는 종목이기에 선수들이 착실하게 학업 과정을 따라가기란 거의 불가능하다. 게다가 기초 학습이 부족한 상태로 입학했다면 공부를 따라잡기는 더욱 힘들다.

그래서 일부 대학에서는 이들의 졸업률이 한 자릿수에 그칠 정도다. 다른 학생보다 특히 흑인 운동선수들은 코치가 필요할 때는 쓰고, 필요 없으면 버리는 먹잇감이나 다름없다. 이를 인종차별 문제로 볼 수는 없다. 일부 젊은 아프리카계 미국인 선수는 코치가 원하는 기술을 쉽게 구사하는 능력을 가졌다는 이유로 대학에 영입되었기 때문이다. 대학이 만약 체스 챔피언십 경기가 돈이 된다고 생각하면 그때는 헝가리 출신 학생들이 모조리 대학에 스카우트될지도 모른다.

백인 일색인 폐쇄적인 캠퍼스를 개방하는 데 흑인 선수 농구 팀이 도움이 될 수 있다는 점은 인정한다. 하지만 그런 효과를 기대하기에는 흑인 선수 숫자가 미미하다. 2009년 럿거스대학교 여자 농구단 선수 12명 중 11명이 아프리카계 미국인이었고, 이들은 캘리포니아와 미시시피처럼 먼 곳에서 스카우트된 학생들이었다. 그러나 겨우 이 11명의 얼굴로 학생 수 2만 6,479명인 럿거스대학교의 다양성 문제가 해결될 것 같지는 않다. 축구 팀을 둔 628개 대학과 농구 팀이 있는 1,954개 대학 대부분은 해당 지역 내 재능 있는 인재를 영입하는 데 필요한 예산을 확보하지 못한 상태고, 평판도 좋지 않다. 그 유명한 듀크대학교 농구 팀도 선수의 3분의 2가 백인이다. 윌리엄스대학만 해도 농구단 18명 중 흑인은 2명뿐이었으며, 축구 팀 사진에 나온 선수들을 세어보니 검은 얼굴은 75명 중 7명이었다.

그러나 미식축구와 농구는 수많은 대학 스포츠 중 한 종목일 뿐이다. 현재 활동 중인 대학 스포츠 팀 선수단을 보면 가끔 예외는 있으나 전체적으로는 백인이 압도적으로 많다. 오하이오주립대학교 조정 팀처럼 새로운 종목이 추가됨에 따라 요즘 리크루팅 리스트에서 상위 순번은 백인 학생들이 차지하고 있다.

비싼 사립고등학교에서 운동을 시작한 선수들을 찾는다면 라크로스, 골프, 하키 같은 스포츠를 보면 된다. 이러니 콜비대학이 여자 아이스하키 팀을 선보였을 때 그 지역 출신들로는 포지션을 채우지 못할 것이 불을 보듯 뻔했다. 사실 현재 이 팀 선수들은 대부분 테이버, 태프트, 세인트 폴 같은, 특권층이 다니는 학비가 비싼 사립고등학교 출신들이다.

'백인' 스포츠의 급증 현상은 사립학교 출신 학생들이 상위권 대학 입시에서 유리한 위치를 점하는 이유를 일부 설명해 준다. 요컨대 공립 고등학교 중에는 아이스하키나 골프, 조정 같은 종목의 스포츠 선수를 육성하는 곳이 거의 없다. 이 때문에 종교계 학교를 포함한 사립학교 졸업생이 전체 고교 졸업생의 10퍼센트에 불과한데도 이들이 스탠퍼드대학교 합격생의 40퍼센트, 콜비대학 합격생의 46퍼센트, 예일대학교 합격생의 45퍼센트를 차지하는 것이다.

다양성은 다른 맥락에서도 활용된다. 테니스를 보자. 코치들은 해외 리크루트를 선호한다. 앞서 서술했듯이 버클리대학교의 여자 테니스 선수 9명 중 6명은 독일, 헝가리, 호주 등 외국 출신이다. 최근 NCAA 테니스 토너먼트에서 남자 결승전에 오른 선수 64명 중 48명이 외국인이었다. 앞서 확인했듯이 오하이오주립대도 이런 식으로 여자 조정 팀을 계속 유지하고 있다.

더 황당한 일은 이렇게 수입된 선수들은 나이가 보통 입학생보다 한두 살 많고, 자연히 체력과 경력도 더 좋다는 것이다. 뉴욕 브루클린에 위치한 세인트프랜시스대학의 워터폴로 팀은 선수 15명 중 3명만 평범한 학생으로 운동을 시작한 경우다. 나머지 12명은 이스라엘, 헝가리, 세르비아 출신들로, 면접도 보지 않고 초청되어 학생 비자를 받았고 우선적으로 선발되었다.

해외 선발은 대학 간 경쟁이 낳은 결과다. 실제로 대학과 코치들은 뮌헨이나 멜버른까지 날아가서라도 경기에서 이길 만한 선수들로 팀을 구성해 우승하고 싶어 한다. 그 결과 미국 학생들은 외국인 용병들이 대학의 이름값을 높이고 있는 모습을 앉아서 보고만 있는 처지가 되었다.

▶ **속설** : 여성 스포츠의 확대는 남성 스포츠의 존립을 위협한다.

▶ **실태** : 이 부분에서 대표적인 희생양은 남자 레슬링 선수들이다. 그야말로 대표적인 남성 스포츠인 레슬링을 후원하는 대학 숫자가 1982년 363개에서 2010년 217개로 크게 줄었다. 주된 이유는 타이틀 나인(여자 운동선수를 학교의 여학생 숫자에 비례하여 육성할 것을 요구하기 때문에 여학생이 많을수록 여자 운동선수의 비율은 증가한다. 또한 연방 정부의 지원을 받는 고등학교와 대학교의 스포츠 팀은 반드시 남성 스포츠 팀과 함께 여성 스포츠 팀을 육성해야 하는 조항을 명시하고 있다. ─옮긴이) 조항에 따라 대학 운동부 프로그램에서 남녀의 참여 비율을 동일한 수준으로 보장해야 하는 것도 있지만 최소한 이 목표를 달성하기 위해 대학들이 부단한 노력을 기울였기 때문이기도 하다. 이전까지 거의 모든 스포츠가 남성 스포츠였던 터라 대학들은 남녀 운동선수 숫자를 맞추기 위해 여성 종목을 상당수 늘려야 했다.

그리고 대학들은 그 일을 해냈다. 1982년까지만 해도 단 80개 대학에서만 여자 축구 팀을 후원했지만 현재는 후원 대학이 967곳이나 된다. 콜비대학은 여자 아이스하키 팀뿐 아니라 골프, 라크로스, 조정, 스쿼시, 스키 2종에서도 여자 선수 팀을 만들었다. 그럼에도 불구하고 대부분 대학에서는 예산이 넉넉지 않아 일부 남자 스포츠는 없애야 한다는 결론에 이르렀다.

이러한 상황에서 레슬링이 타격을 입었다. 소설가 존 어빙(John Irving, 미국의 인기 소설가. 필립스 엑시터 아카데미 재학 시절 레슬링을 했다.—옮긴이)은 「뉴욕타임스」에 쓴 칼럼에서 "타이틀 나인을 지키느라 어처구니없이 많은 대학 레슬링 팀들이 사라져 갔다"고 말했다. 어느 정도 맞는 말이다.

확인 결과, 대학 레슬링 팀은 18년 사이 146개 팀이 사라졌다. 1982년 당시보다 3분의 1 이상 줄어든 것이다. 이는 여자 수영 팀 149개가 출범해 오늘에 이르기까지의 과정이 146개의 레슬링 팀이 사라진 것과 일부 관계가 있을 것이라는 추론이 솔깃해지는 이유다.

우리는 어떤 종류의 대학 스포츠도 응원하지 않는다. 유일하게 괜찮은 대학 스포츠라면 자원봉사 코치가 지도하는 클럽 팀 정도다. 따라서 설령 성별 균형을 맞추기 위해 개설된 팀이라고 해도 좋아할 만한 대상은 아니다. 하지만 솔직히 말하면 여자 선수들은 분명 필드, 코트, 링크에서 눈에 띄는 존재감이 있다. 다음에 나오는 표에서 확인할 수 있듯이 이제 여자 운동부 숫자는 처음 통계를 수집한 1982년에 비해 거의 2배 수준으로 늘었다.

당시 일각에서는 여자들이 과격한 스포츠에 관심이 없을 것이라고 주장하기도 했다. 하지만 그로부터 28년이 지난 2010년, 여자 선수는 10만 428명이 증가했고, 이들은 새로 생긴 4,607개 팀과 계약을 맺었다. 실제로 전체 대학을 통틀어 이제는 여성 운동부가 9,372개로 남자 운동부 8,530개보다도 많다.

다음 표를 통해 우리는 잘 알려지지 않은 사실도 알 수 있다. 전반적으로 남자 운동부는 팀의 숫자나 참가 선수 규모 면에서 후퇴하지 '않았다'는 사실이다. 레슬링 선수가 1,521명 줄어든 것은 분명하다. 그러나 그 정도 감소분

대학 운동부와 선수 증감 현황				
남자				
1982			2010	
운동부	선수		운동부	선수
6,746	167,006	전체	8,530	249,307
497	40,773	미식축구	633	66,313
442	17,229	야구	910	30,365
138	4,193	라크로스	262	9,844
363	7,918	레슬링	217	6,397
여자				
1982			2010	
운동부	선수		운동부	선수
4,765	74,106	전체	9,372	174,534
80	1,855	축구	967	23,650
436	7,841	소프트볼	957	17,726
125	1,060	골프	557	4,455
179	2,063	체조	83	1,417

은 1982년 이후 새로 유입된 남자 선수 8만 2,301명으로 채우고도 남는다.

미식축구는 특히 더하다. 고백하건대, 이 연구를 시작하기 전까지는 우리도 136개 대학에서 이런 고비용 미식축구 팀이 신설되어 1982년보다 남자 선수 2만 5,540명이 더 뛰고 있다는 사실을 몰랐다. 이들이 그저 벤치나 지키고 있는지도 모르지만 말이다.

1982년 이래 미식축구 팀의 평균 선수 규모는 82명에서 102명으로 늘어났다. 최근 평균치가 102명 정도라면 실제로는 평균을 훨씬 상회하는 대학들이 많다는 뜻이다. MIT 미식축구단은 58명, 윌리엄스대학은 75명에 불과하다. 그러나 텍사스대학교에는 벤치에만 116명이 기다리고 있고, 테네시대학교의 벤치 선수는 137명이다. 이는 테네시대학교 여자 운동부 7개 팀 선수들을 모두 합친 숫자와 같다.

코치들은 미식축구에 대규모 선수단이 필요하다고 주장한다. 미식축구가 고도로 전문화된 스포츠로 변하면서 선수 개개인이 수행해야 할 역할이 세분화되었기 때문이라는 것이다. 스포츠의 정의가 새로워짐에 따라 남학생이 564명에 불과한 버밍햄서던대학처럼 작은 대학에서조차 학생 122명을 미식축구단에 배치하는 상황이 벌어지고 있다.

우리가 이렇듯 숫자를 따지는 이유는 이 숫자들이 앞서 문제를 제기했던 레슬링 선수 1,521명의 퇴진과 관련이 있기 때문이다. 대학들이 미식축구단 몸집 키우기를 자제했더라면 레슬링 선수들과 레슬링 운동부는 충분히 살아남을 수 있었다. 따라서 남자 운동 프로그램이 일부 사라진 문제는 남자 스포츠팀끼리 '1대 1'로 바꿔치기한 것으로 보아야 한다.

▶ **속설** : 인기 스포츠에서 얻은 수익으로 다른 팀을 지원해 줄 수 있다.

▶ **실태** : 일부 운동부에서 수익을 내기는 한다. 그러나 그런 경우가 아주 많다고 말하기는 어렵다. 대학들이 NCAA나 연방 교육부에 내는 분식 회계 자료에 근거해 판단해야 하기 때문이다. 우리는 진실을 밝혀내는 데 최선을 다할 생각이다.

우리가 살펴본 바에 따르면 남자 농구 팀 1,013개 중에서 흑자를 내는 팀은 50개가 채 못 된다. 비용은 훨씬 더 많이 들지만 관중 규모가 큰 미식축구의 경우 618개 팀 중에서 지출 비용보다 수입이 더 많은 팀은 넉넉잡아 40개 정도다. 이런 스포츠 종목에서 적자와 흑자는 종이 한 장 차이일 수 있다. 듀크대학교의 농구부는 경기가 열리면 좌석이 꽉 찰 정도로 잘나가는 편이다. 이 농구부는 최근 1년 동안 1,590만 3,075달러를 벌었으나 1,504만 7,983달러의 비용을 지출했다. 표면적으로 듀크대학교의 농구부가 거둔 수익 85만 5,092달러는 대학 내 다른 22개 스포츠 팀을 돕는 데 쓰였다. 텍사스공과대학교 미식축구부는 수입 1,871만 471달러, 지출 1,853만 666달러를 기록했으며, 미식축구부의 순이익 18만 7,805달러는 이 대학 소속 14개 다른 운동부를 위해 썼다고 밝혔다.

테네시대학교의 여자 농구부는 전국에서 가장 우수한 프로그램 중 하나로 꼽히며 뉴스에도 자주 등장한다. 이 팀의 코치 팻 서밋은 언론이 주목하는 유명 인사로서 최근 연봉 130만 달러짜리 계약에 성공했다. 그녀의 팀 운용으로 수익이 났다면 이 정도 연봉은 합리적이라고 할 수도 있다.

그러나 이 대단한 농구로 말할 것 같으면 돈이 정말 많이 드는 스포츠다. 매년 여자 선수 한 명당 13만 1,913달러가 든다(테네시대학교 남자 수영 선수들은 같은 기간 4,105달러면 된다). 결국은 적자를 보게 되어 있다. 따라서 어째서 팻 서밋에게 100만 달러대 연봉을 지급하는지 납득할 수가 없다. 남자 코치들에게 지나치게 많은 연봉을 주고 있던 차에 새로운 남녀 평등 조항에 따라 여자 코치의 보수를 올려 동률을 맞추고자 했다면 모를까, 그렇지 않고는 있을 수 없는 일이다.

100개 팀이 돈을 번다면 스스로 비용을 충당하거나 약간의 수익이라도 내는 운동부는 많아야 12개 정도다. 가끔씩 이들 운동부 재량으로 기부를 하는 경우도 있다. 최근 경기가 좋던 해에 오하이오주립대학교에서는 운동부들이 500만 달러를 모아 도서관 재건축 공사비에 보탰고, 플로리다주립대학교 운동부 직원들은 600만 달러를 장학금으로 기부했다. 텍사스대학교에서는 매년 스포츠 관련 용품 판매 수익금 중 60만 달러가 대학 총장의 판공비로 쓰이고 있다. 따지고 보면 그 돈이 그 돈이지만 말이다.

대학 운동부에서 수입을 기대할 수 있는 대학은 한 곳도 없다. 최근 텍사스대학교 운동부 수입이 1억 달러를 뛰어넘은 것처럼 설사 수백만 달러 수입이 들어온다고 해도, 운동부가 쓰는 체육관에서 돈 들어갈 일이 생긴다. (경기장은 항상 보수가 필요하다.)

연간 결산 회계에 모든 내용이 다 반영되는 것도 아니다. 프린스턴대학교는 매년 180만 1,579달러를 미식축구단이 쓴다고 밝혔다. 그러나 바로 1년 전쯤 프린스턴은 4,500만 달러를 들여 신축한 경기장을 개관했다. 미식축구 선수단이 경기장을 사용하는 횟수는 1년에 많아야 여섯 번 정도인데 좌석 2만 7,773개짜리 경기장을 어떻게 또 활용할 수 있을지 모르겠다. 우리는 이 구조물이 매년 미식축구부 예산에 얼마씩 반영되어야 하는지 회계사들에게 분석을 의뢰해 놓은 상태다.

▶ **속설**: '건강한 신체에, 건전한 정신'

▶ **실태**: 예일대학교 졸업생인 이스텝 네이지(Estep Nagy)의 의견을 들어보자. 그는 앤드류가 쓴 기사를 읽고 『뉴욕 리뷰 오브 북스 *New York Review of Books*』에 글을 실었다. 한때 엘리(Eli, '예일대 학생'이라는 애칭 – 옮긴이)였던 그는 대학 운동부 시절 노 젓기를 통해 배운 점을 적었다.

"하루하루, 매달, 매년 벌어지는 대학 간 경쟁은 희생정신뿐 아니라 강인함, 인내, 목표 의식 등을 필요로 한다. 이는 유의미한 교육이 갖춰야 할 핵심 요소라고 생각한다."

그럴 듯한 말이다. 우리도 대학 대표 팀의 경쟁이 인내와 목적의식과 관련이 있다는 주장은 인정한다. 네이지와 그의 조정 팀 동료들은 그저 근육이나 만들기 위해 퀴니피악 강에서의 지독한 시절을 견뎌 낸 것이 아니다. 그보다는 더 품격 있는 목적이 있었다. 하버드대학교를 이기기 위해, 그리고 어쩌면 헨리 로열 레가타(Henley Royal Regatta, 영국 왕실 주최 조정경기대회로 매년 여름 영국 템스 강 상류 헨리 지역에서 열린다.－옮긴이)에서 옥스퍼드대학교를 만나 물리치기 위해서라는 것이다.

우리도 교내 소프트볼 게임으로는 이렇게까지 깊은 헌신을 이끌어 낼 수 없다는 점은 인정한다. 그렇다면 모든 학부생이 대학 운동부에서 시간을 쏟아야 한다는 뜻인가? 마치 그렇게 하지 않으면 대학 생활에서 반드시 경험해야 할 일을 놓치고 있다는 소리처럼 들린다.

이런 말까지 해야 하나 싶기도 하지만, 육체적 활동? 물론 찬성한다. 좌업(坐業) 시대를 살아가는 우리는 소파와 의자에 앉아 흘려 보내는 시간이 너무 많다. 걸어야 할 때 운전하고, 필요 이상으로 먹는다. 그렇다면 고지식한 질문 하나 해 보자. 대학들은 학생들의 정신뿐 아니라 육체까지 보살펴야 할 의무가 있는가?

사실 체육관 같은 것은 대다수 고등학교가 갖추어야 할 시설물이다. 고등학교는 대학에서 하지 않는 여러 필수적인 교육을 담당하고 있지 않은가. 그럼에도 불구하고 상당수 사람들은 실속형 대학(no-frills college, 온·오프라인 통합 강의나 학교 편의시설 이용권 제한 등을 조건으로 학비가 저렴한 실속형 대학－옮긴이)조차도 수영장, 육상 트랙, 농구장, 어쩌면 테니스 코트까지 구비하고 있을 것이라고 여긴다.

최소한 이것만은 다시 묻고 싶다. 도대체 '왜' 그런 기대를 하나? 그러한 편의시설이 우리가 요구하는 대학교육이 추구해야 할 목표에 어떤 기여를 한다는 것인가?

교육과 관련 없는 대학 내 부속물이라면 무엇이든지 간에 밑바닥부터 철저히, 의심의 여지없이 그 존재 이유가 입증되어야 한다. 이것은 이 책에서 우리가 시종일관 유지하고 있는 관점이다. 앞으로 우리는 미술관, 경력 상담 센터, 교목실(校牧室) 등에 대해서도 이 같은 혹독한 검증을 할 것이다. 대학들에 수영장이나 테니스 팀, 골프 시합이 왜 있어야 하는지 따져 묻겠다. 대학이 구비해야 할 최소한의 수준을 넘어섰다면 진짜 필요한 시설이라고 말할 수 있을까?

그러나 일단 이스텝 네이지의 이야기로 돌아가 보자. 그는 라이벌 대학을 이기겠다는 목표하에 수개월간 훈련을 하면서 동료 선수단을 얻었고, 많은 혜택을 받았다고 주장했다. 다음은 그의 주장에 대한 우리의 반론이다.

NCAA에 따르면 보통 남자 조정 팀 소속 선수는 28명, 연간 운영비는 78만 5,400달러 정도 된다. 예일대학교가 대략 이 정도 비용을 들이고 있다면 매년 선수 1인당 예산이 2만 8,050달러에 이르며, 이는 선수 한 명이 4년간 배 조각 하나 젓는 데 총 11만 2,200달러가 든다는 뜻이다. 인내하는 가운데 배우는 것이 있다는 점을 감안해도, 조정은 아무리 예일대학교라 해도 발을 담궈서는 안 될 사치스러운 스포츠라는 결론을 내릴 수밖에 없다.

합리적인 사람이라면 무엇이 학부생 교육에 반드시 필요한 요소인지 분별할 수 있을 것이다. 동아리나 동문회 캠프를 꼽는 사람도 있을 수 있다. 고고학 논문학회부터 '오델로' 제작 연극부, 문학 잡지 창간 팀에 이르기까지 동아리가 얼마나 많은가. 사실 대학 운동부 대표 팀 유니폼을 입는 학생은 거의 없다. 우리의 분석 결과 남자 대학생의 6퍼센트, 여대생의 3.6퍼센트 정도만 스포츠 팀에서 시간을 보내고 있었다. 미국 대학의 전형인 일리노이 대학교에서 운동부 참여 학생은 학부생의 2퍼센트에 불과하다.

대학 간 자극은 또 다른 문제를 안고 있다. 대학이 후원한 스포츠의 절반 이상은 학생들이 졸업 후 두 번 다시 경기에서 뛸 일이 없다는 사실이다. 레슬링과 워터폴로는 확실히 그런 종목이고, 라크로스와 아이스하키도 거의 대부분의 선수들이 졸업 후 손을 놓는다. 체조와 싱크로나이즈드 스위밍도 아마 다르지 않을 것이다. 이에 비해 독서는 어떤가. 적어도 대학 생활을 통해 독서를 취미로 더 발전시킬 수도 있으며, 결국 이는 평생 가는 취미 아닌가.

건강한 신체에 건강한 정신이 깃든다는 데 누가 이의를 제기하겠는가. 그래서 의심스럽다는 것이다. 적어도 대학 운동선수의 생활방식이 용인되는 것에 대한 의구심을 지울 수 없다. 대학생 선수에게 프로 선수급 실력을 기대한다면 그에 맞는 비용을 치러야 한다. 미시간대학교 미식축구 선수단의 절반은 평상시에도 수술을 받아야 한다. 그 결과 미시간 의과대학은 스포츠 단지 내에 정형외과 클리닉까지 개설할 지경이 되었다.

몸만 상하는 것이 아니다. 스탠퍼드대학교 소프트볼 팀의 2009년 스케줄을 보자. 14주 동안 58경기가 잡혀 있는데, 이중 절반은 원정 경기였다. 일주일에 기본 4경기로, 매사추세츠, 텍사스, 애리조나 등 다른 주로 이동하는 시간까지 포함해서다. 이 선수들, 수업은 언제 들을까? 2월 8, 9, 10, 13, 15, 16, 17일로 잡힌 시합에 잇달아 투입되는 상황에서 선수들이 어떻게 수업을 따라잡을 수 있을지는 독자들의 상상에 맡기겠다.

스탠퍼드대학교의 한 교수는 운동부 경기가 있는 날 수업에 들어오지 않을 선수 명단이 적힌 편지를 정기적으로 받고 있다고 말했다. 그녀는 "과도한 배려를 요구하지는 않지만 함의가 있는 편지"라며 "그들은 아슬아슬하게 줄타기를 하고 있다"고 말했다. 소프트볼 팀도 할 말은 있을 것이다. 선수로 나선 젊은 여성들이 운동을 즐기고 있다거나 소프트볼은 중년이 되어서도 할 수 있는 스포츠라든가 등등. 그러나 우리는 이 점을 묻지 않을 수 없다.

한 학기에 58회씩이나 되는 경기가 왜 필요한가?

▶ **속설** : 기억에 남을 경험, 새로운 만남

▶ **실태** : 시합을 위해 타 대학으로 떠나는 여행이 선수가 아니면 얻기 힘든 경험이라는 의견에 동의한다. 그러나 우르르 몰려가서 버스, 밴 또는 비행기를 타고 도착하자마자 낯선 수영장이나 링크 또는 코트에 적응해야 한다. 좀 순진한 질문 하나만 더 해 보자. 평균적으로 반경 100마일 이내에 대학이 수두룩하게 있는데, 왜 그 머나먼 곳까지 원정 경기 여행을 떠나야 하는가?

지난 2009년 시즌 스탠퍼드대학교와의 소프트볼 경기를 위해 팔로 알토까지 건너간 대학들이 있다. 노트르담대학교(3,091킬로미터), 웨스턴켄터키대학교(3,147킬로미터), 프린스턴대학교(4,108킬로미터), 버몬트대학교(4,076킬로미터) 등. 프린스턴대학교는 대학 육상 팀을 중국(11,856킬로미터)에 보내기도 했다. 의심의 여지없이 학생들에게는 잊지 못할 경험이 되었을 것이다. 그러나 이후 청구된 비용은 20만 달러에 달했다. 과연 눈 하나 깜짝 않고 선뜻 지불할 수 있는 액수일까?

우리는 운동선수들이 켄터키 주의 웨스턴켄터키대학교든 중국의 난징대학교든 다른 캠퍼스에 가서 새로운 사람들과 접할 수 있다는 주장에는 동의한다. 그러나 이런 식의 만남은 보통 순식간에 끝나고 마는 일회성이다. 경기 종료 휘슬이 울린 이후부터 선수들이 버스에 탑승하는 순간까지 만남은 30분 안에 끝난다. 게다가 펜실베이니아주립대학교와 오하이오주립대학교 선수단 100명이 각 팀별로 분리된 라커룸으로 줄지어 들어간 이후 이들 간에 어떤 상호작용이 일어나는지도 알 수 없다.

▶ **속설** : 대학 간 대항전은 학생들의 애교심을 고양시키고 기부금 증가로

이어진다.

▶ **실태:** 운동부 생활에 관한 첫 번째 진실은 운동부가 학생들의 애교심과 기부금을 끌어 올리는 효과는 경기에서 이겼을 때나 가능하다는 점이다. 재학생, 졸업생, 기부자들은 경기에서 패하기만 하는 운동부에 동정심을 갖지는 않는다. 물론 구경하는 관중들이야 가끔 패자를 응원할 때도 있다. 하지만 얼마 후 관중 참석률에서 나타나듯이 그런 관중들도 대부분은 발걸음을 끊는다. 다트머스대학 학생들은 다트머스의 미식축구 경기에 빈자리가 많은 이유를 간단명료하게 말했다.

"경기에서 잘 이기지 못하잖아요."

경기 성적이 좋지 않으니 후원하고 싶지 않다는 뜻이다. 미식축구부는 승리 기록을 세워 성공적인 시즌으로 마무리해야 한다. 그러한 성과는 장비, 코치, 리크루팅에 상당한 투자를 해야 가능한 결과다.

그러나 위 속설에서는 운동부가 성과를 내고 있다고 주장한다. 에모리대학교의 한 교수는 최근 대학 발전처 직원으로부터 이 대학에 없던 미식축구부를 만들어야 한다는 주장을 들었다고 한다. 에모리는 미식축구부가 없는 몇 안 되는 대학 중 하나였다. 그 직원은 "축구부가 졸업생들에게 받는 기부금 수입을 최대한 끌어올릴 것"이라고 주장했다고 한다. 이제껏 살펴본 바에 따르면 운동부는 기금 모금 담당자의 경력만 쌓아 줄 뿐이다. 아마도 그는 "에모리대학교에 축구를 창시한 사람"으로 영원히 이름을 남길 것이다. 이런 식으로 대학 내 평가가 이루어진다.

이따금 디비전 II나 III에 속한 학교들은 단시간 내에 상위 디비전으로 올라갈 것을 재촉받을 것이다. 그래야 더 뉴스 가치가 있는 상대 팀을 만날 것이기 때문이다. 흔히 투자에 대한 얘기가 나오면 사람들은 돈을 써야 돈을 벌 수 있다는 말을 한다. 텍사스대학교의 샌안토니오 분교는 디비전 I-A를 뚫고 들어가려면 매년 1,400만 달러의 신규 투자가 필요하다는 분석을 받았다. 우선 원정경기 여행 비용(45만 달러), 리크루팅(12만 달러) 비용이 더 필요하고, 실력 좋은 선수들과 계약하려면 강습비, 기숙사비, 식비 면제(200만 달러) 혜택도 제공해야 한다. 교내 훈련 공간, 개인 교습, 방송 시설 비용 예산은 말할 것도 없다. 기부자가 줄을 설 정도로 많지는 않았으니 이 어마어마한 규모의 신규 비용은 이 대학 학부생들의 책임으로 떨어졌을 것이다. 이러한 모험을 지원하기 위해 학생 1인당 500달러씩을 더 내야 했다.

뉴욕주립대학교 빙햄튼 분교의 임원진들이 농구부를 NCAA의 디비전 I으로 올려 보내기로 결정하면서 이 학교는 소년범들이 득실거리게 되었다. 운동부를 통해 얻을 영광의 순간만 바라보다가 대학이 비행 청소년들의 공간으로 변해 버린 것이다. 공세적으로 선수를 영입하자 범죄가 급증하는 결과가 나타났다. 마약 거래, 슈퍼 좀도둑, 신용카드 절도 등. 어떤 선수는 지역 월마트에서 콘돔을 훔친 혐의로 체포되기도 했다. 그는 벌금을 내달라며 코치에게 연락했다.

수학 능력이 의심스러운 학점으로도 대학에 입학한 운동선수들은 '자유전공 학부'로 보내지며, 스포츠를 좋아하는 교수들이 이들을 관리한다. 이런 식으로 해서 크고 작은 비리가 수도 없이 일어난다. 한 선수는 볼링 I과 소프트볼 이론 수업에서 운동부 활동으로 학점 인정을 받았다. (우리도 그런 수업에서 가만히 앉아 있어 봤으면 좋겠다.)

어느 여자 시간강사는 수업 시간에 심각하게 버릇없이 굴었던 선수에게 경고를 주었다가 대학에서 해고를 당한 일도 있었다. 학교에서 벌어지는 각종 사건 사고에 관한 질문에 빙햄튼의 학장은 다양한 학생들을 모아놓은 '실험'의 결과라고 말했다.

비슷한 일은 다른 대학에서도 일어났다. 인기 스포츠 종목이 보잘것없는 대학의 인지도를 높이는 가장 확실한 해법이라는 믿음이 아직도 유지되고 있다. 클로디아는 흑인 학생이 많기로 유명한 미시시피밸리주립대학교를 방문해 교수들에게 '대학의 발전을 위해 필요하다고 생각하는 희망사항을 적어 달라'고 요청했다. 결과로 나온 자료는 쓸 만했다.

스포츠는 다른 희망사항들보다 순위가 낮았다. 졸업률이 35퍼센트에 불과하고, 예산 부족으로 정교수가 17명뿐이기 때문만은 아니다. 하지만 한 교직원이 적어 낸 목록 맨 위에 새로운 미식축구 경기장이라는 어구가 있었다. 그는 새 경기장이 대학의 이름값을 올리고 더 많은 학생을 끌어 모을 수 있을 것이라고 생각한다고 했다.

스포츠가 대학 재정에 도움이 될 것이라는 희망 수준의 발언은 많았다. 경제학자들은 이를 뒷받침해 줄 근거를 찾았다. 우리가 검토한 연구에서는 대학이 미식축구 볼 슬롯이나 농구 결승 플레이오프 진출권을 따내면 기부금이 약 7퍼센트까지 오르는 경향이 있다고 밝혔다. 그래서 우리는 이긴 팀만이 이 기부자들의 눈길을 끌 수 있는 것이라고 본다. 정상에 도달하고 말겠다는 희망으로 거액을 투자한 대학을 포함해 대다수 대학 운동부들은 그 정도로 높이 올라가 보지도 못하고 떨어진다는 사실은 더 말할 것도 없다.

그러므로 대학은 운동부에 재정적으로 기대지 않는 것이 최선이다. 하지만 문제는 이뿐만이 아니다. 졸업생 등 자기앞수표를 끊어 대학 운동부를 지원하는 사람들은 기부금의 명목을 지정해서 후원한다는 점이다.

미주리대학교의 타이거 클럽이 대표적이다. 타이거 클럽은 최근 선수들의 기숙사비, 식비와 함께 '학업 상담, 개인 교습, 경력 개발'을 위한 비용을 대기 위해 약 700만 달러를 모금했다. 하지만 이런 후원은 오로지 운동부 멤버들만 받을 수 있다. 이렇다 보니 요즘 미주리대학교에서는 학업을 위해 대학에 온 학생들보다 운동부 선수들을 지원하는 비중이 더 높다.

미식축구 후원이 동문의 지지도를 높이는지 살펴보기 위해 간단한 실험을 했다. 대학들은 「US 뉴스 & 월드 리포트」에 전년도에 들어온 졸업생 기부금 현황을 제출한다. 아래의 표에 있는 12개 대학 중 절반은 미식축구부를 운영하는 대학이고, 나머지 절반은 한 번도 미식축구부를 둔 적이 없거나 미식축구부를 폐지한 대학들이다. (비교의 일관성을 유지하기 위해 모두 사립대학만 골랐다.)

두 그룹을 비교한 결과, 대학이 미식축구를 후원함으로써 대학 기부금이 늘었는지 여부는 확인하기 힘들었다. 물론 미식축구부에 대한 투자가 기부금 규모를 결정하는 핵심 변수라고 생각하지는 않는다. 하지만 동문들의 학교에 대한 애정은 미식축구부가 있든 없든 비슷해 보였다.

사실상 기부금 규모와 운동부에 대한 투자 사이에 상관관계는 없어 보인다. 「고등교육 소식지」가 2000년부터 2008년까지 1억 달러 이상 기부금을 모은 대학 명단을 뽑았다. 이에 따르면 후원받은 45개 대학 가운데 잘나가

기부금을 낸 동문 비율			
미식축구 팀이 있는 대학		**미식축구 팀이 없는 대학**	
베이츠대학	43%	하버포드대학	47%
해밀턴대학	48%	스워스모어대학	48%
라이스대학교	34%	에모리대학교	37%
밴더빌트대학교	24%	브랜다이스대학교	32%
시라큐스대학교	18%	마케트대학교	18%
시턴홀대학교	9%	뉴욕대학교	11%

는 미식축구부를 운영 중인 대학은 단 세 곳(텍사스대학교, 서던캘리포니아대학교, 버클리대학교)뿐이었다. 오히려 미식축구부에 전혀 지원하지 않는 대학이 더 많았다(에모리대학교, 뉴욕대학교, 캘리포니아공과대학교, 예시바대학교, 퍼시픽대학교 등). 대학 스포츠에서 거의 영향력이 없는 대학들도 1억 달러 이상 기부금을 모았다(터프츠대학교, 클레어몬트맥케나대학, 존스홉킨스대학교, 시카고대학교).

뉴욕시 쿠퍼유니온대학에는 좀 색다른 운동부가 있다. 입학 경쟁이 치열한 예술·공학 명문대 쿠퍼 유니온은 모든 학생들에게 전액 장학금을 지급한다. 그 결과 수많은 대학에서 당연시되는 사치용 스포츠 예산이 이 대학에는 거의 없다. 운동부를 후원하고 싶다는 대학이 있다면 쿠퍼유니온대학을 모범 사례로 추천하고 싶다.

이 대학에는 배구, 야구, 축구, 테니스 등 15개 스포츠 팀이 있다. 하지만 운동선수가 입시에서 덕을 보는 일은 없다. 학생들은 입학 후 가입하고 싶은 팀을 골라 그저 즐기기 위해 운동할 뿐이다. 이 학교의 연간 스포츠 예산은 모두 합쳐 봐야 2만 달러, 학생 1인당 20달러 정도다. 이렇다 보니 선수들은 인근 교회 체육관을 빌려 연습을 하고, 원정 경기를 위해 대중교통을 이용한다.

쿠퍼유니온대학의 학생 서비스 처장이자 운동부 책임자인 스티브 베이커는 선수들이 일주일에 50시간은 공부를 하도록 했다. 그래서 손에 공을 쥐고 싶은 선수라면 운동 시간과 장소를 확보하는 문제는 선수 자신의 능력에 달렸다.

이 대학에 다니는 유명 농구 선수는 공원에서 연습을 하기 위해 아침 6시에 일어난다고 한다. 베이커의 명함에 모든 메시지가 담겨 있다. "체육관, 코트, 운동장, 수영장, 승마용 말, 연습 시간, 봐주기 일절 없음." 그런데도 이 대학 운동부의 실력은 나쁘지 않다. 몇 년 전 한 학생은 허드슨 밸리의 여자 테니스 결승에서 우승을 차지한 적도 있다. 베이커의 이야기를 들어 보자.

"대부분의 팀이 우리 팀보다 더 크고, 더 많은 시간을 연습에 쏟아부으며, 경기에서 실제로 이기고 싶어 하지요. 하지만 우리는 그런 차원을 떠나 그저 배우고 즐기고 싶을 뿐이랍니다."

그들은 누구를 입학시키나

가만히 캠퍼스를 거닐다 보면 눈길을 끄는 풍경들이 있다. 우선 몇 년 전에 비해 요즘 캠퍼스에서는 백인의 얼굴이 확연히 줄어들었다. 반면 흑인과 히스패닉계 학생들은 예전보다 더 자주 눈에 띈다. 물론 상위권 명문대에는 흑인과 히스패닉이 아시아계를 뛰어넘을 만큼 많지는 않다. 그리고 남학생보다 여학생이 더 많다는 사실에 약간은 어색한 기분이 들 수도 있다. 마지막으로, 주차장을 지날 때는 최신형 자동차 수를 한번 세어 보자. 학생들의 경제적 수준을 보여 주는 좋은 지표다.

이번 장에서는 누가 대학에 들어가고 들어가지 못하는지, 학생 등록률을 높이기 위한 대학의 눈물겨운 노력, 그리고 대학 입시의 규정과 관행들로 누가 이익을 얻고 있는지에 관한 정보를 풀어 보고자 한다. 다른 장(章)과 마찬가지로 대학 입시 문제에서도 대학은 막연한 관념이 아니다. 그것은 젊은이들에게는 대학 진학 여부에 따라 인생의 방향이 달라지는 문제다. 포스트 모더니스트들은 모든 것이 '사회 구조'의 하나라고 주장한다. 인종, 성(性), 계급 같은 문제들은 인간이 만들어 냈다는 것이다. 이들이 내중적으로 인기는 별로 없지만 대학 입학에 관한 문제라면 그들의 주장이 정말 옳았다.

흑인과 히스패닉 우대?

1960년대 초반, 엘리트 대학들은 흑인과 히스패닉 학생들이 많은 학교로 보이고 싶어 했다. 그러한 대학들이 도입한 소수자 우대정책(affirmative action, 소수 인종에게 더 많은 기회를 부여하는 정책 – 옮긴이)은 한 가정의 저녁 식탁에서부터 연방대법원 변론에 이르기까지 논란의 대상이 되었다.

이 주제를 다룬 책들이 수없이 많기에 여기서는 몇 가지만 짚고 넘어가겠다. 하나는 바로 '우대하는'이 뜻하는 바가 무엇이냐 하는 문제다. 대학들은 자기 학교에 지원할 학생들을 그저 기다리고만 있지 않는다. 오히려 뽑고 싶은 인종·민족 출신 학생을 모집하기 위해 적극적으로 움직인다.

이 같은 행보는 헌법의 '평등한 보호' 조항에 구애받지 않는 사립대학으로서는 합법적인 활동이다. 그래서 사립인 스미스대학은 남학생을 받지 않을 수 있으며, 브링햄영대학교는 모르몬교 신자들에게 학비 경감 혜택을 줄 수 있는 것이다. 역시 사립인 MIT가 성비 균형을 맞추기 위해 수학 점수가 좀 낮은 여학생을 합격시켜도 아무 문제가 없다.

같은 맥락에서, 다트머스대학이나 듀크대 같은 사립대학들은 뽑고 싶은 흑인과 히스패닉 지원자에 대해 특별한 기준을 적용할 수 있다. 그러나 공립대학은 이 같은 여지가 없다. 주정부 법과 판례, 주민투표 요건에 따라 공립대는 피부색이나 성별이나 출생지처럼 태어날 때부터 가진 특성들에 기반한 입시 정책이 허용되지 않는다.

대부분 인기 대학의 교수나 총장들은 정치적으로 자유주의적 성향이 강하다. 이들은 흑인과 히스패닉계 비중을 높이려고 애를 쓴 데 이어 그러한 학생을 발굴하고 그들이 필요로 하는 경제적 지원을 제공하기 위해서도 노력을 기울였다.

가장 최근 자료에 따르면 하버드대 학생의 15퍼센트는 흑인과 히스패닉

두 그룹 출신이었고, 듀크대에서는 그 비율이 17퍼센트, 스탠퍼드대는 23퍼센트였다. 이는 점수가 좋은 백인과 아시아계 학생 중 누군가는 소수자 우대정책에 할당된 자리를 채워야 한다는 방침 때문에 입시에서 탈락하고 있음을 의미한다. 1980년대 하버드대는 전체 학부생의 86퍼센트가 백인이었지만 이제는 그 비율이 58퍼센트로 내려갔다. 듀크대에서는 백인 학생의 비율이 92퍼센트에서 64퍼센트로 떨어졌다.

미시간대에서 떨어진 백인 학생 2명이 이러한 정책에 문제를 제기할 당시, 이들은 자신들이 있어야 할 자리를 실력이 덜한 학생들이 차지했다고 주장했다. 듀크나 하버드에서 떨어진 백인 지원자들도 분명 비슷한 생각을 했을 것이다.

억울함을 느끼는 백인 학생들은 보통 화이트 리스트(백인 학생 목록—옮긴이)의 맨 아랫줄에 있는 경우다. 화이트 리스트? 입학처장들이야 당연히 화이트 리스트 따위는 없다고 주장할 것이다. 그런데 정말 없을까? 애머스트대학의 관문을 지키는 입학 사정관 톰 파커에게 들은 이야기가 떠오른다.

그는 자신의 임무는 지원자 개개인에 대한 판단을 하는 것이라기보다 '계층을 나누는 일'이라고 말했다. 그는 어떻게 하면 체스 챔피언, 라크로스 스타, 첼로 연주자가 잘 배합된 신입생 정원 조합이 나올지를 찾고 있다. 가능한 계층을 추리다 보면 "백인이 너무 많아 보인다"는 소리가 나올 수 있다. 그런 경우에는 일부 백인이 탈락할 수밖에 없다. 따라서 화이트 리스트 맨 아랫줄에 있는 학생들부터 잘려 나갈 것이 분명하다.

인종을 이유로 이 제도가 적용될 때 보수파에게는 엄청난 골칫거리일 수 있는 소수자 우대정책은 사실 뽑고 싶은 학생을 찾을 수 있고 이들에게 재정적 지원을 해 줄 수 있는 일부 명문 대학에서만 제 구실을 한다. 실제로 대다수 흑인과 히스패닉 지원자들은 윌리엄스대학처럼 강의료로 4만 1,434달러가 찍힌 청구서를 발행하는 대학에 합격해 다니려면 그만한 재정적 원조가 필요하다.

윌리엄스대학은 장학 기금을 폭넓게 활용하는 방법으로 이 두 그룹의 비율을 19퍼센트까지 끌어올렸다. 적어도 최근 경기가 침체되기 전까지는 그랬다. (이 책이 인쇄 중일 때 윌리엄스가 흑인과 히스패닉에 대한 재정 원조를 줄였다는 소식이 들려 왔다.)

다른 대학들도 윌리엄스 같은 수치를 뽐내고 싶을 것이다. 그러나 대부분의 대학은 그럴 만큼 재정이 넉넉하지 않다. 콜비대학에 다니는 흑인과 히스패닉 학생은 전체 학생 가운데 6퍼센트다. 아이오와 주의 코(Coe)대학과 인디애나 주의 하노버대학은 전체의 4퍼센트 정도까지만 이런 학생들 몫으로 지원해 줄 수 있다.

2008년 학사 학위를 받은 흑인 학생 14만 6,653명과 히스패닉 학생 11만 4,936명 가운데 압도적인 다수는 소수자 우대정책 덕을 보지 않았다. 한 가지 예로, 흑인 졸업생의 약 5분의 1은 처음부터 흑인을 위해 설립된 대학을 졸업했다. 나머지 대부분의 학생들은 공립대 출신이었다. 이들 대학은 지원율이 높지 않아 어떤 경우에도 선뜻 특정 인종을 우대해 주기 힘들다.

전통적인 소수집단인 흑인과 히스패닉에게 4년제 대학 입학 자체는 그리 힘든 문제가 아니다. 그보다 더 큰 문제는 4년 학사 과정을 마치고 대학원과 전문직으로 옮겨갈 준비를 하는 과정이다. 현재 흑인 신입생 중 졸업에 성공하는 비율은 백인 학생의 63퍼센트에 불과하다. 히스패닉은 59퍼센트다. 특히 이들의 자연과학과 공학 분야 입학률은 주목할 만한 수준에 도달하지도 못했다.

1960년대 기술 관료들이 STEM(과학, 기술, 공학, 수학)이라고 칭한 분야에서 흑인에게 할당된 박사 자리는 1퍼센트도 채 되지 않았다. 겉으로는 흑인에게 기회를 열어 주려고 노력했다지만 2008년까지 이들의 비중은 2.1퍼센트로 소폭 오르는 데 그쳤다.

수학자이자 통계학자인 프리먼 라보프스키(Freeman Hrabowski)의 사례를 보자. 그는 1982년부터 메릴랜드대학교 볼티모어 카운티 캠퍼스 총장으로 일하고 있다. 그는 열두 살 때 인종 분리정책에 반대한 마틴 루터 킹 주니어의 앨라배마 버밍햄 시위에서 어린이 리더로 활약했다. 이후 교육자로서 라보프스키는 "과학과 공학 분야에 뛰어난 미국인, 그중에서도 특히 아프리카계 미국인의 수를 늘리는 데" 자신의 영향력을 활용했다고 말했다.

1988년부터는 볼티모어 지역의 자선가 부부인 제인(Jane)과 로버트 메이어호프(Robert Meyerhoff)가 건넨 기금을 종잣돈 삼아 미 전역에서 똑똑한 흑인 학생들을 발굴해 선발했다. 가만히 두었더라면 일류 사립대에서 선발해 갔을 만큼 우수한 학생들이었다. 라보프스키 총장은 학생들에게 장학금, 대학의 과학 분야 핵심 연구를 준비할 수 있는 연계 과목 수강 자격, 일대일 지도 등을 제안했다. 대학에서 보살핌을 받고 용기를 얻게 될 학생들에게 대학이 가진 모든 것을 제공한 것이다.

20년간 메이어호프 부부와 라보프스키는 노골적으로 인종 우대를 강조하며 소수자 우대정책을 펼쳤다. 라보프스키는 이 프로젝트의 성과를 다음과 같이 정리했다.

"이 프로그램에 등록한 메이어호프 장학생은 1989년 19명에서 시작해 지금은 과학·공학 분야 학사 학위 졸업생이 대략 600명에 달한다. 이 가운데 85퍼센트는 석사·박사 과정뿐만 아니라 의학 박사 연계 과정에도 진학했다."

메이어호프 장학생의 성과는 과학·공학 분야에서 여성과 소수자의 진입을 가로막는 요소가 있다고 강조하는 사람에게 시사하는 바가 크다. 미 연방 대법원조차 인종이나 배경 같은 특징이 극복되어야 할 장애 요소로 보이는 상황이라면 그러한 특성에 더 관심을 가지는 것이 합법적이라고 인정했다.

대학 입시에서 인종에 따른 차별이 있어선 안 된다는 주장은 잘사는 집 학생들이 기득권을 지키려는 구실에 불과하다. 이 나라는 언제나 평등과 기회의 땅이었다. 우리 대학들은 앞장서서 목표를 달성해야 한다.

아시아계가 너무 많아 걱정?

한때 백인 학생들이 꽉 잡고 있던 자리 중 상당수가 요즘은 아시아 출신 학생들로 채워지고 있다. 전체 학사 학위자 가운데 아시아계의 비중은 1980년 2퍼센트에서 지금은 거의 7퍼센트까지 올라 3배 이상 증가했다. 전체적으로 보기에는 이 정도 비율이 얼마 안 되어 보일 수 있지만 입시 경쟁이 치열한 대학들 위주로 보자면 아시아계가 미친 충격은 상당하다.

다음을 보자. 1980년 하버드대와 펜실베이니아대 캠퍼스에서 아시아계는 백인 학생 100명당 5명꼴이었다. 그러나 2009년이 되자 공교롭게도 두 대학 모두에서 아시아계 학생이 백인 100명당 30명에 이르렀다. MIT도 1980년에는 아시아계 학생이 백인 100명당 7명뿐이었지만 2009년에는 백인 100명당 80명으로 10배 이상 늘어났다.

사실 같은 기간 동안 전체 인구에서 백인이 차지하는 비중은 줄었다. 그럼에도 불구하고 대학교육을 받은 부모의 수가 늘어남에 따라 경쟁이 치열한 상위권 대학에 진학할 경제적 형편이 되는 인구도 사실상 증가했다. 이런 점에 비추어 볼 때 백인 학생들은 여전히 경쟁적 우위를 유지했어야 했다. 하지만 백인 학생들의 자리가 아시아계 학생들로 바뀌었고, 이는 학문적 우수성 때문이었지 소수자 우대정책 때문이 아니었다.

백인보다 더 많은 아시아계 학생들이 더 좋은 학점을 받았을 뿐 아니라 백인 심리학자들이 개발한 테스트에서도 더 높은 점수를 받았다. 거의 모든 소득 계층에서 아시아계는 백인을 능가했다. 실제로 미국대학수학능력시험 (SAT) 수학과 작문 과목에서 아시아계 여학생들의 점수가 백인 남학생의 점수보다 더 높았다.

백인 학생들이 SAT와 대학별 에세이 시험에 대비하기 위해 과외를 받는다거나 백인 지원자들이 필사적으로 입시를 준비하고 있다는 소식도 심심찮게 들려왔다. 그러나 이 같은 노력은 특별한 동기를 가지고 공부에 몰입하는 아시아계 학생들에 필적할 만한 수준은 되지 못했다. 우리가 가르치는 아시아계 학생들이 부모를 존중하는 마음은 이 학생들이 탁월한 성적을 낼 수밖에 없는 요인이다. 이들은 전 과목 A학점을 받지 못하는 것은 수치스러운 일이라고 생각한다.

소수자 우대정책보다 더 심한 우대도 있다. 보통은 이런 식으로 표현하지 않지만 사실이 그렇다. 학업에 약한 백인 지원자들은 대학에 갈 수 있는 다른 길이 있다는 것이다. 한 가지 방법은 학점과 SAT 점수가 모두 그저 그렇더라도 부모가 해당 대학을 나온 동문이면 된다. 우리의 연구에서 최고의 성과는 동문 자녀들이 대학에 합격할 확률이 평범한 지원자들보다 24퍼센트나 높다는 점을 밝혀낸 것이었다. 하지만 이는 아시아계 학생들에게는 별로 도움이 안 되는 방법이다. 앞서 언급했듯이 아시아계 학생들 중 부모가 동문인 경우는 거의 없기 때문이다.

백인 학생들의 대입 경로 중에는 아이스하키, 라크로스 또는 골프, 테니스처럼 사립고등학교에서나 해 볼 수 있는 스포츠 종목에서 이름을 날리는 방법도 있다. 대학 운동부 코치들이 진짜 뽑고 싶어 하는 학생이라면 엉덩이 붙이고 공부만 한 학생들보다 합격률이 48퍼센트나 높다. 에머스트대학의 입학 사정관 톰 파커는 운동부 코치들이 하키 골잡이나 라크로스 미드필더로 유명한 학생들을 뽑을 수 있도록 해달라며 그의 사무실을 점거하다시피

한 일을 말해 주었다. 코치들이 뽑겠다고 하는 지원자들은 대부분 백인이다.

입학 경쟁이 치열한 대학에 지원한 아시아계 학생들에 관한 통계를 분석한 연구도 있었다. 실제 합격 자료에 따르면 아시아계 지원자의 24퍼센트가 지원한 대학에 합격했다. 그러나 사정 과정에서 "인종 차별을 하지 않는" 방법을 썼더라면 아시아계 지원자의 32퍼센트가 합격자 명단에 올랐을 것이다. 간단히 말해 이 대학들은 "아시아계가 너무 많아 보이지 않을까" 하는 우려 때문에 아시아계에 합격생 할당을 둔 것이다. 마치 수십 년 전 대학들이 "유대인이 너무 많아지는" 것을 불안해했던 때와 똑같다.

공립대는 요즘 보는 눈이 많아져 입시 부정을 할 가능성이 덜하다. 텍사스 A&M대학교조차 동문 우대정책을 폐지해 버렸다. 캘리포니아 주의 UC계열 대학들은 학업 성적을 강조한다. 공정성 때문인 측면이 있지만 UC캠퍼스들이 지원서 폴더를 깊이 들여다볼 수도 없을 만큼 지원자가 너무 많이 몰려들기 때문이기도 하다.

학점과 SAT 점수를 강조하자 UC버클리, UCLA, UC샌디에이고, UC얼바인 분교 등의 대학에서 아시아계 학생 수가 백인을 넘어섰다. 사실 캘리포니아는 아시아 인구가 많은 지역이다. 그런 점을 감안해도 캘리포니아 주 4개 대학에 진학하는 연령층에서 백인이 차지하는 비중은 여전히 아시아계보다 높다. 이 단순한 사실이 뜻하는 바가 뭘까. 캘리포니아 지역 고교에서는 부유한 가정에서 자란 백인 학생들조차 공부를 잘하지 못한다는 것이다. 누군가에게 들은 농담처럼 이제 UCLA는 "아시아계 틈에서 헤매고 있는 불행한 백인"을 상징하는 곳이 되었다.

여학생이 너무 많아 걱정?

캠퍼스 산책으로 돌아가 보자. 전형적인 4년제 대학이라면 남학생 100명당 여학생 127명을 볼 수 있을 것이다. 졸업 때 학위를 받는 남학생이 100명이라면 여학생은 133명쯤 된다. 이는 전국적인 현상이다. 예를 들어, 노스캐롤라이나의 엘론대학교는 여학생이 59퍼센트를 차지하고 있고, 뉴욕대학교의 여학생 비율은 61퍼센트다.

한때 대학교육은 주로 남자들의 영역이었다. 1955년으로 돌아가 보자. 당시 여자는 전체 대학 재적생 중 38퍼센트에 그쳤다. 1980년쯤에는 남녀 성비가 비슷한 수준으로 올라갔지만 여학생들은 그 후에도 꾸준히 대학에 들어왔다. 가장 최근 집계에 따르면 학사 학위자 가운데 여성 비율이 57퍼센트를 살짝 넘어섰다.

그 이유는 어렵지 않게 확인할 수 있다. 고등학교에서 더 많은 여학생들이 대학 입학 준비 과정을 밟고 있으며, 여학생들이 남학생보다 더 높은 점수를 받는다. 고등학교 교사들은 여학생들이 과제를 완벽하게 해내고 수업 시간에 집중도 더 잘하는 것 같다고 말한다. 1970년대 페미니즘 운동의 성과 덕분에 사람들의 사고방식이 달라졌고, 거의 대부분의 학문 분야에서 여성들에게 문호가 개방되었다. 젊은 여학생들이 이런 운동을 알든 모르든 간에 자신감에 가득 찬 이들은 직업 세계로의 진출을 꿈꾸며 페미니즘이 거둔 성취의 혜택을 보고 있다. 이는 더 많은 여학생들이 대학에 지원하고, 입시에서도 좋은 성과를 내는 결과로 이어지고 있다.

전국적으로 보면 남학생이 대학에 입학하는 일이 어렵지는 않다. 그러나 학생들이 서로 가고 싶어서 안달하는 대학의 경우 한때는 남자들만 다니다가 남녀공학으로 전환된 곳인데도 요즘에는 남학생 숫자가 줄었다. 이 대학들은 여학생을 받기 시작하면서 신입생 정원을 늘렸지만 그 증가 폭이 크지는 않았다. 그러자 남자 합격생이 줄어드는 결과가 나타났다.

1970년, 남녀공학으로 바뀌기 전 다트머스대학의 정원 3,270명은 말할 것도 없이 모두 남학생 차지였다. 그러나 2009년 이 대학의 남학생은 1,982명뿐이다. 이는 곧 일평생 "내가 다트머스대학에 다녔다"고 말하고 다닐 수 있는 남자가 1,208명 정도 줄어들 것이라는 뜻이다.

예일대도 사정은 비슷하다. 불과 한 세대 전에 비해 남학생 수가 2,019명 줄었다. 개교 초반 하버드대는 그저 전체 정원의 5분의 1 정도를 하버드 내에 설립한 레드클리프대학 여학생들에게 내주는 수준의, 형식적인 남녀공학에 불과했다. 그러나 지금은 여학생이 하버드 재적생의 절반 가까이를 차지하고 있으며, 남학생 규모도 감소했다.

물론 사라진 남학생들이 코스트코 매장 선반에 쌓인 물건들처럼 가만히 있지는 않을 것이다. 이들은 리하이대학교와 루이스앤클락대학이 기꺼이 데려갈 것이다. 그럼에도 불구하고 명문대 대신 입학한 대학이 명문대 수준으로 명성이 높은 곳은 아니며, 바로 이 부분이 많은 부모와 학생들이 중요시하는 대목이다.

아이비리그 대학들이 남녀공학으로 바뀐 배경에는 의외의 스토리가 숨어 있다. 모든 아이비리그 대학에서 교수들이 여학생을 합격시킬 것을 종용했다는 점이다. 일부 교수들은 남학생만 가르치는 것은 따분한 일이라는 사실을 깨달았다. 또, 2개의 성(gender)이 존재하는 세계에서 캠퍼스도 현실을 반영해야 한다고 말하는 교수들도 있었다. 대학 법인 이사들도 여학생 입학에 대해 중립적인 편이었다. 문제는 동문들이었다. 다트머스, 예일, 프린스턴에서 '남자들의 시절'을 만끽한 이들이다. 그러나 졸업생들의 반대가 구체적으로 나타난 적은 한 번도 없었다. 사실 졸업생들은 싫은 소리를 거의 하지 않았다. 애머스트대학의 한 교수가 그 이유에 대해 다음과 같이 말했다.

"우리 졸업생들도 대부분 딸 가진 아버지거든요. 자신이 다녔던 대학에 자기 딸도 다닐 수 있기를 바라는 아버지란 거지요."

여학생 우세 문제는 좀 더 복잡하다. 대학들이 직접 표현하지는 않지만 대부분의 대학은 성비가 50대 50으로 균형이 맞았던 시절로 시계 바늘을 돌리고 싶어 한다. 한 단과대학 학장은 은근 비꼬듯 이렇게 말했다.

"윌리엄앤메리대학이라고 부르지, 메리앤메리대학이라고 하지는 않잖아요?"

불공정한 방법으로, 일부 대학은 자질이 부족한 남학생을 합격시키기 위해 소수자 우대정책을 변형시켜 활용하고 있다.

2007년 통계에 따르면 브라운대학교는 여학생 지원자는 13퍼센트만 합격시켰으면서 남학생은 지원자의 16퍼센트를 받아 주었다. 사립대학은 합법적으로 이렇게 할 수 있다. 반면 앞에서도 설명했듯 공립대학은 헌법의 제한을 받는다. 그래서 연방법원은 조지아대학교가 입시에서 남학생들에게 추가 점수를 준 데 대해 해당 입시 결과를 취소했다. 그러나 남학생들에게 더 매력적인 캠퍼스를 만들려는 입찰 경쟁은 계속되었다. 1982년 이래 121개 대학이 미식축구 프로그램을 신설했다.

캠퍼스 성비 불균형에는 계층적 측면도 있다. 이를 파악할 수 있는 가장 좋은 자료를 대학 지원자들로부터 가구 소득 수준을 물어보는 ETS(Educational Testing Service, 미국 대학수학능력시험 주관사 – 옮긴이)에서 얻었다. 분석 결과, 소득 수준이 낮은 가정에서 자란 여학생일수록 대학 진학률이 더 높았다. 이런 현상은 최근 아시아계와 히스패닉을 포함한 거의 모든 소수민족 그룹에서 나타났다. 이들은 역사적으로 딸들에게 기회를 주려고 하지 않았던 사람들이다. 다시 말해, 남학생은 부모를 잘 만나야 대학에 진학하는 편이지만 그보다 더 많은 여학생들이 자신의 의지로 대학에 진학하고 있다.

여성이 대학 졸업생의 38퍼센트에서 57퍼센트까지 치고 올라온 세상에서는 모든 것이 이전과 같을 수는 없다. 그것이 결혼과 전문직 취업에서 남녀의 조화에 관한 문제든 사람들이 스스로를 인식하는 방식에 관한 문제든 간에 상황은 예전 같지 않다. 남자가 전체 졸업생의 62퍼센트에서 43퍼센트까지 떨어진 경우도 같은 맥락으로 볼 수 있다.

그렇다면 사라져 버린 남자들은 어디에 있는가? 가장 정확한 답은 대학에 갈 연령대에 속한 남자 중 상당수가 군대와 교도소에 있다는 것이다. 특히 이런 현상은 소수자 집단과 빈곤층에서 두드러지게 나타난다. 조금 전 확인했듯이 저소득층 여성의 대학 진학률이 높아지고 있다는 사실은 이런 여성들의 오빠나 남동생, 남자친구들에게서 뚜렷하게 발견하기 힘들었던 체력과 학업에 대한 열정 같은 자질이 여성들에게서는 확인되었다는 방증이다.

그러나 잘사는 집안에서도 계속 학업을 이어가는 젊은 남성의 수는 줄었다. 브루킹스연구소에서 설득력 있는 통계 결과가 나왔다. 이에 따르면 경제적으로 형편이 좋은 상위 20퍼센트 가정 자녀의 절반에 가까운 47퍼센트가 학사 학위를 마치지 않았다는 것이다. 다소 충격적인 결과다.

그렇더라도 경제적으로 넉넉한 부모는 제 자식이 사회적으로 불리한 위치에 처하지 않도록 지켜 줄 만한 능력이 있을 것이다. 우리가 확인한바 이런 경우는 대부분 아들이었으며, 이들은 자기 아버지처럼 성공하지는 못할 것 같다.

결론은 대학교육에서 젊은 여성에 대한 차별을 정당화하려는 시도는 초반부터 유행처럼 빠르게 번졌지만 이제 그런 주장에는 단 한 줌의 권위도 남아 있지 않다는 것이다.

대학 입시가 높은 학업 성적을 요구하는 방식으로 바뀌자 여학생들의 대입 성적이 탁월하게 좋아졌다. 이 책을 쓴 우리 중 한 명이 대학 신입생 시절 영어 작문 시간에 겪은 일이다. 1962년, 그녀는 '남자가 여자를 가르쳐야 하는 이유'라는 제목의 에세이를 읽어야 했다고 한다. 요즘같이 여학생들이 캠퍼스를 장악한 세태를 보면 누가 공부해야 하고 누구는 하지 말아야 하는지에 관한 우리 사회의 관습적 사고는 상당수 '사회적으로 만들어진 것'이라는 점을 알 수 있다.

존 F. 케네디 대통령은 "인생은 공평하지 않다"라고 말했다. 태어날 때부터 가진 것이 많았기에 그는 인생의 불공평함에 대해 알고 있었다. 이에 우리는 대학교육도 공정하지 않다고 덧붙이고 싶다. 현재 미국 젊은이의 3분의 2는 대학에 가지 않거나 입학했다가도 대학을 그만 둘 것이다. 어쩌면 우리는 우리 스스로를 중산층의 나라로 포장하고 싶을지 모르겠다. 하지만 이나라 대다수 젊은이는 4년 내내 부모가 대학 학비를 뒷바라지해 줄 수 있는 형편에 있지 않다. 이 문제에 관한 우리의 해법은 간단하다. 지난 20세기에 모든 미국인이 고등학교는 마쳐야 한다고 결정했듯 이번 세기의 목표는 모든 미국인에게 대학 졸업을 의무화하는 것이다.

부자학생이 더 유리하다

대다수 사람들이 배운다는 것 자체가 목적일 수 있고 그래야 한다고 여기는 동시에, 대학교육을 계층 이동의 수단으로 본다. 심지어 이 두 목표가 상충되지 않는다는 주장을 하는 사람도 있다. 실제로 지적 훈련을 잘 받을수록 시장에서 몸값이 올라간다는 학설도 있다.

계층 상승 문제와 관련해 가정 내 첫 대학 진학자인 학생들에게 많은 관심이 쏟아지고 있다. 당연히 그래야 한다. 공정한 사회라면 더 불리한 처지에서 시작하는 사람들에게 기회가 열려 있어야 한다.

우리는 ETS로부터 또 좋은 정보를 입수했다. ETS가 대학 신학 계획이 있는 고교 졸업반 학생을 대상으로 부모의 최종 학력을 설문 조사한 자료다. 이 통계를 활용해 몇몇 추가적인 분석을 하는 과정에서 우리는 대학교육을 받은 부모 밑에서 자란 학생이 그렇지 않은 학생보다 대학에 갈 확률이 5배나 높다는 결론에 이르렀다. 우리 사회에서 대학교육을 해야 하는 목적 중하나가 계층 이동성을 높이자는 것이라면 우리는 그리 바람직하지 않은 결과를 얻은 것이다.

공교롭게도 돈이 있으면 입시 원서 작성 단계부터 더 유리한 고지에 설 수 있다. 요즘 많은 대학에서 요구하는 '개인 에세이'를 보자. 어떻게 하면 둘둘 말린 원서 파일 틈에서 입학 사정관들의 눈에 띄는 에세이를 제출할 수 있을까? 정답은 일단 초고를 써서 '멀린의 펜(Merlyn's Pen)'이라는 업체에 보내는 것이다. 이때 595달러도 함께 보내야 한다. 그러면 이 회사 웹사이트에서 홍보하고 있는 것처럼 직원들이 에세이 수정을 도와주면 "입학 사정관들이 커피 잔을 내려놓고 주의를 기울여 읽어 볼 만한" 에세이로 탈바꿈할 것이다.

요금에는 멀린의 '멘토'라는 사람과의 전화 상담료도 포함되어 있다. 멀린 측의 주장에 따르면 이 멘토는 학생들이 에세이에서 '자기 목소리'를 찾을 수 있게 도와줄 것이다. 멀린 측은 전문가 수준의 성인이 고친 서류에 학생들이 자기 이름을 적어 내는 것이 전혀 부적절하다고 보지 않는다.

입학 사정관들은 이를 현장에서 체감하는 것 같다. 로체스터대학교 입학 사정관 조녀선 버딕은 "다른 사람 손을 탄 것이 분명한" 서류를 찾아낼 수 있다고 말했다. 그러나 우리가 보기에 멀린 식의 멘토들은 10대 수준에 맞게 공손한 수준으로 개작하는 데 숙달된 사람들이다. 버딕은 학생들이 입학 후 수업 과제를 할 때도 "컴퓨터 앞에 앉은 학생의 절반은 아직도 에세이를 쓸 때 누군가의 도움을 받고 있다는 느낌"이라고 덧붙였다.

에세이가 끝나면 SAT 시험이 있다. SAT 점수는 대학들이 가장 먼저 들여다보는 전형 요소다. (브라운대학교에서는 '동문 자녀'라는 단어가 폴더 맨 위를 차지하고 있긴 하지만 말이다.) 카플란(Kaplan)의 일반적인 SAT 수업은 총 12개 세션 수강에

1,000달러가 든다. 이 비용이면 카플란은 선택형 문제의 답을 고르는 기술과 언제 찍기를 하면 되는지 등을 설명해 주는 일요반 12회 수강권을 끊어 준다. 9,500달러를 낼 여유가 있다면 카플란의 라이벌인 『프린스턴 리뷰』가 보내 준 전담 과외 교습자로부터 집에서 25회 상담을 받을 수 있다.

이 시장은 점차 전국 단위로 확산되고 있다. 여기서 9,500달러는 아칸소 주 포트 스미스에 위치한 『프린스턴 리뷰』 본사에서 확인해 준 금액이다. 시험 준비는 10억 달러짜리 산업이 되어 버렸다. 사실 「워싱턴 포스트」 지가 인수한 카플란은 이 언론사의 주 수익원 중 하나다.

돈 많은 재력가 부모들을 상대로 하는 '입학원서 작성의 기초 캠프'라는 상품도 있다. 이 캠프는 프린스턴대학교 동문 잡지에 광고를 내고 있고, 전용 웹사이트에 가면 상세 정보를 확인할 수 있다. 가장 저렴한 프로그램의 경우 4일짜리 세션으로 진행되는데, 전 다트머스대학 입학 사정관이 총괄한다. 고교에서 한 활동을 멋들어지게 포장하는 방법을 가르쳐 주고, 지원할 대학의 동문과 만나거나 해당 대학 캠퍼스에서 하게 될 인터뷰에 잘 대처할 수 있도록 연습하는 과정도 포함되어 있다.

놀라지 마시라. 4일치 비용이 무려 1만 4,000달러다. 여기에 호텔 숙박비와 아침, 저녁 식사는 포함되어 있지 않다. 이 캠프의 웹사이트에서는 이 업체가 지도한 학생들이 예일, 하버드, 스탠퍼드 등 뚫고 들어가기 어려운 대다수 대학들로부터 "합격 통지서를 받았다"고 주장한다. 게다가 웹사이트에는 이 캠프가 없었다면 대학에 합격하지 못했을 것이라 말하는 학생들의 감사 편지도 게시되어 있다. ("캠프는 엄청난 스트레스에서 해방시켜 주었으며, 내게 도움이 되는 조언을 해 주었다. 내가 애머스트대학에 합격했다는 사실이 얼마나 다행스럽고 기쁘고 영광스러운지 모르겠다.")

그러나 여기서 끝이 아니다. 4만 달러 이상을 내면 붓 캠프(Boot Camp) 담당인 미쉘과 미미가 '컨설팅 패키지'를 제공한다. 짐작하겠지만 그들은 대학 입시가 진행되는 전 기간 동안 수험생의 대리 부모 역할을 감당하게 된다. 쉴새없이 전화로 입시 준비를 도와주고 힌트를 주며, 이메일로 세세한 조언과 격려 메시지도 보내 준다. 이들은 명문 고등학교의 진학 상담 교사들도 이렇게까지 관심을 쏟아 주지는 못할 것이라고 말한다.

　이들은 주장에 무게를 더하기 위해 자신들의 가장 큰 고객층이 이미 특권을 쥐고 있는 앤도버, 엑스터, 세인트 폴 같은 명문 사립고 학생들이라고 주장한다. 사실 이들 고객 모두가 올림푸스 산에 오른 것은 아니다(올림푸스 산은 고대 그리스 신화에서 신들의 산으로, 즉 최고 명문대에 합격한 것은 아니라는 비유－옮긴이). 그래서 캠프 측은 고객 중 일부는 매캘러스터대학이나 덴버대학교처럼 입시 경쟁이 그다지 치열하지 않은 학교에 입학하는 데 그쳤다는 점을 솔직히 인정하고 있다.

　대학 기금 모금가들은 기부금의 상당액이 장학금으로 쓰이기 때문에 평범한 집안 출신 학생들도 학비가 비싼 대학에 진학할 수 있게 돕고 있다고 주장한다. 실제로 그런 사례가 있을까? 저소득층 대학생 비율을 확인할 수 있는 가장 좋은 방법은 가구 소득 4만 5,000달러 이하인 학생들을 대상으로 하는 연방 장학금(연방 정부가 저소득층 대학생에게 제공하는 무상 학비 보조금－옮긴이)을 받는 학생 수를 확인하는 것이다.

　우리가 확인한 한 보고서에 따르면 노스웨스턴, 밴더빌트, 존스홉킨스의 연방 장학생 비율은 10퍼센트 이하다. 미들버리, 콜비, 데이비드슨 같은 대학들도 마찬가지다. 프린스턴과 하버드가 서민 가정 출신 고등학생을 뽑는다는 소식이 대대적으로 알려진 뒤에도 이 두 대학의 연방 장학생급 학생은 학부생 전체 중 7퍼센트에도 못 미쳤다.

　상위권 공립대는 약간 더 낮지만 그렇다고 썩 좋은 편도 아니다. 매디슨의 위스콘신대와 앤아버의 미시간대는 연방 장학생 비율이 12퍼센트 정도다. 그러나 해가 갈수록 사립대처럼 변하고 있는 버지니아대는 이런 학생 몫이 7.5퍼센트에 불과하다. 경쟁률이 높은 주립대 42곳을 보면 2009년 졸업생 중 40퍼센트가 가구 소득 10만 달러 이상인 집안 출신이었다.

대학들도 현재 등록금은 미국 중산층 가계가 부담하기에도 벅찬 수준이라는 사실을 잘 알고 있다. 앞에서 언급했듯 대학들은 자신들이 수많은 장학제도와 재정지원제도를 제공하고 있는 것을 대단한 일로 여긴다. 하지만 실제로는 고소득층 지원자, 특히 학점과 SAT 점수가 괜찮은 부자 학생을 위한 대학들의 원조도 엄청나다. 이 때문에 일부 학부모들 사이에서는 등록금 할인을 노리는 일이 생기고 있다.

부모들이 곡예하듯 재산을 이리저리 빼돌리는 것은 말할 것도 없다. 자영업자인 전문직 종사자들이나 이혼 가정에서는 그리 어렵지도 않은 일이다. 부모들은 등록금이 의도적으로 너무 비싸게 책정된 만큼 협상은 불가피하다고 반박할 수도 있다. 그러나 대학교육을 시장에서 사는 바닥 깔개 대하듯 하는 부모들의 태도는 정말 꼴사납다.

하버드대는 요즘 부모 소득이 18만 달러 가량 되면 등록금을 할인해 준다. 2008년 프린스턴에서 이와 비슷한 계획이 추진되었다. 당시 프린스턴의 등록금과 책 값, 기숙사비, 식사비를 감당하려면 4만 7,375달러가 필요할 때였다. 프린스턴은 가구 소득이 10~12만 5,000달러 수준일 경우 전체 청구 금액의 절반 이하인 1만 9,675달러만 학생들에게 부과하도록 했다. 다른 상위권 대학들도 소위 '전문직 빈곤선(professional poverty line)'에 걸쳐 있는 이들을 위해 비슷한 계획을 세웠다.

이런 방침의 핵심은 대학의 현금 유동성은 등록금 전액을 자비로 부담하는 학생의 비중을 높게 유지하는 데 달렸다는 것이다. 『프린스턴 리뷰』 2011년

판에 실린 스탠퍼드대 제출 자료에 따르면 스탠퍼드대 입학생의 절반은 어떤 도움도 받을 필요가 없는 학생들이다. 브라운대 입학생의 59퍼센트, 듀크대의 62퍼센트도 같은 경우다.

이러한 통계는 우리가 이번 장의 초반부에 언급했던 최신형 승용차들과 일맥상통한다. 대학들은 절대 대놓고 이런 말을 하지는 않겠지만 대학이 수지를 맞추기 위해서는 가능한 한 이런 학생들이 많이 필요하다. 그렇다면 입시에서 좀 잘사는 지원자(거액의 기부자를 말하는 것이 아니다)들이 더 유리하다는 것인가? 질문 안에 답이 있다.

그러나 우리는 요즘 엘리트 대학에서 동문 후손들이 대부분 탈락하고 있다는 사실도 함께 밝혀냈다. 최신 통계를 확인한 결과, 하버드는 동문 자녀 가운데 61퍼센트를 거절했다. 스워스모어대학에서는 그 비율이 64퍼센트였고, 프린스턴은 동문 자녀 지원자 가운데 약 3분의 2를 탈락시켰다. (이렇게 하지 않으면 동문 자녀들이 각 학번의 다수를 차지할 것이다.) 해마다 많은 학생들이 탐내는 명문대에는 싱, 챈, 김(인도인Singh, 중국인Chan, 한국인Kim을 의미—옮긴이) 같은 이름을 가진 학생들 자리가 더 늘고 있다.

학생 집단을 구성하는 방법은 사실 미국식 통합 방식이다. 한 편에는 입시에서 가외 점수를 더 받는 부유층 학생들이 있다. 대학 입장에서는 경제적 도움을 요청하지 않는 이들 집단이 필요하다. 또 다른 한 편에서는 그다지 내세울 것 없는 배경, 특히 인종과 국적이 소수 계층에 속한 학생들이 입시에서 특별한 혜택을 받고 있다. 이 같은 관심에는 일종의 죄책감 뒤섞인 공정성이 반영되었다. 마지막으로, 실력파 학생들이다. 물리학 천재는 성격 좋은 수험생보다 우위에 있어야 한다. 설사 그 후자가 충직한 동문의 자녀라 할지라도 말이다.

물론 이런 조합에 크게 일관성이 있는 것은 아니다. 대학은 현실 세계의 일부로서 대학이 속한 사회의 구성과 열망을 반영한다. 그러나 프리먼 라보프스키 총장처럼 멀리 내다볼 줄 아는 이는 일반적인 모자이크를 그대로 따르지 않는다. 라보프스키 총장은 새로운 구성을 창조할 학생들을 끌어들임으로써 대학 스스로의 힘으로 대학을 하나의 사회 집단으로 만들었다. 그러나 어떤 측면에서는 포스트 모더니스트의 주장이 맞다. 대학 입학처는 합격생의 계층을 설계할 때 기존 사회의 구조에 매어 있다. 결국 이들은 애매모호한 목적을 조화시키려 애쓰면서 한때 소위 '사회 공학'이라고 불린 이론에서 뽑아 낸 방법들을 실행에 옮기고 있다.

그러나 여전히 의문이 가시지 않는 부분들이 있다. 그중 하나만 예로 들자면 언제까지 아시아계 학생들은 '아시아계' 배역에 머물러 있어야 하는가? 우리는 말리아 싱, 스탠리 챈, 실비아 김이 수업 중 토론에 참여할 때 『모비딕 Moby Dick』이나 '페르마의 정리'에 관한 이들의 발언에서 무엇이 '아시아계'의 특징인지 구분하기가 쉽지 않았다. 다른 수업에서도 마찬가지였다.

우리의 목표는 대학교육을 받는 학생들의 구성을 가능한 보편적(universal)으로, 그래서 더욱 다양하고 흥미진진하게 만들자는 것이다. 매년 400만여 명의 새로운 미국인이 태어나고, 이민자 부모와 함께 이 땅에 발을 들여놓는 이민 2세들이 생겨난다. 모두 사고력과 상상력을 갖추고 있으며, 자신의 장점을 실현하고 개성 있는 삶을 살아갈 잠재력이 충분한 인재들이다. 상황이 이러한데 대학에 군이 입학처가 필요할까? 우리가 '모든 입학처의 문을 닫고, 공 뽑기 추첨으로 합격생을 고르자'는 제안을 하고 싶어지는 이유다.

PART 4

미래를
향해

플로리다에서 만난
미래 대학

    미래의 대학교육을 체험해 보기 위해 우리는 포트마이어 변두리에 위치한 플로리다걸프코스트대학교를 찾았다. 이 대학을 고른 이유에는 1991년 개교한 신생 학교라는 점도 한몫을 했다. 사실 이 대학은 아직 발전 단계라 전통이나 기득권층 교수들에 별 구애를 받지 않는 곳이다.

    최근 이곳에 등록한 학생 7,854명은 거의 플로리다에 거주한다. 주립대 분교들이 대부분 그렇듯 플로리다걸프코스트도 입시 경쟁이 치열한 대학을 지양하기에 지원자의 4분의 3을 합격시키고 있다. 교수들은 헌신적이고 성실했다. 학생들 역시 이제껏 만난 어떤 학생들보다도 학업에 열정적이고 영리했다.

    새로 페인트 칠을 한 표면이 반짝거리듯 대학 구석구석이 모두 새로웠다. 흠집 하나 없이 깨끗한 건물들만 많다는 뜻이 아니다. 학생들은 플로리다 1세대의 자녀들이고, 교수들은 대부분 최근에야 이 지역으로 건너왔다. 대학을 둘러싼 주변 환경도 마찬가지였다. 거의 모든 것이 최근에 자리 잡았다.

    1970년대 이래 대(大)포트마이어의 인구는 10만 5,216명에서 57만 3,676명으로 급증했다. 이 지역은 계획이나 어떤 규칙 없이 자연스럽게 발전한 곳이

라 대학도 스스로 모델을 창안했다. 딛고 올라서거나 허물어뜨려야 할 대상
이 없었기에 대학은 강의와 학업의 중심에 과학 기술을 두는 등 참신한 아이
디어로 가득 차 있었다.

물론 이러한 움직임이 아주 새로운 것은 아니다. 일찍이 1950년대 CBS에
서 방영된 「해가 뜨는 학기 Sunrise Semester」라는 프로그램에서 뉴욕대 교수
가 텔레비전 카메라 앞에서 스탕달에 대해 강의를 하는 장면을 선보였다. 이
프로그램은 거실에서의 대학 체험이라는 콘셉트로 광고했다.

요즘 대학으로 눈을 돌려 보면 거의 2,000개의 강의를 녹화한 MIT가 기
술을 활용한 교육에서는 선두를 달리는 중이다. '코스웨어(courseware)'라고
불리는 이 보조 자료는 곳곳에서 활용되고 있다. 캔자스주에 있는 교수가
MIT 권위자의 강의를 스크린에 띄워 최신 연구 자료로 다룰 수도 있다.

하와이대학교의 존 제라시(John Gerassi) 교수는 한꺼번에 3개 강의실에서
학생들을 가르친다. 몸은 오아후의 강의실에 있지만 그는 모니터를 통해 마
우이와 카우아이 캠퍼스 학생들에게 동시 강의를 진행한다. 오디오 장치를
이용해 3개 강의실이 함께 토의에 참여하는 식이다. 그는 이러한 수업 방식
덕분에 학생들이 다른 섬에 있는 친구들과 친근해지면서 강의실 간 거리감
이 해소된다고 말한다. 실제 직접 만나지는 않더라도 모든 학생들이 제라시
교수를 바라보며 수업을 듣는다. 한 번에 3개 강의를 해결하니 당연히 비용
절감 효과도 있다.

수학과 과학 전공 교수들은 한때 유급 조교들이 운영하던 소규모 강의를
폐지하고 요즘은 학생들을 테크노 개인 교습에 보낸다. 미리 정해진 절차와
상황에 따라 진행되는 이 프로그램은 학생들이 문제를 풀다 틀리면 프로그
램이 다시 해 보라고 알려 준다. (홈스쿨링을 하는 부모들은 이런 프로그램을 광범위하게
활용한다.) 다수의 학생들은 이렇게 프로그램화된 설명이 대학원생의 설명보

다 더 이해하기 쉽다고 말한다. 이런 프로그램의 소프트웨어가 더 정교하게 개발된다면 수많은 교수들이 지도하는 것보다 더 나은 일대일 개인 교습도 가능해질 것이다.

우리가 플로리다걸프코스트대학교에 온 이유는 이 대학이 '시각과 행위 예술의 이해'라는 인문교양 강의를 컴퓨터 기반 수업으로 개설했기 때문이다. 강의소개서에 '인문2510'이라는 표제가 붙은 이 수업은 단과대학 학생들이 반드시 수강해야 하는 필수과목이었다. 우리가 방문한 학기에만 수강생이 1,400명을 넘었다. 여러 측면에서 볼 때 인문교양 분야에서 과학 기술의 잠재적 역할을 평가하는 데 적절한 시범 사례였다. 여하튼 셰익스피어의 『오셀로*Othello*』는 대수학이 아니며, 빈센트 반 고흐의 「별이 빛나는 밤Starry Night」도 통계학적 풀이가 필요 없는 작품이지 않은가.

'인문 2510'의 효과성을 따져 보는 작업을 통해 우리는 대학이 가르치고, 학생들이 배우고 있을 것이라고 기대한 바에 관해 중요한 질문을 던지고 있다.

그러나 먼저 '인문 2510'이 과학 기술에 관심을 두게 된 배경에 대해 잠깐 설명하고자 한다. 처음에는 '인문 2510'도 전통적인 형식에서 벗어나지 못했었다. 35명에서 40명의 학생을 한 섹션에 모아놓고 포트마이어 지역에서 데려온 강사들이 가르쳤다. 하지만 그런 방식으로는 좋은 성과가 나오지 않았다. 학교에서는 회화, 사진, 조각, 연극, 무용까지 가르치려고 의욕을 보였지만 안타깝게도 그 모든 영역을 능숙하게 다룰 수 있는 강사는 없었다.

결과는 어땠을까? 강사들은 자기가 아는 분야에만 집중했고, 학생들은 무방비 상태로 시험을 치러야 했다. 평가 결과는 형편없었다. 하지만 플로리다걸프코스트대는 모든 학부생에게 예술 입문 교육을 시키겠다는 목표를 포기하지 않았다.

이 무렵 대학변혁센터라는 컨설팅 업체가 대학 측에 학생들의 학습 성과를 높이고 교습 비용도 줄일 방법을 제안했다. 다른 분야도 마찬가지지만 대학교육에서도 문제는 항상 돈이다. 플로리다걸프코스트는 학생 1인당 배정된 교육비가 고작 5,081달러에 불과했다. ('인문 2510'에서 정식 교수가 아닌 외래 강사가 학생들을 가르친 이유도 여기에 있다.)

수강생이 많지 않음에도 공간은 많이 필요하다는 부분도 만만찮은 걱정거리였다. 대학변혁센터는 현지 검토를 거친 후 대학 측에 "강사 한 명이 소수의 학생들을 가르쳐야 반드시 '최고의' 수업이라 여기는 통념에 도전하라"고 권했다. 이들의 조언은 '인문 2510'의 소규모 토론 수업을 없애고, 강사들에게는 더 이상 당신들이 필요하지 않다고 말하라는 것이었다.

우리는 이 조언을 받아들인 새로운 '인문 2510'이 잘 돌아가고 있다는 사실을 직접 확인했다. 개선된 '인문 2510'이 특징은 크게 3가지다. 첫째, 강의실 강의가 없어졌다. 대신 학생들은 집이나 기숙사에 앉아 컴퓨터로 숙제를 제출하고, 시험을 치르며, 보고서를 준비하는 등 모든 교육 과정이 개인 컴퓨터를 통해 진행되었다. 시험과 보고서 제출에 마감 시간은 있지만 대부분의 작업은 언제든 학생들이 원하는 시간에(새벽 2시에 하는 학생들이 가장 많다) 할 수 있다.

어찌 보면 이 수업은 요즘 흔히 쓰는 말로 '원격 강의'인 셈이다. 플로리다걸프코스트의 경우에는 캠퍼스 안에 있는 학생들만 참여하고 있지만 언젠가는 아주 멀리 떨어진 곳에 사는 학생까지 이 수업을 들을 날이 올지도 모르겠다.

둘째로, 개편된 '인문 2510'은 인쇄본 교과서 같은 오래된 학습 도구를 꾸준히 활용했다는 점이다. 여러 장르의 예술을 한 권짜리 교과서에 모두 담아야 하기 때문에 각 장르별로 수록된 내용은 매우 간략했다. 무용 관련 내용은 13개 페이지, 연극은 19개 페이지가 전부였다. 책의 대부분은 삽화로 채워졌으며 가격은 117달러로 책정되었다. 더 놀라운 사실은 교실 토의라든가 시청각 자료를 활용할 일이 전혀 없기 때문에 사실상 이 책이 유일한 교사 역할을 한다는 점이다. 물론 할당된 281쪽 분량의 책은 모두 완벽하게 이해해야 한다. 어디서 시험 문제가 출제될지 모르기 때문에 음각, 캔틸레버, 철근 콘크리트, 칸타타 같은 활자화된 단순 지식 수천 가지를 암기해야 한다.

세 번째 특징은 캠퍼스에 강사가 없더라도 인간적인 교류는 가능하다는 점이다. 강사와 학생 간 교류는 필요하다. 학생 1,400명이 제출한 보고서를 누군가는 읽어야만 하지 않겠는가. 우리는 이 부분을 긍정적으로 평가했다. 어마어마한 규모의 수업이 진행되는 대다수 대학에서는 선택형 시험 문제만 낸다. 컴퓨터로 답안을 스캔하고 점수도 매길 수 있기 때문이다. 하지만 플로리다걸프코스트에서는 '개인 지도 교사(precepter)'라고 불리는 이들이 모든 학생의 보고서를 읽고 질문에 답해 준다. 교신을 주고받는 개인 지도 교사와 학생은 서로 만날 일이 전혀 없기 때문에 교류는 전적으로 이메일을 통해서만 이루어진다.

이같이 하는 이유는 거의 대부분의 개인 지도 교사들이 대학에서 멀리 떨어진 곳에, 심지어는 다른 주에 살기 때문이다. 이들은 학생들과 주고받는 이메일에 자신의 이름은 적지만 사진을 보내는 일은 없다.

2009년 가을 학기에 포트마이어를 방문할 당시는 새로운 버전의 '시각과 행위 예술의 이해'가 진행된 지 7년째였다. 학생 1,400명이 수강하는 이 거대한 과목을 관리하는 교수는 단 몇 명에 불과했다. 예술사학자인 앤-마리 부쉐(Anne Marie Bouche) 교수도 그중 한 명이다. 그는 자신이 '교과 내용 진달자'라기보다 "학생들이 제출한 과제물의 관리자"라고 말했다.

그녀가 맡은 섹션에 속한 학생 300명 중 10명 가량이 면담 후 수강을 포기했다고 했다. 시험 점수가 만족스럽지 못하거나 심각한 문제가 있을 때에만 학생들은 수강 철회를 할 수 있다고 덧붙였다. 수백 명의 학생을 맡고 있는 모건 페인(Morgan Paine) 교수는 "수업 내용에 대한 질문을 받아 본 기억이 없다"고 말했다. 그는 한 학기에 한두 번 정도 구체적인 질문을 받는 정도다. 예를 들어 그는 스튜디오 예술 전공자인데 질문이 오페라에 관한 내용이면 음악과의 동료교수에게 도움을 청하는 식이다.

강의 시작 후 4주 동안 학생들은 지시받은 부분까지 교과서를 읽어야 하고 집에서 각자의 컴퓨터로 선택형 시험을 치러야 한다. 학생들은 즉각적인 피드백을 받을 수 있다. 시험을 마치자마자 컴퓨터 화면에 자기 점수가 나타나는 것이다. 4주째가 되면 남은 수업 기간 동안 지속적으로 연락을 주고받을 개인 지도 교사로부터 이메일을 받게 된다. 개인 지도 교사와 학생이 전화를 주고받아서는 안 되기 때문에 학생들은 자기 개인 지도 교사의 목소리도 들을 수가 없다.

우리는 이 보이지 않는 지도 교사들에 대해 몇 가지 질문을 했다. 기본 자격은 학사 학위자로 전공 분야는 상관이 없다. 개인 지도 교사들의 역할에 관한 훈련은 온라인 매뉴얼을 통해 이루어진다. 굳이 워크숍을 이유로 이들을 캠퍼스로 불러들여 서로 만나게 하거나 경험을 공유하라고 할 필요가 없어 보였다.

우리가 만난 한 개인 지도 교사는 고등학교 교사 출신이었는데, 현재 사무직 간부로 일하면서 MBA 학위 과정을 밟고 있었다. 그녀는 학생 90명을 관리하면서 12주간 학생 한 명당 25달러, 총 2,250달러를 받고 있었다. 학생 관련 업무는 주로 밤에 한다고 했다. 그녀의 말에 따르면 이 일을 전업으로 하는 개인 지도 교사는 학생을 300명씩 맡기도 한다고 한다. 우리는 그녀에게 학생들이 가령 건축과 관련된 교과서 내용을 명확하게 설명해 달라고 요청하면 어떻게 하는지 물었다. "이제까지 한 번도 그런 적이 없었어요"라는 답이 돌아왔다.

학생들이 '비판적 분석 에세이'라는 보고서 2편을 지도 교사에게 이메일로 제출하면 지도 교사는 여기에 코멘트를 달아 답장을 써 준다. 대다수 교사들의 주장처럼 90개(300개까지 안 가더라도)의 코멘트를 작성하는 일이 그리

간단한 일은 아니다. 특히나 이런 일을 하루 안에 끝내야 한다면 더욱 그렇다. 이 문제를 해소하기 위해 '인문 2510'은 개인 지도 교사들에게 '코멘트 사례' 모음을 비밀리에 제공하고 있다. 이 자료는 개인 지도 교사들이 각자 다운로드받아 학생들의 보고서에 붙일 수 있게 되어 있다. 다음은 사례집에서 발췌한 코멘트다.

교과서에 나온 용어를 더 적극적으로 활용했다면 네 비평이 더 설득력 있고 보다 발전적이었을 것 같다. 그러한 점을 인지하고 네 분석에 반영하면 더 힘 있는 비평이 되겠다.

일관성을 유지하기 위해 개인 지도 교사들에게는 점수가 매겨진 샘플 보고서가 제공된다. 이를 통해 지도 교사 개인마다 다를 수 있는 A, B학점에 대한 기준을 상식적인 수준으로 맞출 수 있다. 대학변혁센터는 이 같은 지원을 '사전 포장식 기술 활용법(prepackaged technology solution)'이라고 불렀다. 물론 목적은 업무 처리 속도를 높이고 개인 간 판단의 차이를 줄이는 데 있다.

학생들은 예술 작품이나 예술 행사를 관람한 뒤 비판적 분석 에세이 2편을 써야 한다. 대학 안에 소형 갤러리가 있고 연극 공연도 있지만 학생 1,400명은 학교 밖으로 나가 지역 곳곳에서 에세이 주제를 찾을 수도 있다. 우리는 다른 주에 살기도 하는 지도 교사들이 어떻게 포트마이어 지역에서 하는 회화나 공연에 관한 에세이를 다룰 수 있을지 궁금했다. 본 적도 없는 공연이나 알지도 못하는 예술 전시에 관한 비평문을 어떻게 평가한단 말인가.

한 지도 교사는 그런 것은 전혀 문제가 되지 않는다고 장담했다. 그녀의 관심은 에세이가 얼마나 분석적으로 잘 서술되었는지에 있기 때문이다. 그러나 우리는 그녀의 바로 다음 발언을 듣고는 잠시 할 말을 잃었다. 그녀는 학생이 실제로 음악회에 가지 않고, 있지도 않은 프로그램을 지어냈다고 하더라도 비평을 능숙하게 잘 했다면 A학점을 받을 만하다고 말한 것이다.

'인문 2510'에서도 부정행위가 쟁점이었다. 최첨단 기기들이 표절을 잡아내고 표절에 대한 경고가 강의계획서에까지 등장했다. 가장 흔한 표절 행위는 다른 사람이 이미 써놓은 과제물을 제출한 것이었다. 이전 학기에 이 수업을 수강한 친구의 것일 가능성이 높다. 하지만 이런 경우는 적발될 공산이 크다. 학생들이 모르는 사실이 있는데, 이 수업이 시작된 이후 제출된 모든 보고서가 데이터뱅크에 저장되어 있다는 것이다.

학생이 이메일로 제출한 보고서는 같은 문장이나 어구를 찾아내기 위해 수천, 수만 편의 다른 보고서와 비교된다. 한 지도 교사가 받은 자료를 보니 맨 위에 "유사도 33퍼센트"라는 글씨가 대문짝만 하게 새겨져 있었다. 일부 대조 결과에서는 지난해 제출된 보고서가 나오기도 했다.

지도 교사는 이 같은 결과가 우연인지 아닌지를 판단해야 한다. 앞서의 경우 그녀는 부정행위라는 의심에 확신이 서지 않아 학생에게 경고 이메일을 보냈다. 그녀는 부정이 의심되더라도 학생의 눈을 들여다볼 수 없기 때문에 놓치는 부분이 있을 수 있다는 점을 인정했다. 플로리다걸프코스트 데이터뱅크는 검색 엔진과도 연결이 되어 있다. 학생이 신문이나 잡지에 실린 리뷰에서 문장을 딴 보고서를 제출한다면 여지없이 유사도 신호가 작동하기 시작할 것이다.

왜 그리도 부정행위가 많을까? 학생들이 제시한 가장 큰 이유는 수업에서 엄청나게 많은 양의 암기를 요구하기 때문이다. 음각, 캔틸레버, 철근 콘크리트, 칸타타를 생각해 보라. 하지만 예술을 전공으로 선택한 학생은 거의 없다. 대부분 플로리다의 고교를 막 졸업한 신입생들은 도덕적이지 못하거나 냉소적이어서가 아니라 절망에 빠진 나머지 부정행위를 하는 것이다.

"밤을 꼴딱 새고 공부를 한다고 해도 그 모든 걸 다 내 머리에 구겨 넣을 방법이 없어요."

이 학생의 말에 친구들이 고개를 끄덕였다. 여기서 온라인 수업이 문제인 지 아니면 이 수업의 기본 설계에 문제가 있어서인지는 분명치 않다. 기술적 인 용어를 배우는 것이 예술, 건축, 음악에 대한 감상 능력을 높이는 데 '왜' 필요한 과정인지 학생들이 이해할 필요가 있다. 그렇지 않으면 그야말로 그 저 '지식 쑤셔 넣기'에 지나지 않는다. 일주일에 두 번씩 실제 강사를 만나면 도움이 좀 될까? 그렇게 한다고 해도 어떤 교수를 만나느냐, 그리고 수업 설 계를 어떻게 하느냐에 따라 결과가 달라질 것이다.

눈에 보이지 않는 개인 지도 교사들이 시간 강사를 대체했듯 언젠가는 이 개인 지도 교사조차 더 이상 필요하지 않을 수 있다. 이런 일이 실현 가능한 이유는 학생들의 보고서를 읽는 업무도 또 다른 '사전 포장식 기술 활용법' 으로 해결될 수 있기 때문이다.

이 같은 가정은 사실 '인문 2510'이 초창기부터 시도했던 바다. 학생 보고 서의 절반 가량을 '인공 지능 에세이 평가'라는 컴퓨터 프로그램에 맡기는 실험이 진행되었다. 이 평가 프로그램에서는 보고서를 스캔하고 글의 논거 에 점수를 매기는 식이었다. 공상 과학 소설이 아니다.

'인문 2510' 설립에 중추적인 역할을 하고, 현재는 플로리다걸프코스트대 학교 학장이 된 짐 올파트(Jim Wolpart)는 우리에게 그 실험 결과를 말해 주었 다. 동일한 보고서에 대해 사람이 읽고 평가한 결과와 컴퓨터 프로그램이 낸 평가 결과를 비교해 보니, 실은 컴퓨터가 낸 결론에 더 일관성이 있었다는 것이다. 특히 사람이 내린 평가 결과는 서로 일치하지 않는 경향이 심했다고 한다. 올파트는 보고서 평가 프로그램을 다시 활용하고 싶어 한다.

플로리다걸프코스트는 학생들의 객관식 문제 정답률과 보고서 점수 등을 근거로 '학생의 학업'이 향상되었다는 연구 결과를 제시했다. 새로운 기술 방식을 활용하자 A와 B는 이전보다 2배로 늘었고, C나 낙제는 이전보다 줄었다. 경제적인 측면에서는 소규모 섹션을 가르칠 시간 강사를 고용할 때 드는 비용의 절반밖에 들지 않았다.

우리가 방문한 학기 동안 학생 1,400명이 낸 수강료와 여타 기금 수입 54만 달러가 이 수업에 사용되었다. 정규 교수 3명에게 들어간 임금이 4만 6,000달러이고, 코네티컷 주에 살면서 지도 교사들을 원격으로 관리하는 행정 코디네이터가 2만 5,000달러를 받아 갔다. 지도 교사들에게 주는 임금 총액은 3만 5,000달러. 따라서 인건비는 총 10만 달러를 약간 넘는 수준이었다. 하드웨어, 소프트웨어, 행정 비용까지 모두 합쳐도 '인문 2510'은 꽤 수익을 냈으며, 이 수익은 '인문 2510'보다 더 인적 자원이 집중적으로 필요한 수업을 보조하는 데 쓰였다. 우리는 무언가에 머리를 한 대 얻어맞은 듯한 충격을 받았다.

물론 플로리다걸프코스트의 예술 분야 교수들이 모두 '인문 2510'에 참여하고 있지는 않고, 참여할 의향이 전혀 없는 교수들도 있다. '인문 2510'이 밝힌 이 수업의 목표는 "예술에 대한 열의를 심어 주자"는 것이었지만 그런 일은 일어나지 않았다. 앤 - 마리 부쉐는 학생들이 예술에 관해 배운 것이 아무것도 없다고 말했다. 어떤 교수는 선택형 문제 풀기를 위한 지식 암기를 '일종의 정신적 근육 운동'이라고 불렀다. 공학을 전공하는 한 학생도 이를 부정하지 않았다.

"전통적인 방식의 수업에 비해 이 수업에서는 배운 게 거의 없어요. 외운 지식으로 우리가 뭘 할 수 있는지 교수가 설명을 해 줘야죠."

그러나 이 학생은 이 수업의 가치를 알고 있었다. 훗날 사회생활을 하면서 작곡가 드뷔시나 화가 미로를 주제로 대화해야 할 때가 되면 그는 다 알고 있다는 듯 고개를 끄덕일 수 있을 것이다.

요컨대 전반적으로 학생들의 반응은 매우 긍정적이었다. 수업 평가서를 보면 대다수 학생들은 주제별로 배운 것이 많았고, 과제를 하면서 지적인 도전을 받았다고 말했다. 이러한 반응이 나오는 이유 중 하나는 아마 이 과정을 등록한 대다수 학생들이 입학 후 첫 1년에 대해 대체로 덜 비판적인 신입생이기 때문일 것이다.

게다가 요즘 젊은이들은 키보드와 모니터에 친숙한 환경에서 자랐다는 시대적 변수가 있고, 그래서 이런 형태의 수업을 훨씬 수월하게 받아들이는지도 모른다. 그러나 수는 적었지만 의견을 적어 내는 데 상당한 시간이 걸린 몇몇 학생들은 의견이 극과 극으로 갈렸다.

> "이 수업은 예술에 대해 더 배우고 싶은 마음이 들도록 나를 자극하고 독려했다."
>
> "시간 낭비 그 자체! 배운 게 아무것도 없다."
>
> "자료에 나온 내용을 주입하고 게워 내라는 식이다."
>
> "뭔가를 배우고 싶게 만든 수업이었다. 내 공부 진도에도 맞았다. 정말 최고!"
>
> "온라인 수업 비용을 절반으로 깎아야 한다. '진짜' 강사는 없었지 않은가!"
>
> "에세이에 대한 피드백은 내 에세이에 전혀 적절하지 않은, 그야말로 짜깁기에 불과했다."
>
> "수업은 정말 즐거웠다. 전반적으로 유익했고 자료도 흥미로웠다."

'인문 2510'이 과학 기술과 깊이 연동되어 있다는 점을 고려하면 이 수업은 시대에 뒤지지 않기 위한 계획이 이미 서 있다고 볼 수 있다. '인문 2510'

지지자들은 이런 상황이 '인문 2510'에 대한 학생의 참여를 획기적으로 높여 줄 것이라고 보고 있다. 예를 들어, 소프트웨어가 좋아지면서 학생들은 컴퓨터에서 오페라와 발레 시퀀스를 바로 불러내어 볼 수 있을 것이다.

시계는 원을 그리며 돈다. 또는 파르테논 신전으로 가상 여행을 다녀올 수도 있다. 앤-마리 부쉐 교수는 『맥베스*Macbeth*』의 한 장면을 보여 주는 비디오 게임이 나올 것이라고 내다보았다. 또는 쌍방향 프로그램이 나온다면 가령 마티스와 위홀의 그림을 동시에 불러내 이들의 그림을 나란히 놓고 분석하기도 더 좋아질 것이다.

이쯤에서, 현 상태의 '시각 및 행위 예술에 대한 이해'가 대학교육이라고 부를 수 있느냐는 의문이 든다. 긍정적인 면을 꼽자면 모든 학생들이 분석적인 보고서를 써야 한다는 점이다. 비록 이 보고서를 저 멀리 사는 누군가가 읽고 저장된 코멘트로 점수를 주긴 해도 요즘 이 정도 대규모 강의에서 이같은 보고서 제출을 요구하는 것이 흔한 일은 아니다. 그러나 학생들이 예술에 대해 무엇을 배우는지는 의심해 보아야 한다. 학생들이 프레스코, 아리아, 독백이 무슨 뜻인지 해석하는 데 도움을 받을 수 있는 식견 있는 강사와 대면할 기회가 한 번도 없다.

다른 한 편으로는, 모든 대학 강사가 다 열정적인 것은 아니다. 더 정확히 말하자면 대부분은 무능하고 평범하거나, 아니면 기력이 떨어진 상태다. 어떤 경우에는 창의적인 소프트웨어가 사람보다 더 낫다는 주장에 일리가 있다.

이런 식의 수업의 핵심은 시험 범위가 교과서 한 권 분량인 선택형 시험에 대한 의존도가 매우 높다는 것이다. 그래서 학생들은 "누가 「돌 깨는 사람」(헨리 월리스(Henry Wallis)의 1857년作, 강제 수용소에 갇힌 영국의 빈민이 돌을 깨는 노동을 하다가 죽어 있는 모습을 그린 사실주의 작품 – 옮긴이) 그림을 그렸는가?"와 같은 문제에 대비하기 위해 수천 개의 단순 정보가 적힌 자료를 훑어보아야 한다.

이 정도까지 작업을 하고 나면 학생들은 꽤 많은 양의 정확한 지식을 어느 정도는 머릿속에 집어넣을 수 있다. 우리는 교양인이 되려면 정보를 집대성하는 능력을 개발해야 한다는 데 동의한다. 그렇다고 해서 단순 정보 그 자체만 갖고는 뭔가 부족하다고 말할 것까지는 없다. 이는 그 정보가 예술에 관한 것이든 예술가나 다른 무엇에 대한 것이든 간에 마찬가지다.

우리는 '인문 2510'이 퀴즈쇼를 위한 주입식 교육 같다고 말하지 않으려고 애를 쓰고 있다. 그런데 어쩌면 그런 비교가 쉬운 탈출구가 될 수도 있겠다. 어쨌든 과학 기술은 인간이 입력한 것만 반영하므로 정보 중심 수업으로 설계되었다는 점 외에도 '인문 2510'이 전국의 대학에서 강의 중인 대다수 개론 수업들과 차이점은 더 있을 것이다.

그런 점에서 '인문 2510'은 우리가 이 책에서 일관되게 던지고 있는 질문을 반영하고 있다. 즉 우리는 학생들이 대학에서 무엇을(정보? 사실? 판단력? 문장력? 호기심?) 배웠으면 하는지, 그리고 대다수 대학교수들은 학생을 가르칠 능력이 있는지, 아니면 교육에 관심이나 있는지 같은 더 본질적인 질문들 말이다.

알아 두어야 할 사실이 있다. '인문 2510'을 수강하는 학생 숫자를 고려하면 이 같은 강의 방식은 비용이 저렴하다는 점이다. 대학들이 면대면 강의(그것이 시간제 강사의 강의든 뭐든) 유지 비용을 대기가 힘들다면 앞으로 더 많은 대학에서 '인문 2510'과 비슷한 형태의 수업을 개설하지 않을 수 없을 것이다.

보우도인대학은 최근 보고서에서 학생 1인당 5만 7,751달러를 썼다고 밝혔고, 포모나대학의 학생 1인당 교육비는 6만 7,750달러였다. 그래도 대다수 학생들은 학생당 교육비 1만 3,872달러가 전부인 플로리다걸프코스트 같은 학교에 입학할 것이다. 대학에서 비용이 가장 많이 드는 영역이 바로 캠퍼스 내 강의이고, 바로 이 부분이 대학들이 비용 절감을 고민하는 대목이다. 미래의 대학교육에서 '인문 2510'을 변형한 강의들이 더 늘어나지 않으리라 장담할 수 없다고 본다.

대학 나온 사람이
더 훌륭한가

꽤 오래전에 로널드 레이건 정부에서 교육부 장관을 지낸 윌리엄 베넷이 흥미로운 아이디어를 냈다.

사회 계층과 지능지수가 같은 학생들을 뽑아 대학에 간 집단과 가지 않은 집단으로 나누어 4년 후를 비교해 보자. 대학에 간 학생들이 가치관이나 추론 능력 같은 면에서 얼마나 더 성장했는지 알아보자.

베넷의 제안이 나온 지 25년이 지났다. 우리는 혹시 누군가가 그런 연구를 했는지 샅샅이 뒤져 보기로 했다. 수많은 책과 논문을 살펴보았지만 전직 교육부 장관 베넷이 제기했던 질문을 다룬 연구는 찾을 수 없었다. 그래서 이번 장에서 우리가 그 연구 공백을 조금이라도 메워 볼 작정이다.

새삼 말할 필요도 없이 막대한 돈이 대학 가는 데 투입되고 있다. 그래서 학생들은 그에 대한 대가로 무엇을 돌려받고 있는가? 학위를 받지 않느냐는 답변이 돌아올 것이다. 학위는 일반적으로 자아 정체성을 높여 주고 사회직 지위를 끌어올려 주는 등 겉보기에 그리 쓸모없지는 않다. 그러나 무언가 더 그럴 듯한 무언가가 나와야 한다. 대학교육을 받은 당신은 그렇지 못한 남들과는 좀 다른, 그야말로 우리가 바라는 더 나은 사람이 되어야 한다.

그렇다. 모든 것이 대학 4년 안에 일어난다. 학기가 시작되면 대부분의 학생들이 수업을 듣는다. 시험을 치르고 점수가 나오고, 무엇인가 배운 내용이 시험에 나오기도 한다. 일부 학부생들은 맥주에 빠져 살고 또 다른 곳에서는 밤늦게까지 철학을 논하기도 한다. 그러나 대학이 학생들을 위해 무엇을 해 주는지에 대한 믿을 만한 정보는 거의 없다.

회계학을 전공하고 졸업한 학생들이 학교를 떠날 때쯤이면 채권과 감가상각에 대해 어느 정도는 알 것이라 추정할 수는 있다. 대다수 대학 졸업생의 급여 수준이 높아진다는 사실도 알고 있다. 2009년 기준으로, 고졸자의 평균 연봉은 2만 7,381달러였던 데 비해 학사 학위 소지자의 평균 연봉은 4만 6,931달러였다.

윌리엄 베넷이 제시한 연구는 어렵지 않게 실행해 볼 수 있다. 지금도 많은 고등학교에서 졸업생의 절반은 대학에 진학하고 나머지 절반은 대학에 가지 않고 있으니 배경을 비교할 만한 학생들을 찾을 수 있을 것이다. 우리는 30대 초반에 이른 집단을 찾아 비교해 보고 싶었다. 그래야 이제까지 그들이 어떻게 살아왔는지 볼 수 있기 때문이다.

그러나 우리는 설문 조사에 대한 실험자들의 반응이나 정형화된 테스트 점수 이상의 것을 알고 싶었다. 그들이 여가 시간을 사용하는 방법, 교우 관계, 행동, 기호, 스타일은 물론 그들의 직업에 대한 정보도 흥미로울 것이다. 그리고 우리는 교육에 초점을 맞추고 있는 만큼 대졸자가 세계를 해석하고 인지하는 사고방식에 있어 대학을 졸업하지 않은 사람과 어떤 차이가 있는지 보고 싶었다. 만일 뚜렷한 차이를 발견하게 된다면, 대졸자의 경우 대학 생활이 어느 정도 그와 같은 차이에 영향을 미쳤는가를 물어보아야 할 것이다. 대부분의 젊은이들이 18세부터 22세까지의 시기에 공식적인 학교 교육을 받든 안 받든 간에 세상 물정에 더 밝아진다는 사실을 알려 주는 연구는 필요치 않다.

조지 W. 부시 대통령은 두 번째 임기 중에 마거릿 스펠링스(Margaret Spellings) 교육부 장관에게 대학교육의 개선 방안을 명확히 제시해 줄 위원회를 구성하라고 지시했다. 이 위원회가 낸 보고서가 환영받을 리는 없었다. 더 정확히 말하자면, 보고서의 내용은 '평범한 학생들의 밀물(rising tide of mediocrity)'이 곧 닥칠 것이라고 경고한 레이건 시대의 K-12(유치원에서 고교 졸업까지의 기간-옮긴이) 학교 교육에 대한 비판을 상기시켰다.

일명 스펠링스 위원회라 불린 이 위원회는 대학이 비난을 받을 만하다고 결론 내렸다. 위원회는 요즘 대학 졸업생들이 학위 취득 과정에서 기술과 지식을 충분히 터득하지 못했다고 비판했다. 예를 들어, 1992년부터 2003년까지 12년이 채 안 되는 기간 동안 읽기 능력이 뛰어난 대학생 수는 37퍼센트에서 2.5퍼센트로 급감했다. 이들 중 5분의 1 정도만 사무 용품 주문량을 계산하는 일 같은 지극히 평범한 업무를 해낼 수 있었다. 이와 비슷한 연구들에 공감을 표한 위원회는 대학들이 학생의 소질을 계발하고 능력을 향상시키겠다는 계약을 충실히 이행하지 않고 있다고 평가했다.

위원회는 보고서의 초안과 최종본에서 2가지 제안을 내놓았다. 첫째는 '학생들의 학습을 평가할 기관들이 필요하다'는 것이었다. 우리는 그 평가 방식이 지금도 K-12 학생과 교사들을 헤매게 만들고 있는, 스펠링 장관의 '낙오자 없는 교육(No Child Left Behind)' 운동의 몰지각한 시험보다는 덜 기계적이기를 바랄 뿐이다.

위원회의 두 번째 제안은 '그러한 평가의 결과'가 대입 수험생, 학부모, 선체 국민에게 언제든 공개되어야 한다는 것이었다. 이 보고서에서 반복되는 주제는 '책임(accountability)'이었다. 학비가 높든 낮든 간에, 모든 대학은 학생들에게 무엇을 돌려줄 것인지 보여 주어야 한다. 매년 160만 개 이상의 학사 학위가 수여되고 있다. 만약 모든 대학생이 4학년 때 시험을 치른다면 학생들의 점수가 수집돼 각 대학의 점수를 매길 수 있을 것이다.

그리하여 센트럴대학은 68점을 받았지만 씨코스트대학교는 84점을 받았다는 사실을 모두가 알게 될 것이다. 스펠링스 위원회는 4년제 대학 2,754곳 전체에 대해 그러한 보고서를 만들 수 있다면 "고등교육에 대한 국가적인 투자가 성과를 내고 있는지" 확인하는 데 한발 더 다가설 수 있을 것이라는 결론을 내렸다. 우리는 이러한 호기심이 합리적이라고 믿는다.

대학교수들은 그들이 가르치는 내용이 아주 민감하고 난해하며 말로 설명하기 힘들기 때문에 전국적인 일제고사로 평가할 수 없다고 주장한다. 사실 우리도 학생들이 단순히 정보를 흡수하는 데 그치지 않고 스스로 생각하도록 요구하는 교수들을 지지한다. (그러나 우리가 여태껏 만난 교수들 중에 사고력보다 암기력을 더 높이 평가한다고 주장하는 사람은 없었다는 말을 덧붙이고 싶다.)

대학교육의 성과를 알아내려고 애쓴 연구들은 전혀 부족하지 않을 정도로 넘쳐난다. 연구 규모도 거대하다. 우리가 본 가장 인상적인 결과물은 『대학이 학생들에게 미치는 영향 *How College Affects Students*』이라는 제목의 2권짜리 개론서였다. 1,800쪽에 달하는 이 책은 3,000건이 넘는 논문, 책, 자료를 인용하고 있다. 거의 대부분의 인용 자료는 교수들이 작성한 것이었다.

우리는 그 방대한 책에서 교수들은 자신들이 열심히 일하고 있는 이 업계가 가시적인 성과를 내고 있는지 궁금해하고 있다는 것을 알 수 있었다. 다음 3가지 연구가 두드러졌다. 먼저 이를 제시한 후 각각에 대해 살펴보고자 한다.

🎓 대학교육을 받은 사람은 고등학교까지만 다닌 사람들보다 아는 것이 더 많고, 정보를 더 능숙하게 습득한다.

🎓 대학생들은 더 추상적, 비판적, 복합적, 반성적으로 생각하는 법을 배운다.

🎓 대학에 다니면 도덕적 문제를 판단할 때 원칙에 따른 추론을 거치는 빈도가 통계적으로 확실히 늘어난다.

얼핏 보아서는 그럴듯하고, 설득력 있는 것 같기도 하다. 어쨌든 우리는 대학에 진학한 사람이 결국은 더 많은 지식을 습득할 것이라고 기대하지 않는가. 대학 강의에서 새로운 사례와 방법을 접할 수 있다는 측면에서 보면 학생들은 익숙하지 않은 새로운 방식으로 생각하는 훈련을 하게 된다. 대학이 논증을 강조한다는 점을 고려하면 학생들은 에세이나 시험에서 자신이 지지하는 입장을 옹호하는 법도 배워야 한다.

그러나 생각하면 할수록 우리는 이 같은 연구 결과가 너무 탁상공론에 그치고 있다는 느낌을 지울 수 없다. 이 책에서 말하는 지적 태도는 강의계획서, 과제물, 보고서 주제 같은 냄새가 풍긴다. 여기에는 교수들이 지식을 이해하고 현실을 해석하는 방식이 반영되어 있다. 각 문장을 좀 더 자세히 들여다보자.

대학교육을 받은 사람은 고등학교까지만 다닌 사람들보다 아는 것이 더 많고, 정보를 더 능숙하게 습득한다.

많이 알고 학식이 풍부한 사람이 무식하거나 건망증이 심한 것보다는 낫다는 데 전적으로 동의한다. 그러나 학위를 밟는 과정에서 어떤 종류의 지식을 수집했는지는 따져 보아야 한다. 일반적으로, 학식이 풍부하다는 것은 권위 있는 출처에서 언급된 사실과 해석에 얼마나 익숙한가로 가늠할 수 있다. 그래서 대졸자는 그렇지 않은 사람보다 지도에서 이란의 위치를 더 잘 짚을 수 있다거나 신용부도스왑(Credit Default Swap)이 어떻게 최근의 불경기를 초래했는지를 설명할 수 있다고 보는 것이 무리는 아니다.

그래서 우리는 더 많이 안다는 것에서 한발 더 나아가 보려고 한다. 수백만 시민의 판단을 들여다보자. 그리고 그 판단에 끼어든 지식에 대해 곰곰이 생각해 보자. 우리는 사람들이 누구에게 투표할지 결정하는 방법을 다뤄 보고자 한다.

2008년 버락 오바마 대통령은 고졸자와 대졸자 선거인단에서 정확히 같은 수준으로 득표했다. 두 그룹 모두 버락 오바마에게 53퍼센트의 지지를 보냈다. 그런데 이 두 집단의 투표자들이 오바마의 대선 입후보 자격에 대해 똑같은 방식으로 평가했다고 볼 수 있을까?

어쨌든 결과만 보면 두 그룹은 같은 선택을 했다. 혹시 여러분은 오바마 대통령의 대졸 지지자 표가 고졸 지지자 표보다 더 풍부한 양질의 정보를 바탕으로 했다고 주장하고 싶은가? 혹은 대졸자가 오바마에 대한 지지를 결정하기까지 보다 논리적이고 분석적이며 편견이 덜한 사고 과정을 거쳤다고 생각하는가?

우선 논란의 소지가 있는 이런 질문들은 잠깐 보류해 두고자 한다. 이런 질문을 하는 이유는 한마디로 사람들의 사고 수준을 평가해 보기 위해서다. 교수들은 학생들에게 정기적으로 이런 식의 문제 제기를 통해 그들의 발표나 리포트 내용을 평가한다. 어떤 학생은 A를 받고, 어떤 학생은 C를 받는다. 강의실이라는 제한된 환경에서 학생들이 사고력을 얼마나 잘 발휘했는지를 계량한 것이다.

그러나 투표 이면의 사고와 정보의 질을 평가하기는 한층 더 어렵다. 그리고 그것은 우리가 이 책의 초반부에서 제기한 질문과 맞닿아 있다. 대학은 사람들을 더 나은 시민으로 만드는가?

이 질문은 고졸자에 비해 대졸자는 다음과 같다는 그 연구의 두 번째 주장으로 이어진다.

대학생들은 더 추상적, 비판적, 복합적, 반성적으로 생각하는 법을 배운다.

사실 우리가 교수들에게 교육 현장에서 이루고 싶은 목표가 무엇이냐고 물었을 때 거의 대다수 교수의 입에서 바로 이 추상적, 복합적, 비판적이라는 단어가 나왔다. 대학교수들이 추상적인 개념에 편향되어 있다는 것은 잘 알려진 사실이다. 연구 주제나 연구 방법이 무엇이든 간에 성향상 복합성을 강조한다는 점도 마찬가지다. 교수들이 하는 일이 누구나 쉽게 이해할 만한 수준이라면 연구비나 안식년을 정당화하기 힘들 것 아닌가.

그러나 우리가 가장 많이 맞닥뜨린 어구는 '비판적 사고'였다. 이에 대한 우리의 반응도 긍정적이었다. 학생들이 세상 물정 모르고 남의 말에 쉽게 속는, 순진한 상태로 처져 있기를 원하는 사람은 없다. 그럴 듯한 거짓말이 난무하는 세상에서 학생들은 사고력을 정교하게 다듬을 필요가 있다. 누가 아니라고 하겠는가.

자, 이제 교수들에게 '비판적 사고'가 무엇인지 묻겠다. 어떤 학생이 보고서에서 사형제의 존치를 주장한다고 가정해 보자. 이 학생은 아마 죄를 징벌하고자 하는 요구는 합법적이라고, 무고한 사형은 거의 없다고, 통계적으로 범죄를 억제하는 효과가 있다고 주장할 것이다. 이 학생의 보고서는 A를 받을 수 있을까? 물론 주장을 뒷받침하는 논리와 근거가 탄탄하다면 A를 받는 것은 당연하다.

그런데 교수들이 그런 보고서에 높은 점수를 준 적은 있을까? (또는 순결 교육, 총기 소지 등의 주제에 대해 비슷한 입장을 취한 글은 어떤가?) 우리가 알기로는 아직까지는 없었다. 왜 그런 보고서가 A를 받는 일이 일어날 수 없는지 그 이유에 대한 설명도 없었다.

아직 끝이 아니다. 가령 여러분에게 시간을 좀 준다면 비판적 사고 측면에서 당신이 생각하는 A 수준으로 사형제 찬성에 대한 분석 원고 초안을 쓸 수 있을까? 불편한 침묵만 계속되는 것으로 보아, 우리는 이데올로기가 학생 평가 방법에 얼마나 영향을 미치는지 궁금하다.

학생들의 정치적·사회적 견해가 대학에서 겪은 경험의 영향을 받는지 여부는 그 자체가 사회적 논쟁거리다. 보수주의자들은 대다수의 교수가 진보적 자유주의자이며, 그런 성향은 다른 어떤 전문직 그룹보다 뚜렷하다고 주장한다. 그래서 보수주의자들은 끊임없이 교수가 자신의 이념을 공공연하게 또는 은연중에 강의에 반영한다고 비판한다.

이에 대해 자유주의자들은 다음과 같이 반박한다. 교수는 모든 관점을 존중하며, 교수 자신의 생각은 드러내지 않는다고 말이다. 이들은 학부생들이 불만을 표시하는 경우는 드물다며, 대학교육이 제 역할을 하려면 당연히 학문의 자유가 폭넓게 인정되어야 한다고 주장한다.

한가지 사실만 놓고 보면 보수주의자들의 주장이 맞다. 캘리포니아대 버클리 캠퍼스와 스탠퍼드대에 재직 중인 교수들의 정당 등록 현황 연구에 따르면 민주당원인 교수가 공화당원인 교수들보다 압도적으로 많다. 민주당원 대 공화당원 비율이 9대 1이다. 철학 전공 교수들은 민주당원 대 공화당원 비율이 14대 1 수준이었으며, 사회학 교수의 경우는 비율이 철학과의 2배에 달했다. 이 비율이 3대 1인 경제학 교수들 정도만 양당의 균형을 맞추고 있다. (캔자스대학교에서도 이런 결과가 특별히 달라질 것 같지는 않다.)

학생들이 4년간 진보적 성향의 교수들에게 노출되는 경험이 학생의 세계관에 얼마나 영향을 줄까? 퓨 리서치센터(Pew Research Center)의 연구 중에 다양한 이슈가 담긴 미묘한 관점 차이를 집어낸 연구가 몇 개 있다.

우리는 퓨 리서치센터의 자료 중에서 고졸자와 대졸자 응답 간 차이를 쉽게 구별할 수 있는 2가지 화제를 골랐다.

첫 번째는 인공 임신중절에 관한 태도를 묻는 질문이었다. 다음 3가지 선택 항목이 주어졌다. ① 낙태는 모두 금지되어야 한다, ② 일부 규제가 필요하다, ③ 임신중절은 폭넓게 허용되어야 한다. 폭넓은 허용을 주장한 마지막 문항에 대졸자의 40퍼센트가 찬성한 반면 고졸자는 28퍼센트만 찬성했다. 두 번째와 세 번째 응답자 수를 합치면 대졸자는 67퍼센트가, 고졸자는 43퍼센트가 낙태를 찬성했다. 이처럼 대학에서의 교육 경험은 낙태 문제에 대한 자유주의적 입장과 상관관계가 있다.

퓨 리서치센터의 다음 질문은 직접적으로 의견을 묻기보다는 일부에서 주장하는 정체성에 대한 견해를 묻는 것이었다. 두 집단은 동성애자를 어떻게 설명했는지에 대한 질문을 받았다. 이번에도 역시 3가지 선택 항목이 주어졌다.

① 당신은 사람들이 동성애자로 태어난다고 믿는가? ② 당신은 그것이 사회와 가정에서 그렇게 키운 결과라고 믿는가? ③ 동성애가 개인적인 선택의 표현인가? 대졸자 집단에서는 58퍼센트가 동성애는 선천적이라고 답했지만 고졸자 집단에서는 30퍼센트만이 그렇다고 답했다. 동성애가 신택인지 여부에 대한 질문에는 고졸자 집단의 54퍼센트가 그렇다고 답한 반면, 대졸자 집단은 32퍼센트에 그쳤다.

어떤 식으로든 두 그룹 간의 차이는 뚜렷했다. 이것이 사실에 근거한 질문으로 제시되기는 했지만 진짜 사실에 입각한 것은 아니다. 아무도, 그 어떤 답변에 대해서도 확실한 증거를 가지고 있지 않기 때문이다. 단지 대학 졸업자들이 동성애에 대해 좀 더 관대한 것 같고, 고졸자는 상대적으로 동성애를 불편해하는 경향을 보인다고 말할 수 있을 뿐이다.

그렇다면 학생들이 대학에서 받은 영향 때문에 낙태나 동성애에 더 자유주의적인 시각을 갖게 된 것인지 여부에 대한 복잡한 문제가 남았다. 고백하건대, 우리는 잘 모르겠다. 어쩌면 학생들은 교수들에 의해 또는 캠퍼스의 분위기에 동요되었을지도 모른다. 대학이란 개방적이고 시대에 뒤지지 않는 자세를 가치 있게 보는 곳이 아니던가. 또는 대학 진학을 선택한 젊은이라면 이미 자유주의 진영에 있거나 그런 입장을 받아들일 준비가 더 잘되어 있을 수도 있다.

다시 책으로 돌아가 보자. 다음은 이 연구의 세 번째 주장이다.

대학에 다니면 도덕적 문제를 판단할 때 원칙에 따른 추론을 거치는 빈도가 통계적으로 확연히 늘어난다.

우리는 수차례 이 문장을 읽고 또 읽었다. 누구나 살다 보면 도덕적으로 곤혹스러운 순간을 맞을 때가 있다. 자신이 대의, 원칙 또는 다른 사람을 위해 희생할 준비가 되어 있는지를 시험하는 순간이다. 그러나 교육을 더 받을수록 그런 추론을 하는 성향이 짙어진다는 어떤 근거도 보지 못했다. 자, 대졸자가 다른 사람들에 비해 더 그런 경향이 있으며, 그런 행동을 한다는 것은 무슨 뜻인가? 우리가 이해한 바는 이렇다. 대졸자는 그들 자신이나 사회가 요구하는 윤리적 선택을 내리기까지 시간이 더 많이 걸린다.

하버드대의 마이클 샌델 교수는 '정의'에 대한 강의에서 브레이크 없이 내리막길을 질주하는 기차에 대해 말했다. 기관사는 어린이들이 서 있는 철로 쪽을 향하든가, 아니면 걸출한 과학자 3명 쪽으로 방향을 잡아야 한다. 어느 쪽을 택하든 누군가의 죽음은 피할 수 없다. 이 기관사는 어느 철로를 택해야 할까? 역시 하버드라서 그런지 토론은 굉장했다. 왜일까?

학생들이 합리적이고 공정한 결정을 내리려고 노력하는 가운데 활발한 토론이 이어졌다. 이론적으로 사람들은 이처럼 합리적 사고를 통해 학생들이 더 윤리적인 삶을 살게 될 것이라고 추정한다. 그러나 다른 측면도 있다. 추론을 하다 보면 문제는 여지없이 복잡해지기 마련이므로 가장 간단한 해법은 잘못되었다고 생각하게 된다.

인류가 자신의 생각을 말로 표현하기 시작한 이래, '원칙에 따른 추론'은 엄청난 노력의 산물로 자랑할 만했다. 우리가 아리스토텔레스, 칸트, 존 롤스의 저서를 읽는 이유도 여기에 있다.

그러나 달변인 학생이 반드시 이기심이 덜한 인생을 사는 것은 아니다. 오히려 유창하게 말을 잘할수록 바람직하지 않은 선택을 정당화하는 데 그 실력을 발휘할지도 모를 일이다. 사형제에 관한 리포트를 쓰는 대학 신입생에서부터, 제약사의 수익을 보호하려고 생명 연장 신약 개발이 필요하다는 내용의 보도자료를 쓰는 홍보 직원에 이르기까지 모두가 같은 입장일 수는 없지 않은가.

학사 학위를 가진 사람은 거의 모든 경우에 교육을 덜 받은 사람들보다 말을 더 잘하는 편이고, 자신이 원하는 바를 정당화하기 위해 문장을 보기 좋게 손질하는 능력도 뛰어나다. 대학을 졸업하지 않은 사람들이 말을 좀 더듬거리면 보통 사람들은 그의 사고가 비논리적이기 때문에 말을 더듬는다고 생각한다. 서글픈 일이다. 우리는 그런 사례가 대학교육의 필요성을 뒷받침

한다고 생각하지도 않는다.

뉴욕에서 한 노동자가, 발을 헛디뎌 지하철 선로에 떨어진 어린아이를 구하기 위해 철로로 뛰어들었다. 나중에 한마디 해달라고 하자 그는 단지 "할 일을 했을 뿐입니다"라고 말했다. 어쩌면 심사숙고가 과대평가되고 있는 것 아닐까. 우리는 만약 교수들이 그 플랫폼에 있었다면 어떻게 했을지 궁금하다. 그들은 존 스튜어트 밀이라면 어떤 선택을 했을지 따져보기 위해 잠시 멈추지 않았을까?

계급 제도가 미국에 존재하는지, 아니, 적어도 계급이 있다고 말할 수는 있는가 하는 문제는 오랫동안 논란이 되어 왔다. 논쟁의 성과는 없었을 것이다. 사람들은 흔히 노동자 계급과 상류층에 대해 또는 부유층과 빈곤층에 대해 말한다. 그리고 한 가지 더, 실체를 알 수 없는 '중산층'이 있다. 그러나 이러한 계급 구분 용어들에 대해, 누가 어디에 속하는지 우리가 정말 알고나 하는 소리인가 하는 의문을 지울 수 없다.

이 복잡한 퍼즐을 한참 동안 들여다보다가 결국 우리는 계층이라는 이름의 이 케이크를 한 번 더 잘라 보기로 했다. 우리의 목적에 따라 2개의 층위로 나눌 수 있을 것이다. 대학 학위를 가진 성인과 그렇지 않은 나머지 사람들이다. 우리가 이 글을 쓰고 있는 시점에서 가장 최근 통계인 2009년 기준으로, 25세 이상 성인 남녀 가운데 30퍼센트 가량은 최소한 학사 과정을 수료했고, 그 2배에 이르는 70퍼센트는 대학 졸업장이 없었다. (그렇지만 후자에 속한 사람들 중 3분의 1은 대학 캠퍼스에서 얼마간 시간을 보낸 경험이 있다는 점은 눈여겨볼 대목이다.)

대학을 졸업하는 것은 마치 달리기를 완주하는 것과 비슷하다. 마라톤이 아닌 이상 상당히 부담스러운 일임에 틀림없다. 그러므로 학위가 취업과 사회생활에 왜 그리도 중요한지 한번 알아보자.

🎓 매년 학사 학위를 받는 성인 남녀 160만 명이 모두 진지한 모범생도 아니고 이들 모두가 학구열에 불타는 것도 아니라는 점은 인정한다. 그렇다 하더라도 이들은 각 대학이 요구하는 졸업 요건을 채울 만큼 수업을 듣고 학점을 받았다. 최소한 이를 통해 그들이 규칙을 읽고 따를 수 있다는 점은 확인된다. 또, 대학 졸업 학위는 시험성적이나 학기말 보고서가 뛰어나지는 않더라도 과제물 정도는 교수가 만족할 수준으로 제출했다는 것을 의미한다.

대졸자들은 이 모든 것을 다 해낸 것이다. 들어야 할 수업이 많고, 상당수 강의가 지루하기 짝이 없었다 해도 말이다. 그러한 과정이 수년간 이어지기 때문에 이를 꾸준히 추구했다는 것은 문제 해결 능력이 있다는 근거가 된다. 고등학교와 달리 대학은 스스로 원해서 진학한 학생들이 오는 곳이라는 사실을 잊지 말자.

🎓 대학은 중산층의 사회다. 블루칼라(생산직 노동자)나 평범한 화이트칼라(사무직) 부모 밑에서 자란 학생들은 대학에 들어와 새로운 화법과 행동 양식을 접하게 된다. 그리고 바로 여기에 교수의 역할이 있다. 어쨌든 대학 밖으로 나가면 교수들은 사회에서 좀 특별한 지위에 있는 사람들이고, 제자들에게 있어 교수는 그들이 진입하고 싶어 하는 사회 계급을 대표하며 그 전형을 보여 주는 사람들이다.

대학교육을 받은 부모를 둔 대학생들(현재 대학생의 절반 이상이 이에 해당한다)은 대학이 자신을 좀 더 높은 곳으로 끌어 주기를 간절히 바란다. 스탠퍼드대와 듀크대 교수들은 미국식 엘리트 스타일로 학생들을 지도한다. 실제로 학생들은 재학하는 동안 자신의 신념을 바꾼다.

다트머스대학에서 만난 한 학생이 그런 경우였다. 그는 경영 컨설팅 회사에 들어갈 계획이라고 말했다. 하노버(다트머스대학이 있는 도시-옮긴이)에 오기 전까지 그는 그런 직업에 대해 한 번도 들어 본 적이 없고, 심지어 지금도 컨설턴트가 무슨 일을 하는지도 잘 모른다. 그런데 대학에 들어와 컨설팅 회사에 입사해야 부유한 권력층과 인맥을 쌓을 수 있다고 배운 것이다. 이것이 다트머스대학의 주된 교육 목적인지는 모르겠으나 적어도 상당히 우선 순위에 올라 있는 것만은 분명하다.

🎓 대학은 또 미묘한 무언가를 알려준다. 대부분의 대학 수업에서는 허세를 부리기가 쉽지 않다. 커리큘럼을 보면 난해한 지식이 수두룩하며 그중 상당수는 이해할 엄두도 내기 어렵다. 그래서 학생들은 실수하지 않으려면 신중해야 한다는 사실을 깨닫게 된다. 한마디로 입 다물고 있어야 할 시간이라는 것이다. 이것은 평생토록 이어지는 교훈이다. 스스로 무슨 말을 하고 있는지도 모르고 있다는 사실이 알려지면 당신의 경력은 한꺼번에 와르르 무너질 수 있다.

따라서 교육 격차는 오페라의 플롯이나 시의 운율을 외울 수 있느냐는 차원을 넘어서는 문제다. 먼저 육체 노동자들이 드나드는 술집의 대화를 들은 후 직장인들이 드나드는 칵테일 바에 가보라. 당신이 듣게 되는 것은 (대학 졸업 여부에 따른) 계급 차이일 것이다. 그것이 바로 계급의 벽을 뛰어넘는 연애, 결혼, 심지어 우정까지도 좀처럼 성사되지 않는 이유다.

🎓 물론 전체적으로나 평균적으로 볼 때 대학 입학의 성과는 있다. 35~44세 남성 가운데 학사 학위가 없는 고졸자가 1,000달러를 받는다면 학사 학

위 소지자는 1,741달러를 번다. 여성의 경우에는 고졸자가 1,000달러, 대졸자는 1,695달러다. 이처럼 대졸자를 우대하는 흐름이 대학에서 배운 전문 기술 때문인지는 알 수 없다. 각자의 사회생활 스타일도 직위나 승진 과정에서 일정한 역할을 하기 때문이다. 대학에서 그런 스타일이나 스킬까지 잘 가르쳐 주는지도 모르겠다.

스테이시 데일(Stacy Dale)과 앨런 크루거(Allan Krueger)는 두 학생 집단을 대상으로 설문 조사를 실시했다. 한 집단은 입시 경쟁이 치열한 상위권 학교를 다녔고, 다른 집단은 상위권 대학에 합격했지만 다양한 사정으로 인해 좀 더 평범한 대학을 졸업했다. 예를 들어 브라운대학교에 합격했지만 로드아일랜드대학교에 다닌 경우 등이다.

졸업 후 두 집단을 비교해 보았더니 두 집단의 연봉 수준이 비슷했다. 즉 우수한 학생들에게는 어떤 대학을 다녔는지가 그리 중요하지 않다는 말이다. 사실 우리도 프린스턴에서 공부한 학생들을 추적해 보았는데, 역시 동일한 결론에 도달했다.

이제 대학 졸업자 스스로가 대학에서의 경험을 어떻게 여기는가 하는 질문이 남았다. 대학교육을 받아 더 사려 깊어지거나 성공하게 되었든지, 그래서 더 윤리적인 인간이 되었든 아니든 간에 대졸자 스스로의 평가는 중요하다. 많은 사람들이 대학 시절을 인생에서 가장 좋았던 한때로 여기며 모교에 대한 애착이 강하다는 점은 우리도 잘 알고 있다.

그래도 더 알고 싶었다. 그래서 얼마나 많은 졸업생들이 모교의 기부금 캠페인에 동참하는지를 측정해 보기로 했다. 프린스턴 동문들의 경우에서 보았듯이 여기에서는 당신이 무엇을 얼마나 내는지는 중요하지 않으며, 상징적인 수준의 기부만으로도 충분하다. 기부 등급은 참여율로 평가되기 때문이다.

대학들은 2011년 「US 뉴스 & 월드 리포트」의 대학 평가 특집호에 전년도 기부 캠페인에 참여한 졸업생 수를 공개했다. 충격적인 사실은 아주 많은 사람들이 성의 표시로 단돈 5달러도 보내지 않았다는 것이었다. 우리가 너무 비딱하다면 용서하시라. 그런데 여기 일부 대학들의 기부 불참자 비율을 좀 보라. 콜게이트대학교 61퍼센트, 오벌린대학 64퍼센트, 루이지애나대학교 라파예트 캠퍼스 68퍼센트, 스키드모어대학 71퍼센트, 리드대학 73퍼센트, 핏저대학 74퍼센트, 루이스앤클락대학 82퍼센트, 위텐버그대학교 83퍼센트. 심지어 충성스런 동문들을 커다란 자랑거리로 내세우는 프린스턴조차 기부 캠페인에 응한 비율이 절반 이하인 졸업 기수들이 있었다.

사실 이는 숫자에 불과하며, 결코 이것이 모든 것을 말해 주는 것은 아니다. 그럼에도 불구하고 이 숫자는 우리로 하여금 왜 대규모의 졸업생들에게서 대학 시절의 기분 좋은 추억들이 줄어든 것처럼 보이는지, 아니면 왜 대학에 정나미가 떨어지게 되었는지 몹시 궁금하게 만든다.

물론 대학을 졸업한 사람들이 극소수는 아니다. 이미 이 비율은 성인 인구의 3분의 1에 이르렀다. 최근 성년이 된 세대에서는 그 비율이 훨씬 더 높다. 그러나 대졸자 계층은 상호 배타적이어서 누군가가 대학을 졸업했다는 사실을 알고 나면 그 사람은 우리와 같은 편이며 비슷한 경험을 공유하고 있다고 여기게 된다. 물론 "어느 대학 나오셨어요?"라고 물어볼 수는 있다. 그러나 당신이 '어떤 대학에라도' 다닌 경우에 한해서다. 서스쿼해나대학이나 소노마주립대학교에 다닌 것으로도 족할 것이다.

일단 경력을 쌓다 보면, 비인기 대학에 다녔다고 해서 움츠러들 이유는 없다. 프린스턴 졸업자들이 평생 잘나갈 것이라는 기대는 실적을 중시하는 사회로 바뀌면서 무너졌다. 사실상 대학교육의 확대는 모릴법이 의도한 결과를 낳았다. 즉 새로운 곳에서 인재를 발굴해 그 잠재력을 풀어놓는 것이다.

우리가 추천하는 대학들

이 책을 준비하는 수년 동안 우리는 이런 질문을 많이 받곤 했다. "당신한테 열여덟 살짜리 자녀가 있다면 어느 대학에 보내겠어요?" 정답이 없다고 말할 수밖에 없는, 중요한 질문이다.

그런데 생각하면 할수록 부모들에게 해 주고픈 말이 생각났다. 무엇보다 우선 고정관념에서 벗어나라는 것이다. 둘째, 기존 시스템에서 벗어난 예외를 찾고 관습에 젖은 생각을 버려라. 평범하지 않으며 인습을 깨는 대학을 찾아라. 특히 체면 치레용 명품의 덫에 빠지지 마라. 적어도 미국의 대학교육은 가격이 꼭 상품의 질과 비례하지는 않기 때문이다.

진학할 대학을 결정할 때 핵심 조건은 비용이 저렴해야 한다는 것이다. 젊은이들을 만날 때마다 수십만 달러의 빚더미와 함께 인생을 시작한다는 끔찍한 이야기를 수없이 들었다. 그 후로는 빚 없는 출발이야말로 명문대 합격보다 훨씬 더 가치 있는 일이라는 생각을 하게 되었다.

솔직히 이렇게 드넓고 다양한 사회에 훌륭한 사람들과 좋은 대학은 어디든지 있다. 관건은 그런 학교를 찾을 수 있느냐 하는 것이다. 지금부터는 우리의 관심을 끈 학교 몇 곳을 소개하려고 한다. 모든 좋은 대학이 이 목록에 다 있다기보다는 균형을 잘 맞추고 있는 괜찮은 대학 몇 곳을 중점적으로 다루었다.

우리가 좋아하는 대학들에는 공통점이 있었다. 교수들의 즉흥적인 생각이나 대학 경영진의 야망에 이끌려 다니지 않고 모든 것이 학생 중심이었다. 또한 이 학교들은 이상주의자가 이끄는 곳이었다. 이상주의자, 이들이야말로 오늘날 대학의 모든 기능을 불구로 만들고 있는 순응주의에 단호히 반기를 들 용기가 있는 유일한 리더들이다.

또, 우리는 핵심 가치가 훌륭한 학교에 마음이 끌렸다. 이들은 이보다 더할 수는 없겠다 싶을 정도로 핵심 가치에 충실했다. 무엇보다 학비를 낮게 또는 무료로 유지하려고 적극 노력하는 학교를 우리는 높이 평가했다. 재정적인 한계 속에서 이들 학교의 리더는 정말 중요한 대상에 주목했으며, 그것은 항상 학생이었다. 결론적으로 이들은 그야말로 '고등'교육의 진정한 의미를 실현시킨 학교들이었다.

올미스(Ole Miss) : 화합의 대학교

미시시피 주 공립대 시스템을 대표하는 올미스를 우리가 좋아하게 되리라고는 꿈에도 생각지 않았다. 대학이 인종차별의 상징이자 도구가 될 수 있다면 미시시피대학교는 대학의 역사 자체가 그런 곳이었다. 1960년대 인권운동으로 미국 사회가 달라지기 전까지 농장주들은 아들들에게 야생귀리 경작법을 가르치기 위해 옥스퍼드(올미스가 위치한 도시 – 옮긴이)에 보냈고, 딸들은 적당한 남편감을 찾아줄 목적으로 올미스에 입학시켰다.

이런 상황에서 학교 교육이 특별히 우수해야 할 필요는 없었다. 이런 배경 때문에 올미스는 미식축구, 미인대회 그리고 그저 그런 수준의 강의로 유명했다. 그러던 중 1962년 10월 2일 연방대법원은 이 대학에 베테랑 공군 출신 흑인 제임스 메레디스(James Meredith)의 입학을 허용하라는 판결을 내렸다. 그러자 그의 입학을 환영하는 집회에서 폭동이 일어나 2명이 죽고, 수십 명이 다쳤다. 결국 존 F. 캐네디 대통령은 대학에 연방군을 파견해야 했다.

현재 이 캠퍼스에는 제임스 메레디스의 동상이 세워져 있으며, 올미스는 화합과 시민의식을 교육 과업의 핵심에 두고 있다.

이런 엄청난 변화는 뛰어난 리더 로버트 카얏(Robert Khyat) 총장이 만들어 낸 성과다. 그는 지난 2009년 총장 임기를 마치고 은퇴했다. 한때 미식축구 선수이기도 했던 카얏은 올미스에 재임한 14년 동안 대학의 교육 수준을 끌어올렸고, 아프리카계 미국인의 등록을 3배로 늘렸으며, 운동 경기에서 남부 연방 깃발 사용을 금지했다. 이는 그야말로 용감한 진일보였다.

그러나 카얏은 학교가 명성을 얻으려면 무엇을 해야 하는지를 알고 있었다. 어떤 면에서 카얏은 대학의 이데올로기를 전환해 대학이 미시시피 주가 가진 역사의 다른 단면을 지향하도록 이끌었다. 유도라 웰티(Eudora A. Welty), 테네시 윌리엄스(Thomas Lanier Williams), 윌리엄 포크너(William Faulkner, 미국 남부 출신 작가들–옮긴이)를 생각해 보라.

현재 올미스에는 미국 남부의 예술, 문학, 음악, 지역 음식, 흑인과 백인을 연구하는 문화 연구소가 있다. 포크너의 집이었던 로완 오크(Rowan Oak)는 대학 박물관으로 사용되고 있다. 1964년 여름 살해된 남부의 인권 운동가 미키 쉬워너(Mickey Schwerner, 미 남부 미시시피 주 아프리카계 미국인의 투표권 등록 운동을 펼친 인권 운동가. 1964년 6월 KKK단(Ku Klux Klan)이 살해한, 인종평등회의의 흑인 차별 철폐 운동을 추진했던 좌파계 단체 회원 3명 중 한 명–옮긴이)의 부인 리타 벤더(Rita Bender)는 '정의의 회복'에 관한 강의를 맡고 있다. 그리고 이 대학의 미식축구 경기를 자세히 보았는가? 흑인 미식축구 선수가 백인 홈커밍 퀸을 호위하면서 경기장을 행진했다는 것이 사실인가?

올미스의 박스데일 아너스 칼리지의 의예과 학생인 멜리사 콜의 이야기를 들어 보자. 그녀가 올미스 입학을 고민하고 있을 때였다. 친구들은 "왜 그 학교에 가고 싶냐"고 물었다.

아프리카계 미국인인 그녀는 옥스퍼드에서 인종 화합을 연구하는 윌리엄 윈터연구소(William Winter Institute) 일에 참여한 적이 있었다. 이 경험에 대해 그녀는 이렇게 말했다.

"인종 화합, 캠퍼스 내 인종 문제, 함께 공존할 수 있는 방법 등을 주제로 충분히 대화를 나눴습니다. 흑인과 백인만 있었던 게 아니고, 저마다 다른 경험을 가진 외국 학생들과도 이야기를 나눴지요."

그녀는 "올미스는 어떤 학생이든, 어떤 인종이든 얻을 것이 많은 학교"라고 확신했다.

사실 미시시피대는 우리가 방문한 학교들 중 가장 매력적인 곳이었다. 우선 캠퍼스에는 리버럴 아츠 칼리지의 분위기가 가득했다. 무수한 명문대들과 달리 여기에서는 캠퍼스 곳곳에서 젊은이들을 만날 수 있었다. 대학은 정말 그들을 위한 곳이었다. 이런 환경은 의과대학이 잭슨에 있고, 대학에서 연구가 차지하는 비중이 전반적으로 크지 않기에 가능한 일일 수도 있다.

그러나 이 대학이 우리의 마음을 사로잡은 것은 바로 다음의 사례 때문이다.

2002년 제임스 메레디스의 아들이 이 대학에서 경영학 박사 학위를 땄다. 당시 메레디스는 이렇게 말했다.

"내 아들은 학위를 땄을 뿐 아니라 가장 우수한 성적으로 학교를 졸업했습니다. 백인 우월주의가 잘못되었다는 데 이보다 더 좋은 증거는 없다고 생각합니다. 내가 잘못 살지 않았다는 뜻 아니겠습니까?"

래리턴 밸리Raritan Valley : 커뮤니티 대학의 가능성

이 학교를 찾아가는 길에 우리는 쇼핑센터 주차장으로 써도 충분할 만큼 거대한 주차장에서 래리턴밸리 커뮤니티 대학의 특징을 확인할 수 있었다. 학교가 도심에서 뚝 떨어진 뉴저지 근교에 있는 데다 대중교통도 없었기에 대형 주차장이 필요했다. 그래서 이 학교엔 학생 머릿수(9,971명)만큼 차들이 오가며, 학생 대부분은 한두 과목을 수강한 뒤 다시 직장으로 돌아간다. 학생의 절반은 호흡 장애 관리, 전기 설비, 식음료 경영 분야에서 임시직으로 일한다. 여기까지만 봐서는 전국 2,169개 2년제 대학들과 별반 다를 것이 없다.

그러나 비슷한 급의 다른 학교들과 다른 점이 한 가지 있다. 래리턴은 1, 2학년 학생들에게 제대로 된 2년제식 대학교육을 제공한다. 매년 이 대학에서 공부한 수백 명의 학생들이 뉴저지를 비롯해 미국 전역의 대학에 3학년으로 편입한다. 사실 우리가 래리턴을 소개하고 싶었던 이유가 여기에 있다. 우리가 보기에 래리턴의 대학 입문 교육은 상당수의 4년제 대학들보다 수준이 더 나았다.

이 대학에는 신입생 대상 대형 강의가 없다. 강의당 학생 수는 40명을 넘지 않고, 대다수 강의가 세미나 형태로 돌아간다. 학교는 교수 2명이 학기 내내 함께 수업을 진행하는 팀 티칭을 권장하고 있다. 이 대학의 케빈 레일리(Kevin Reilly) 교수는 최근 세계사와 세계문학 통합 과정에 팀 티칭으로 강의를 했다고 말했다.

레일리와 그의 동료 교수는 신입생 22명을 가르쳤다. 교수들은 대부분 강의 전담 교수이기 때문에 논문 게재 실적에 따라 승진이 좌우되지 않는다. 교수들은 학기당 5개 과목을 가르친다. 이는 케니언대학의 2배 수준이나. 인문교양 교육을 담당하는 교수 대부분은 박사 학위 소지자다. 비록 노스이스턴대학교, 빙햄튼대학교, 델라웨어대학교 같은 이류 대학에서 받은 것이긴 하지만 말이다. 그러나 우리가 지켜본 결과 이 교수들은 학생들에게 정말 헌신적이었다. 교수들의 임무는 편입에 성공할 수 있게 준비시키는 것이었다.

래리턴의 등록금은 연간 4,290달러다. 차량 유지비 외에 학교에 내는 돈은 이것이 전부다. 그러나 집에서 통학을 해야 하거나 다른 사람들과 공유할 아파트를 구해야 하고, 사는 곳이 저마다 다른 친구들과의 사회 생활도 해내야 한다. 그렇다고 해도, 래리턴은 도서관, 식당, 수영장 등의 시설을 갖춘 엄연한 대학이다. 게다가 스케줄이 빡빡한 운동부도 6개나 된다. 여자 농구 팀은 스물일곱 경기나 치르고 있다.

학생회에는 천문학회, 국제앰네스티, CCC(대학생선교회), 사회적 정의 모임 (소외 계층 대상 사회 봉사를 하고 빈부 격차 등 사회 문제에 대해 토론하는 성격의 동아리─옮긴이)도 있다. 학생들에게 이보다 더 필요한 것이 있는가? 케빈 레일리 교수는 "우리 대학이 화려하진 않지만 관심사가 비슷한 친구들을 만날 수 있고 스스로 자기 삶에 자극을 줄 수 있다"고 말했다.

여느 2년제 대학들처럼 래리턴도 주로 강사들이 가르친다. 더 정확히 말하자면 교수 97명을 임시직 강사 304명이 보조하는데, 보통은 강사 한 명당 한두 과목을 맡는다. 이 강사들은 대부분 이 대학에서 꽤 오랫동안 일해 왔으며, 각 분야의 실력자들이다. 게다가 강의 규모가 작기 때문에 학생들과 친밀한 관계에서 가르칠 수 있다. (하지만 솔직히 여느 대학처럼 이 대학 강사들도 연구실, 심지어 개인용 책상조차 없다.) 그러나 대학의 운영 방식을 이해하는 학생들은 교수가 전담하는 과목 위주로 자신의 강의 계획표를 짠다.

래리턴이나 이와 비슷한 대학들은 대다수 사립대가 받는 등록금의 10분의 1만 갖고도 혹은 각 주를 대표하는 주립대 학비의 3분의 1 수준으로도 인문교양 교육을 시작할 수 있다는 점을 시사한다. 한걸음 더 나아가 당신의 이름을 알고 미래를 걱정해 주는 교수들로부터 배울 수도 있다. 물론 이처럼 홉족한 2년의 시간을 보내더라도 다른 대학에 편입하면서 비싼 등록금과 생활비를 대느라 대출을 받는 점을 감안하면 대학교육의 값은 계속 올라간다.

하지만 돈이 얼마 없는 젊은이들에게는 커뮤니티 대학에서 대학교육을 시작하라고 권하고 싶다. 커뮤니티 대학은 직업훈련소가 아니다. 예술과 과학 분야 교육에서도 상당한 수준에 이른 엄연한 대학이다.

노스이스턴대학교, 호프스트라대학교 : 미식축구 경쟁을 끝내다

보스턴에 위치한 노스이스턴대학교에 재정 위기가 닥치자 특이한 일이 벌어졌다. 미식축구 팀이 문을 닫은 것이다. 이 대학 홍보실이 발표한 공식 입장을 한번 보자.

2007년 초부터 대학 이사회, 교수, 학생, 기부자, 중견 행정직 등 대학 내전 구성원들이 대학 운동부의 성과 달성 및 지속성과 관련해 제반 조건과 기회를 검토했다.

결과적으로, 경쟁이 치열한 디비전 I 소속인 미식축구부의 수준을 향상시키고 이를 유지하려면 현재 쓰고 있는 비용 외에 수백만 달러가 추가로 투입되어야 한다는 결론에 이르렀다. 우리 대학은 미식축구를 그만 두고 미래 재원을 우리 대학이 선두에 서서 이끌 수 있는 학문과 학문 외 프로그램에 집중해야 한다는 데 폭넓은 공감대가 형성되었다.

참으로 반가운 소식이 아닐 수 없다.

발표 후 몇 주가 지나 롱아일랜드의 호프스트라대학교 스튜어트 래비노위츠(Stuart Rabinowitz) 총장은 디비전 Ⅲ 소속인 자교 미식축구부에 대해 노스 이스턴대와 비슷한 발표를 했다. 래비노위츠 총장은 "그러한 재원을 새로운 교육 프로그램과 수요가 많은 장학금에 재투자하겠다"고 밝혔다.

쿠퍼유니온대학 : 무상 교육의 위대함

쿠퍼유니온대학은 과학 · 예술 특성화 대학으로서 공학 · 미술 · 건축 분야에서 전국 최고의 실력을 자랑하는 유망주들에게 전액 장학금을 주고 있다. 그런데 10년 전 재정 위기에 처하자 이 대학 일부 이사들이 등록금 제도를 도입하자고 주장한 적이 있다. 1859년 재산을 기부해 이 대학을 설립한 독지가 피터 쿠퍼(Peter Cooper)는 당시 "공기나 물처럼 대학도 무료로" 운영하도록 방침을 정했다. 그런데 2008년 어느 날, 쿠퍼유니온대학의 총장 조지 캠프벨 주니어(George Campbell Jr.) 박사는 우리와 점심을 먹으며 이렇게 말했다.

"2000~2001년경 재정적으로 극심한 압박을 받았어요. 그래도 등록금 징수안을 진지하게 검토할 수는 없었죠."

대신, 대학은 자산으로 소유하고 있던 토지를 일부 매각했다. 캠프벨이 말했다.

"우리 대학 전통상 부동산은 그리 중요하지 않아요. 등록금 없는 대학의 전통을 유지하는 것이 과제였습니다."

많은 아이비리그 대학들이 메리토크라시(meritocracy, 실력 있는 엘리트층 – 옮긴이)라고 자부하지만 우리가 보기에는 쿠퍼유니온이야말로 진짜 실력자들이 모인 곳이다. 이 대학은 예술과 건축 분야 지원자를 SAT 점수로 평가하지 않는다. 대신 주제에 제한이 없는 질문 6~10개에 학생이 답안을 제출하는 '홈 테스트'가 있다.

이 대학 행정처장 미첼 립튼(Mitchell Lipton)은 다음과 같이 말했다. "우리는 학생이 어떻게 자신의 생각을 개념화하는지를 봅니다. 기술적인 능력을 보는 게 아니에요. 다듬어지지 않은 다이아몬드 원석을 발굴할 수 있다는 것이 홈 테스트의 장점이지요."

이 학교 공대 학장인 엘리너 바움(Eleanor Baum)은 공립 교구학교, 특히 영리한 이민자들이 공부하는 고등학교에 관심을 보였다. 바움 학장은 고교 상담 교사들과 협력해 쿠퍼유니온대학에 지원할 가능성이 있는 학생들과 접촉했다. 그녀는 보통 다른 대학에서는 7~8년 걸려야 따는 전문직 자격증(법학이나 의학을 전공하면 그럴 수 있다)을 쿠퍼유니온대학에서는 단 4년 만에 딸 수 있다고 말했다.

성적 좋은 수많은 여학생들이 관심을 보였다. 이 소녀들과 가족이 쿠퍼유니온의 스페셜 오픈하우스에 참석해 여성 엔지니어들과 만나 일·가정 양립 문제에 대한 선배들의 경험을 들어 보는 행사를 마치고 나면 여학생들은 더 고민할 것도 없어진다. 입학 기준을 낮추지 않고서도 바움 학장은 공대 수업에서 여학생 비율을 50퍼센트 이상으로 끌어올렸다.

쿠퍼유니온에서는 단 한 푼도 허투루 나가는 돈이 없다. 9장에서 언급했듯 이 대학 운동부 총예산은 연간 2만 달러가 전부다. 최고의 실력파 엘리트가 모인 이 대학에서 주목할 만한 졸업생이 많이 배출된 것은 놀랄 일이 아니다. 베를린 유태인 박물관을 설계한 대니얼 리베스킨드(Daniel Libeskind), 뉴욕의 버려진 고가 철로를 재활용해 공원 '하이라인'을 창조해 낸 엘리자베스 딜러(Elizabeth Diller)와 리카르도 스코피도(Ricardo Scofido), 전기·천연가스 공급 업체인 콘 에디슨(Con Edison)의 CEO 케빈 버크(Kevin Burke), 만화가 에드워드 소렐(Edward Sorel), 쌍성 펄서를 발견한 노벨물리학상 수상자 러셀 헐스(Russell Hulse) 등이 쿠퍼유니온대학 동문들이다.

쿠퍼유니온의 대학생들이 둘러앉아 자신의 미래를 이야기할 때 이들의 분위기는 다른 대학에서 만난 여느 대학생들과 사뭇 달랐다. 그렇다. 학생들은 그야말로 최고의 교육을 받고 있었으며, 자신들도 이를 잘 알고 있었다. 그러나 갚아야 할 빚이 없다는 사실 하나에서 차이는 시작되었다. 우리가 메인대학교부터 몬타나주립대학교까지 수많은 대학생들에게서 들었던 고통스런 그 말, "하고 싶은 일이 있지만… 이미 빚을 졌는걸요"라는 이 말을 내뱉는 쿠퍼유니온 학생은 한 명도 없었다.

베리아대학 : 위대한 전통

올미스에서 역사가 이끼처럼 대학을 뒤덮고 있다는 느낌을 받았다면 켄터키 주 베리아대학은 완전히 다른 분위기였다. 이 대학에서 과거란 현재에도 감동을 주는, 대학의 민주적 역할을 이해하는 열쇠다.

19세기에 설립된 인문 대학인 베리아는 「US 뉴스 & 월드 리포트」의 설문 조사 결과 미국 남부에서 '가장 우수한 종합 대학' 중 한 곳에 올랐다. 이 대학은 아팔라치아 지역에 모든 인종의 젊은 인재들이 함께 모여 공부할 수 있는 중심지를 만들고자 했던 급진적 개신교 계열 노예 해방주의자들에 의해 설립되었다.

쿠퍼유니온처럼 베리아도 등록금을 걷어 본 적이 없다. 대신, 학생들은 매주 10시간의 노동에 기여해야 한다. 1,500명의 학생 대부분은 고교 성적 상위 20퍼센트 이내에 들고, 연간 가구 소득이 5만 달러 이하 가정 출신들이다. 그런 점에서 베리아는 반(反)하버드적이다. 이 대학은 웹사이트에 대학의 사명을 공개하면서 "학생들이 낼 수 있는 등록금보다 학생들의 가치가 더 높다"고 밝혔다.

베리아가 입시 전형료를 전혀 받지 않는다는 점은 사실 뜻밖이었다. 이 대학은 지원한 수험생들에게 빈민층과 일하는 경험을 쌓기 위해 파라과이에 가 본 적이 있느냐와 같은 질문은 하지 않는다. 대신, 직접적으로 "당신은 가난합니까?"라고 묻는다! 베리아대학을 지망하는 학생들은 사전 체크 리스트에서부터 이런 질문을 받는다.

"아래 목록에서 당신의 가정이 받고 있는 보조금을 모두 체크하세요. 생계 보조금, 사회보장보험, 푸드 스탬프, 무상 또는 할인 급식, 위기 가정에 대한 긴급 지원."

운 좋게 합격하면 최고의 일류 교육을 받을 수 있다. 학생 대 교수 비율은 10대 1이며 교수 대신 대학원 조교가 가르치는 일은 없다. 이 대학 동문 중에는 2002년 노벨화학상을 수상한 존 펜(John Fenn), 미 상무부 장관을 지낸 주아니타 크렙스(Juanita M. Kreps), 토니상 수상자인 타론 무써(Tharon Musser) 등이 있다. 초기 졸업생인 제임스 본드(James Bond)는 노예 출신으로서, 전미 유색인종발전협의회(NAACP) 전 의장 줄리안 본드(Julian Bond)의 증조부다. 줄리안 본드는 링컨대학교 총장을 지낸 자신의 아버지 호레이스 만 본드(Horace Mann Bond)에 대해 이렇게 말했다.

"아버지는 베리아대학 얘기를 자주 하셨어요. 열다섯 살까지 거의 문맹으로 지내던 할아버지가 어떻게 밧줄로 묶은 황소를 몰고 수십 킬로미터 떨어진 베리아를 향해 걸었는지 말씀해 주셨죠. 그리고 베리아는 할아버지를 받아 주었습니다. 이 얼마나 멋진 이야기인가요!"

애리조나주립대학교 ASU : 거대하고 흥미진진한 곳

템페에 위치한 애리조나주립대학교는 신기한 에너지가 넘치는 곳이다.

흥미진진하면서도 동시에 사람을 압도하는 활기찬 분위기다. 한걸음 물러서서 보면 학생 6만 8,000명에 학부생 대상 250개 과정이 개설된 ASU는 미식축구부가 있는 거대한 학위 공장 같은 여타 특대형 주립대들과 별반 다를 것이 없어 보인다. 그러나 좀 더 가까이 다가가서 보면 애리조나주립대가 아마도 전국에서 가장 실험적인 대학, 과거의 규정에 얽매이지 않고 재기발랄한 아이디어에 귀를 기울이는 대학이라는 점을 금세 알 수 있다.

애리조나주립대는 메가버시티(megaversity, 초대형 종합대학–옮긴이)에 가깝다. 우리는 이 같은 콘셉트에 반대하긴 하지만 이 학교에서의 생활을 신나게 즐기고 있는 학생 입장에서는 그러한 반응과 선택이 가능할 수도 있겠다는 점을 확인했다. 애리조나주립대에는 언제나 눈이 핑핑 돌아갈 정도로 분주한 활동들이 진행되고 있었다. 이 학교는 신입생들이 스모가스보드(Smorgasbord, 스칸디나비아에서 유래한 뷔페식–옮긴이)에서처럼 무엇을 선택해야 할지 결정하기 위해 고민해야 할 정도로 많은 단과대학과 교육 프로그램을 제공하고 있다. 다음은 우리가 ASU에서 발견한 놀라운 사실들이다.

🎓 ASU의 바렛 아너스 칼리지는 주립대 비용으로 학부생 3,000명에게 리버럴 아츠 칼리지처럼 친밀한 교육을 제공한다. 이 학교는 자체 식당, 기숙사, 특별 세미나도 갖추고 있다.

🎓 ASU는 공대가 2개다. 템페에는 전통적인 수학 기반 공과 대학이 있고, 수학 도사는 아니지만 손재주가 좋거나 발명가 타입인 학생들을 위한 폴리테크닉이 하나 더 있다. 이 두 번째 공대는 챈들러의 사막 도시에 위치한 퇴역 공군 기지에 터를 잡았다. 우리가 방문했던 날, 학생들은 세균성 점액질을 자동차 연료로 변환시키는 데 애를 쓰고 있었다.

🎓 대학은 피닉스 시를 재건하고 있다. ASU 소속 5개 학교가 템페의 메인 캠퍼스에서 피닉스 시 중심가로 이전했다. 죽어 가던 피닉스 도심에 학교가 새로운 일상, 사람, 비즈니스를 몰고 왔다. 월터 크롱카이트 저널리즘 스쿨 (The Walter Cronkite School of Journalism)은 지역 신문사인 「애리조나 리퍼블릭 The Arizona Republic」과 지역 TV NBC방송국까지 걸어갈 수 있을 만큼 인접한 거리에 있다. 그만큼 시너지 효과를 내고 있는 것이다.

게다가 ASU에서는 많은 학과들이 사라졌다가 새로 생긴 학제 간 연구소에서 새 출발을 한다. 반면 대부분의 대학에서 학과의 목숨 줄을 끊는 것은 정말 힘든 일이다.

이 모든 혁신은 마이클 크로우 총장의 머리에서 나왔다. 그는 아마도 현세기 대학 총장들 가운데 가장 창의적인 사람이 아닐까 싶다. 그는 2002년 컬럼비아대학교 교무부처장으로 있다가 애리조나주립대로 옮겨 왔다. 애리조나주립대는 마이클 크로우의 아이디어를 구현하기에 더없이 환상적인 곳이었다.

ASU는 솔직히 삼류 공립대 시스템에 속한 이류 학교인데 애리조나의 정치적 고수는 이를 개선하고 싶어 했다. 많은 총장들이 주의회와 대립하는 데 반해 크로우 총장은 주정부, 연방 정부, 피닉스 시로부터 막대한 지원을 받아 냈다. 그는 무엇을 주장했을까? 그는 애리조나 경제가 관광업과 건설업에 계속 묶여 있으면 이 산업의 불안정성에 주 전체가 영원히 좌지우지될 수 있다는 주장을 폈다. 그러므로 대학을 세워라, 교육받은 노동력에 투자하라, 그러면 피닉스 지역이 싱가포르처럼 될 수 있다는 주장이었다.

크로우의 뛰어난 협상을 계기로 ASU는 강력한 대학으로 탈바꿈했다. 우리도 그의 주장을 지지한다. 사실상 아무런 성장 기반도 없는 이 지역에 대학은 깨끗하고 영리한 기업을 유치할 것이기 때문이다. 주택 시장의 경기 침체로 선 벨트(Sun Belt) 경제가 완전히 붕괴되었을 무렵 크로우 총장의 원대한 계획이 확정되었다.

비상구를 열어 놓기 위해 크로우 총장은 대학 재정을 엄격하게 관리하기 시작했고, 등록금도 인상했다. 그럼에도 불구하고 그가 그렇게 하지 않았더라면 이후 재정 사정이 절망적이었을 애리조나 주에서 애리조나대학의 성장은 손에 꼽을 만큼 눈부신 대목으로 남았다.

우리는 바렛 아너스 칼리지의 학생들을 보면서 아이비리그 학생 못지않게 영리하다는 느낌을 받았다. 사실 이들 중 상당수가 그런 대학에 합격하고도 아이비리그 대신 애리조나주립대를 선택했다. ASU에서의 대학 생활을 즐기고 있는 대학생 찰렌 쇼빅은 그 이유를 이렇게 설명했다.

"등록금 비싼 작은 대학에 간 것보다 이곳에 오길 잘했어요. 여기 와서 더 다양한 사람, 공간, 경험에 눈뜨게 되었거든요. 지금 제 눈에는 애머스트대학 같은 곳에 간 친구들이 온실 속 화초처럼 보인다니까요."

물론 ASU의 모든 것이 다 좋을 수는 없다. 4년제 대학에 다니는 학부생들은 대형 강의가 만족스럽지 않고, 남아도는 시간과 종신제로 인해 오만해진 교수들의 무관심이 불만이라는 이야기도 있었다.

그러나 전체적으로 볼 때 템페의 사막에 흐르는 공기는 상쾌한 편이다. 우리는 모험심에 젖은 이 대학의 문화가 마음에 든다. 성적이 좋든 나쁘든, 똑똑하든 우둔하든 애리조나주립대에서는 새로운 경험을 시작할 수 있다. 심지어 마이클 크로우 총장을 그다지 좋아하지 않는 나이든 교수들조차 우리에게 말하길, 와글와글한 열정이 가득 찬 학교에서 일하는 재미를 알게 되었다고 했다. 기꺼이 개혁가를 받아들이고 새로운 학풍을 만들어 가려는 애리조나주립대의 의욕을 지켜보며, 우리는 앞으로 더 많은 대학들이 익숙해진 환경에 안주하기보다는 도전적인 선택에 나서야 한다는 생각이 들었다.

메릴랜드대학교, 볼티모어 카운티 UMBC : 교육과 연구의 융합

앞 장에서 볼티모어 카운티 메릴랜드대학교를 소개하면서 메이어호프 장학생 프로그램 덕분에 생물학·공학 분야에 아프리카계 미국인 학생 수가 크게 늘었다고 했다. UMBC를 눈여겨볼 만한 이유는 또 있다. 기초 과학과 공학 위주의 박사급 연구 중심 대학이라고 해서 학부 교육이 결코 들러리가 아니다. 이 대학은 모든 수준에서 훌륭한 강의를 진지하게 강조하고 있다. 우리가 가 본 연구 중심 대학 가운데 UMBC는 연구와 학부 교육이 가장 잘 연계된 곳이었다.

「US 뉴스 & 월드 리포트」 설문 결과도 우리의 평가와 다르지 않았다. 이 조사에 따르면 UMBC는 학부 교육이 뛰어난 대학 4위에 올랐다. 브라운대, 듀크대, 버클리대, 시카고대보다 우위였다. 캠퍼스를 방문한 우리는 그렇게나 많은 학생들이 공부에 푹 빠져 있다는 데 적잖이 놀랐다. 아너스 대학 학생인 필립 그래프와 크리스티애나 스타브로디스는 교수들과 아주 끈끈한 인간관계를 다지고 있다고 말했다.

브라이언 홋지스는 자신이 원래 아이비리그 대학 몇 군데에 합격했었다고 말했다. 그는 고교 성적이 좋은 비인기 종목 운동선수로서 아이비리그 대학이 전액 장학금을 줄 정도는 아니어도 그 대학들이 선호할 만한 학생이었다. 하지만 그는 부모에게 부채를 떠넘기지 않고, 고향에 있으면서 재정 보조를 많이 해 주는 UMBC를 선택했다. 게다가 UMBC는 프리먼 라보프스키 총장이 이끄는 대학이었다. 홋지스는 "이 학교에 처음 온 날 총장님을 만날 기회가 있었는데, 제게는 엄청난 경험이었죠"라고 말했다.

라보프스키 박사의 리더십은 사실 UMBC 학부 교육을 성공으로 이끈 중요한 요소였다. 그는 학부 학생을 잘 가르치는 일이 중요하다며 위에서부터 분위기를 주도했고 교수들은 총장의 진심을 믿었다.

매사추세츠공과대학교MIT : 시간제 강사의 자존심과 임금을 지켜 준 곳

과학, 수학, 공학 분야 최고의 메카이자 캐임브리지의 하버드대학교와 인접해 있는 MIT는 시간제 강사로 일하기 딱 좋은 곳이다. 마르샤 바투시아(Marcia Bartusiak)가 그런 경우다. 물리학 석사이자 『목요일의 우주 *Thursday's Universe*』, 『아인슈타인의 끝나지 않은 심포니 *Einstein's Unfinished Symphony*』 등의 저자인 그녀는 MIT에서 반일제 강사로 일하며 대학원에서 과학적 글쓰기 수업을 맡아 진행했다. 1년에 2.5개 과목을 강의하고 학생들의 인턴십을 관리해 주면 되는 일이다.

이 정도 일하고 그녀는 전임교수 절반 수준의 연봉을 받고, 계약 기간 5년 동안 수당도 받는다. 그녀는 정확한 액수를 공개하기 꺼렸지만 추정컨대 MIT 부교수 연봉의 절반을 받는다면 7만 달러 안팎은 될 것이다.

MIT는 또, 임시직 중에서도 형편이 더 좋지 않은 시간제 강사를 한 과목당 8,000달러 이상 연봉에 고용하고 있다. 시간제 강사가 2개 이상 수업을 하면 MIT 계약직 교수들의 발할라 궁전(Valhalla, 북유럽 및 서유럽의 신화에 나오는 궁전, 북유럽인들의 이상향-옮긴이)이라고 할 수 있는 건강보험 지원 대상이 된다. 정중한 태도, 공정한 임금, 건강보험 때문에 이 대학이 파산했다는 이야기는 아직까지 들어 보지 못했다. 다른 대학들도 다르지 않을 것이다.

웨스턴오리건대학교 : 성공한 아웃라이어

어느 일요일 미 북서부(워싱턴 주, 오리건 주, 아이다호 주를 의미 - 옮긴이), 우리는 주민 9,726명이 사는 시골 마을 먼마우스를 찾느라 애를 먹고 있었다. 이곳에 웨스턴오리건대학교가 있다. 헷갈리는 길로 수없이 잘못 들어갔다 나오기를 반복한 끝에 우리는 어느 모텔촌 앞 한 신호등 앞에 서 있는 처지가 되었다. 그 지역 식당은 이미 9시에 영업이 끝났고, 경찰서조차 문을 닫아 버린 시간이었다. 그러나 다음날 날이 밝자 우리는 드디어 이 보석 같은 교육 현장을 찾아 냈다. 그 어떤 사치도, 가식도 없는 이 학교는 그야말로 진지함과 헌신으로 제 역할을 다하는 곳이었다.

교사 양성 대학이었던 웨스턴오리건대는 대다수 미국인들이 대학교육을 받는 방식의 전형을 보여 주는 곳이다. 여기서 대학교육이란 유명 대학이 아니라 자신이 거주하는 지역의 공립대 시스템에 속한 소규모 캠퍼스에서의 교육을 말한다.

게임 이름이기도 한 웨스턴오리건은 예전 같았으면 이런 훌륭한 교육에 접근조차 하지 못했을 이들에게 교육 기회를 주고 있다. 거의 6,000명에 육박하는 이 학교 학생 대다수가 시골 출신이거나 노동 계층 출신이다. 게다가 이들 중 다수는 자기 가정에서 처음으로 대학 문턱을 밟아 본 경우다.

웨스턴오리건대의 운영진 스스로가 대학을 사회 계층 이동의 촉진자로 여기는 만큼 이 대학의 운영 비용은 최저 선에서 유지되고 있다. 등록금은 연간 1,000달러 수준으로, 더 우수하다고 알려진 오리건대학교나 오리건주립대학교보다 낮다. 게다가 신입생들에게는 '등록금 계약제'를 적용하고 있다. 즉 먼마우스에서 보내는 4년 내내 등록금이 입학 때와 같은 수준으로 유지되는 것이다.

우리가 만나 본 학생들은 모두 돈이 문제였다. 많은 학생들이 학위 과정을 밟으면서 직장을 구해 일을 하고 있었다. 일부는 밤 12시부터 새벽 4시 사이에 공부를 한다고도 했다. 이러니 대학 운영진이 학비를 저렴한 수준으로 유지하려 노력하는 것이다.

캠퍼스는 매력적이고 현대적이지만 다른 학교에서 평범하게 들을 수 있는 스포츠 팀 종소리나 휘슬 소리는 거의 들리지 않는다. 교수진의 연봉도 4만 5,000~7만 7,000달러 정도로 낮은 편이다. 그 정도 연봉에 교수 한 명이 한 학기에 담당하는 강의가 셋이다. 스타 교수도 없고, 연구원도 많지 않으며 대학 행정부 역시 뼈만 남은 듯 필수 인력만 두고 있다.

이 모든 제약들이 웨스턴오리건대학교를 은근히 매력적인 곳으로 만들었다. 풍족하지 않은 환경 덕분에 사람들은 서로 눈을 맞추고 이야기할 수 있는 기회를 가질 수 있었다. 대학의 지명도가 낮고 예산이 부족하다는 것은 이 대학이 가진 모든 에너지를 한 가지, 즉 학부생 교육에 집중하고 있음을 뜻한다.

우리는 특히 교수진이 마음에 들었다. 그들은 좋은 대학, 즉 UCLA, 코넬, 카네기멜론, 베일러, 위스콘신대학교에서 가르쳐 본 경력이 있었지만 갑자기, 운명적으로, 예상치 못하게 박사들이 넘쳐나게 되면서 먼마우스에 눌러앉은 사람들이었다. 이들은 전 직장에서 그랬듯 혁신적인 교육자였고, 게다가 자신의 일을 즐겼다.

사회학 교수인 피터 칼레로는 1986년 웨스턴오리건대에 왔다. 자기 분야에서 수많은 저작을 냈지만 그는 학생들을 하찮게 취급하는 연구 중심 대학에서 일하는 데 넌더리가 난 상태였다. 그런데 먼마우스에 있는 동안 칼레로 교수는 창의적인 강의를 해 볼 수 있겠다는 느낌이 들었다.

기본적으로 사회학 · 범죄학 과정 외에 칼레로와 그의 동료 딘 브라 박사는 2학기 연속 수강 과정으로 '지역사회 조직', '지역사회 활동'이라는 수업을 설계했다. 첫 학기에는 학생들이 사울 알린스키(Saul Alinsky)와 스탠리 아로노위츠(Stanley Aronowitz)의 책을 읽고, 두 번째 학기에는 직접 먼마우스 지역으로 나가 임차인 노동조합을 조직했다.

그러나 웨스턴오리건대의 대부분의 프로그램은 이보다는 더 평범한 편이다. 메뉴는 기본적이지만 가짓수가 다양해 풍부하다. 지구과학, 문학, 인류학, 생물학, 철학과 함께 사회복지, 경찰행정, 간호학 학점도 이수할 수 있다. 아너스 대학은 성적이 우수한 4년제 학생들을 위한 곳과 지역 커뮤니티 대학에서 2년을 마치고 편입한 학생들을 위한 곳으로, 총 두 곳이 있다.

웨스턴오리건대의 이 같은 학풍은 교수들에 의해 조성되었다. 교수들은 박봉을 받고서도 불평하지 않는다. 이제껏 다녀 본 대학에서 만난 교수들에게서 거의 들어 보지 못한 말을 피터 칼레로 교수에게서 들었다.

"나는 정말 학생들을 사랑합니다. 가르친다는 것은 내게 정말 황홀한 일이에요."

그날 늦게, 우리는 그 이유를 알 수 있었다. 때마침 그날이 마틴 루터 킹 주니어 기념일(마틴 루터 킹 목사의 탄생 기념일, 매년 1월 셋째 주 월요일 — 옮긴이)이었다. 학생들은 킹 목사의 탄생을 기념하는 만찬을 준비했다. 에세이 대회에서 우승한 멕시코계 미국인 젊은 여성이 앞에 나와 자신에게 있어 킹 목사가 의미하는 바를 적은 에세이를 낭독했다. 싱글맘으로서 이미 모진 삶을 경험한 여성이었다.

킹 박사는 희망의 신학, 더 나은 미래를 꿈꿀 기회를 갖는 것, "인간 내면의 세계…"에 대해 설교했으며, 그녀는 킹 목사가 옳았음을 보여 주고 싶어 했다. 그 순간 우리는 특별한 사실을 깨달았다. 웨스턴오리건주립대, 그리고 이 대학이 사회적 소외 계층에게 제공한 기회야말로 마틴 루터 킹 목사가 꿈꾼 모든 것의 실현이 아닐까.

에버그린주립대학 : 통념을 깬 대학

애리조나주립대가 위로부터의 혁신으로 매력을 더한 곳이라면 워싱턴 주 올림피아에 위치한 에버그린주립대학은 독창적인 방법으로 우리의 관심을 끌었다. 이 대학은 대학 전체가 폭넓은 공감대를 바탕으로 운영되고 있었다. 리버럴 아츠 칼리지인 이 학교는 1960년대의 산물로서 워싱턴 주가 새로운 성격의 공립대, 다시 말해, 진보주의 교육 운동의 이념을 토대로 한 대학을 만들기로 결정하면서 설립되었다.

이 대학은 아마도 존 듀이가 좋아했을 그런 대학이다. 학장도 선거로 뽑는다. 학점도, 정해진 커리큘럼도 없다. 분기마다 교수가 학생들에게 장문의 평가서를 주면 학생들도 교수에 대해 똑같이 평가서를 작성해 제출한다. 과목별로 학제 간 연계가 잘 되어 있고 팀 티칭으로 진행되며, 매년 신규 과목이 생기거나 기존 과목들이 다른 방식으로 재구성된다.

혹자는 에버그린주립대의 민주적인 지배 구조가 대학의 정체를 초래할 수도 있다고 보겠지만 실은 그렇지 않다. 에버그린주립대는 민주적 지배 구조의 가치를 믿는 학생, 교수, 교직원의 마음을 사로잡은 결과 대학 곳곳에 대학 구성원 공동의 목표가 반영될 수 있었다. 이곳에서 우리는 다른 대학에서는 본 적이 없는 장면을 목격했다. 평범한 주제로 학생들에게 강의 중인 철학 교수의 수업에 동료 교수들이 수업을 듣기 위해 참석한 것이다.

한 생물학 교수는 우리에게 자신의 채용 과정을 말해 주었다.

"「고등교육 소식지」에 난 광고를 보고 지원했어요. 그때만 해도 이 학교에 대해 아는 것이 거의 없었죠. 면접을 보려고 학교에 왔는데 면접관들이 좀 이상한 거예요. 내 연구에 대한 발표는 시키지 않고, 대신 내 연구 주제가 아닌 '고령화'를 주제로 한 강의를 해 보라고 했다니까요. 면접관들은 나의 지적 수준을 확인하고 싶어 했던 것 같아요. '정말 색다르다'고 생각했죠."

학생들도 달랐다. 우리가 학생들에게 자신의 학교 생활에 대해 말해 달라고 요청하자 20명 정도가 터질 듯 넘치는 사연들을 들고 나타났다. 그들의 연령대는 어느 대학생보다는 약간은 나이가 든 20대 초중반이었으며, 다른 대학을 다니다가 편입한 학생들이었다. 다른 곳에서 만난 젊은이들보다 영리하고 성숙했으며 더 자신감에 차 있었다.

학생들은 자신의 성공에 "교수의 역할이 컸다"고 말했다. 한 학생은 "이제까지 형편없는 교수를 만나 본 적이 없어요"라고 말했고, 또 다른 학생은 교수들 중에 일부 '폭탄'이 있긴 하지만 "이 학교 교수들은 저마다 무언가에 열정을 갖고 있죠"라고 말했다.

우리는 베닝턴대학에 입학했다가 학업을 중단하고, 5년간 직장 생활을 한 뒤 다시 공부를 마치기 위해 에버그린주립대에 편입한 에밀리 스코미의 말이 마음에 와 닿았다.

"사람들은 이곳이 직업훈련을 해 주는 곳은 아니라고들 하죠. 하지만 아카데미 세미나에서 친구들과 의견을 나누는 게 곧 직업훈련 아닌가요. 나중에 직장 상사나 직원, 애인, 친구들에게 일대일로 평가를 받겠죠. 소통할 수 있는 능력, 이게 바로 제가 에버그린주립대에서 얻을 수 있는 가장 가치 있는 것이라고 생각해요."

물론 반체제 수호자라는 평판에도 불구하고 에버그린주립대의 졸업생들은 좋은 직장에 취업하고 있다. 만화 「심슨 가족 The Simpsons」의 원작자인 천재 만화가 맷 그로닝(Matt Groening)이 이 대학 출신이다. 대학 측 통계에 따르면 졸업생의 82퍼센트가 졸업 후 1년 내에 정규직에 취업한다. 졸업생의 대학원 합격률은 93퍼센트에 이른다. 공식적인 학점 자료 없이도 졸업생들은 의대에 합격하고 있다. 비록 폴 프리비로비츠(Paul Przybylowicz) 학장이 입학 사정관들에게 에버그린주립대의 강도 높은 서술 평가가 단순 A, B, C, D식

학점보다 학생에 대해 더 많은 정보를 담고 있다는 점을 납득시키는 데 시간이 좀 걸리기는 했지만 말이다. 에버그린주립대의 과학 교육 프로그램은 훌륭하기로 정평이 나 있다.

그러나 에버그린주립대가 누구에게나 잘 맞는 대학은 아니다. 수줍은 성격이거나 마음의 갈피를 잡지 못하고 방황하는 학생, 목표 없이 멍하게 다니는 학생들은 스스로 지적 목표를 수립해야 하는 분위기 속에서 맥없이 주저앉아 버릴 수도 있다.

에버그린주립대가 미국 대학 95퍼센트에는 없는 교수 강의 개선 제도를 도입하고 있음에도 불구하고 일부 교수들의 강의는 사실 형편없다. 제목에 이미 정치적 올바름(political correctness, 차별적 언행을 피하는 원칙 – 옮긴이)이 반영되어 지루해 보이는 수업도 상당히 많다. 비록 실제로는 그런 수업들이 매우 중요하긴 하지만 말이다.

4년을 온전히 면학 분위기에서 보내고 싶은 학생들에게는 에버그린주립대가 적격이다. 게다가 이 대학은 전국적으로 아직 떠오르지 않은 공립 리버럴 아츠 칼리지다. 이는 작은 규모의 학교에서나 가능한 교육을 저렴한 비용으로 받을 수 있다는 뜻이다.

33개의 공립 리버럴 아츠 칼리지 :
특히 플로리다의 뉴대학, 메릴랜드의 매리스대학

에버그린주립대처럼 항상 실험적인 것은 아니지만 미국 전역에는 33개의 공립 리버럴 아츠 칼리지가 있다. 이런 대학을 지원하는 주에 사는 행운을 가진 학생들에게 이들 공립 리버럴 아츠 칼리지는 다음 2가지 측면에서 최고의 교육을 제공하고 있다. 리버럴 아츠 칼리지의 특징이 고스란히 밴 학생 중심의 소규모 강의, 그리고 공공의 지원을 받는 대학이기에 가능한 저렴한 학비다.

단, 이들 중에 유명한 대학은 한 곳도 없다. 여러분의 딸 제니퍼를 콜로라도에 있는 웨스턴주립대학이나 파크사이드에 있는 위스콘신대학교에 보낼 경우 칵테일 파티에서 다른 사람들의 부러운 시선을 받지는 못할 것이다. 하지만 적어도 해당 주의 주민들은 빚 없는 교육을 받을 수 있다.

그리고 이들 대학은 꽤 우수하다. 플로리다 새라소타에 있는 뉴대학은 학생들이 스스로 자신의 프로그램을 설계하도록 했고 마치 에버그린주립대학처럼 서술형으로 학생 평가서를 작성한다. 또한 최고 수준의 자연과학 수업은 대학원이나 의학 분야 연구의 입문 단계로 괜찮을 수 있다. 자랑거리로 내세울 만한 대학 간 스포츠는 없지만 학생들은 '고고학 축제'에서 즐거움을 만끽하고 있다.

『프린스턴 리뷰』는 뉴대학을 '최우수 주립대' 부문 전국 2위에 올렸다. 플로리다 주에 살면 등록금을 얼마나 낼까? 연간 6,000달러 정도다. 기숙사에서 먹고 자는 데 추가로 8,000달러 정도의 숙식비가 든다. 하지만 이는 학교 인근에 사는 학생이라면 집에서 통학하면서 아낄 수 있는 돈이다. 플로리다 주 거주자가 아닌 학생의 등록금은 연간 2만 8,000달러에 기숙사비는 별도다. 이 부분에서는 뉴대학도 여느 사립 리버럴 아츠 칼리지의 가격 경쟁에 박자를 맞추고 있다.

조금 더 전통적인 인문 대학은 메릴랜드 주 세인트메리의 멋진 도시 체사피크만 타운에 위치한 세인트메리대학이다. 이름이 풍기는 성스러운 분위기와는 달리 세인트메리대학은 주의회가 인가한 일반인을 위한 대학이나.

공식 웹사이트에는 세인트메리대학은 "학생이 스스로 진로를 설계해 가도록 돕고 있으며, 학생들은 모두 우등생이며, 대학 전체가 아너스 대학이다. 학생들은 모두 토론형 수업에 능하고 교수와의 일대일 상호작용도 잘 이루어지고 있다"라고 밝히고 있다.

경제 전문 잡지 『키플링어 *Kiplinger*』에 따르면 세인트메리대학의 학생 대 교수 비율은 12대 1로, 전국에서 꽤 여건이 좋은 편에 든다. 오하이오 주 마이애미대학교를 다니다 이 대학에 편입한 4학년생 데본 W. 리어리가 말했다.

"이곳에서는 대형 대학에서는 하지 않았을 부분까지도 상호작용을 하게 돼요. 기본적으로 교수들이 학생들을 세심하게 보살피거든요. 이제까지 제가 들었던 규모가 가장 큰 수업이 25명 정원이었어요. 그런 분위기에서라면 배울 맛이 나죠. 이곳에선 공부를 한다는 게 참 멋진 일이에요."

집에서 통학하는 메릴랜드 거주자의 경우 대학에 다니는 비용은 연간 1만 3,500달러. 기숙사비까지 포함하면 2만 3,000달러가 조금 넘는다. 메릴랜드 주 외부에서 이곳으로 진학하는 경우 비용은 3만 5,000달러가 들지만 비슷한 수준의 사립대학보다 여전히 1만 달러가 저렴하므로 괜찮은 편이다.

캐나다의 퀘스트대학교

퀘스트를 생각해 보라. 북부 에버그린주립대학처럼 브리티쉬 컬럼비아 숲 끝자락에 위치해 있지만 사립이면서 더 새롭고 실험적인 학교다. 이 리버럴 아츠 칼리지는 개교한 지 겨우 4년밖에 되지 않았다. 3주짜리 강의는 모두 세미나 형식으로 진행되고 강의당 학생 수는 20명을 넘는 일이 없다.

퀘스트대에서는 교수들 간 직급이 따로 없다. 모두가 '지도교수'일 뿐이다. 퀘스트대가 낸 교수 채용 홍보지에서 밝히고 있듯 "교수의 역할은 공개적으로 떠벌리는 일이라기보다 학생의 인성적·지적 성장을 독려하기 위해 학생 개개인을 개별적으로 가르치는 일"이라고 되어 있기 때문이다.

등록 학생이 겨우 300명에 불과해 학교는 친밀한 분위기이면서도 할 일이 많다. 학생들이 일상생활의 많은 부분을 직접 책임지고 있는 것도 이런 생소한 환경 때문인 듯하다.

이 같은 방식의 성과도 괜찮아 보인다. 2010년 전국 학생 참여도 설문에서 퀘스트대는 학문적 도전, 학생과 교수의 상호작용, 능동적·협동적 학습, 캠퍼스의 지원 여건, 풍부한 교육적 경험 등 5개 부문에서 모두 캐나다 학교 중 1위를 차지했다.

단점도 있다. 퀘스트는 사립이다. 등록금과 기숙사 숙식비를 합치면 연간 3만 5,000달러가 넘게 든다. 캐나다 기준으로 보면 비싼 편이다. 우리는 이제까지 빚을 옹호한 적은 없지만 이 정도 학비를 부담할 수 있는 사람들에게 퀘스트대는 특별한 곳이 될 것이다.

뉴욕시립대학교 : 위대한 전통의 매콜리 아너스 칼리지

1975년 뉴욕 시가 재정 위기를 맞기 전까지 뉴욕의 4년제 시립대학교는 모두 무상 교육 체제였다.

그만한 비용의 공립대학은 사회적 계층 이동, 즉 우수한 두뇌의 이민자들이 미국 사회의 주류로 치고 올라갈 수 있게 해 주는 엔진이 되었다. 뉴욕시립대학교의 동문 중에는 콜린 파월(Colin Powell, 전 미 국무부 장관, 자메이카 이민자 가정 출신-옮긴이), 펠릭스 프랭크퍼터(Felix Frankfurter, 미 연방 대법관 출신 하버드 로스쿨 교수, 유대인-옮긴이), 아이라 거슈인(Ira Gershwin, 재즈 음악가, 러시아 이민자 출신 유대계-옮긴이), 조너스 솔크(Jonas E. Salk, 소아마비 백신을 개발한 의사, 러시아 유대계 이민자-옮긴이), 폴 사이먼(Paul Simon, 미국 록가수 사이먼 & 가펑클 멤버, 유대계-옮긴이), 앤디 그로브(Andy Grove, 인텔 창업자, 헝가리 이민자-옮긴이), 민주당 상원의원 바버라 박서(Barbara Boxer), 노벨문학상 수상자 로잘린 얄로우(Rosalyn Yalow), 금융가 윌리엄 E. 매콜리(William E. Macaulay)가 있다.

뉴요커들에게 무상의 대학교육이란 언제나 뉴욕에 대한 이상의 핵심이었다. 이 제도가 폐지된 지 36년이 지난 지금도 일부 집단에서는 이에 대한 일종의 향수가 남아 있다.

재밌게도, 새로운 대학이 생기면서 학생 수가 거의 50만에 가까운 뉴욕시립대학교 시스템은 예전의 무상 교육 비중을 서서히 회복하고 있다. 학생 수 1,300명인 윌리엄 E. 매콜리 아너스 칼리지는 등록금을 받지 않는다. 하늘을 찌를 만큼 경쟁이 치열한 매콜리에 입학해 평점 3.5점을 유지하기만 하면 전액 장학금을 받을 수 있다.

애리조나주립대의 바렛 아너스 칼리지처럼 매콜리도 작은 거물들이 자라고 있는 소형 리버럴 아츠 칼리지이다. 매콜리 학생들은 개인별 상담사가 배정되어 있으며, 최고의 교수들이 참여하는 개인 맞춤형 세미나에도 참여할 수 있다. 학생들이 헌터, CCNY, 버룩, 퀸스, 브루클린, 스테이튼 아일랜드 같은 뉴욕시립대학교 소속 학교에서 이루어지는 대규모 강의를 듣고 싶다면 사전 등록을 할 수 있을 뿐 아니라 강의실 맨 앞줄에 앉을 권한도 주어진다. 여러 가지 면에서 매콜리의 학생들은 시립대 시스템 어디든지 접근할 수 있는 열쇠를 쥐고 있는 셈이다.

게다가 몇몇 특전도 있다. 매콜리 학생들에게는 노트북 컴퓨터가 제공되며 연구비나 해외 유학비 명목으로 7,500달러가 지급된다. 이 대학 1학년인 스콧 티어니의 말을 들어 보자.

"매콜리 아너스 칼리지는 학생을 진심으로 보살피는 거의 유일한 대학이었어요. 그래서 선택했죠. 다른 대학들은 학생에게 지나치게 많은 돈을 받아 챙기는 일에만 신경 쓰는 것 같았거든요. 하지만 이곳에서는 책 값, 지하철

교통비 그리고 식사비만 있으면 돼요."

헌터대학 내 매콜리 분교에서 미첼 레비터스(Mitchel Levitas) 교수의 '비판적 관점'이라는 세미나 수업에 참석했을 때 학생들은 아주 영리하고 재미있어 보였다. 이 학생들은 우리가 애머스트대학이나 펜실베이니아대학교에서 만난 학생들보다 자신감은 덜 했지만 초빙강사인 우리에게 던지는 질문의 수준은 매우 도발적이고 날카로웠다.

세미나 탁자에 둘러앉은 자리에서 우리는 '새로운' 뉴욕의 얼굴을 확인했다. 러시아인, 아시아계, 아프리카계 미국인, 외지에서 온 백인들. 매콜리 아너스 칼리지에서 우리는 시립대의 존경할 만한 민주적 역사와 이 대학의 긍정적인 미래를 확인했다. 이 대학이 바로 '살아 있는' 불사조였다.

앞서 언급했듯이, 우리가 이 책을 준비하고 홍보하는 동안 사람들은 자주 우리에게 대학 갈 나이의 자녀가 있다면 이들 대학 중 어느 곳을 선택하겠느냐고 물었다. 우리 대답이 궁금한가? 어느 곳이든 괜찮다. 하지만 뼛속까지 뉴요커인 우리에게는 그중에서도 특히 매콜리 아너스 칼리지가 매력적이었다!

이 책을 쓰기 시작하면서부터 우리는 미국의 대학들이 기본적인 역할조차 잊고 있다는 결론에 도달했다. 우리 사회의 이 거대하고도 없어선 안 될 영역은 많은 역할을 맡고 있지만 제대로 하는 것은 하나도 없는, 덩치 큰 괴물이 되어 버렸다. 이 나라의 젊은이들은 거품 낀 가격에 영양가도 부족한 현재의 식단보다 더 나은 음식을 먹을 권리가 있다.

대학교육에 대한 개혁은 수학경시대회에서 중국 학생을 이기자는 차원에서 해결될 일이 아니다. 우리가 후세대에게 어떻게 우리의 의무를 다할 것인가에 관한 문제다. 의료 서비스 문제가 그랬듯이 우리는 지나치게 방대하고 너무나 다양한, 그래서 어떤 변화로도 뜯어고치기 힘들 것 같은 문제에 봉착해 있다. 하지만 바로잡을 방법은 있다. 다음은 그 해법을 담은 우리의 제안이다.

대학의 존립 이유는 교육이다

대학은, 알다시피 교육을 위해 존재한다. 교육 이외 다른 활동은 뚜렷한 이유도 없이 캠퍼스에 존재해서는 안 된다.

강의와 학습을 방해하는 교육 이외 요소를 꼽자면 신규 행정직(예를 들어 '협력 업무 담당 디렉터'), 대학 운동부(버몬트대학교는 대학 간 대항전을 한다는 명목으로 대학 소프트볼 팀을 4,076킬로미터 떨어진 스탠퍼드대학교까지 보냈다), 학생 편의시설(예 : 5층짜리 암벽 등반 시설) 등이다. 상후하박의 정점에 있는 교수들도 정말 필요한 사람들인지 면밀히 살펴보아야 한다. (스탠퍼드 교수의 75퍼센트는 종신 임용 보장을 받았고, 샌호세주립대도 이 비율이 73퍼센트에 달한다). 나이든 교수들은 강의 기여도가 떨어지는 것은 사실이기 때문이다.

대출에 의지하는 삶은 이제 그만

앞서 언급한 활동, 직원, 교수 때문에 생기는 비용 문제로 등록금은 소비자 물가지수보다 훨씬 빠른 속도로 인상되었다. 과거와 달리 요즘은 학생들이 대부분 빚을 내어 이 비용을 충당하고 있다. 이런 체제가 허물어지는 모습을 보고 싶다.

미국에서 부모들의 학비 부담은 빙산의 일각이다. 특히 수즈 오먼(Suze Orman, 미국의 재정 전문가이자 작가, 상담사, TV쇼 진행자 – 옮긴이)의 말에 솔깃해 본 적이 있는 부모라면 더욱 부담이 덜하다. 오먼은 "어떤 부모도 아들 딸 교육비에 대해 책임감을 느낄 필요가 없다"고 말한다.

오하이오웨슬리안대 학생의 77퍼센트가 빚을 지고 졸업한다. 홀린스대는 85퍼센트가 그렇다. 심지어 돈 많은 윌리엄스대학조차 전액 장학금을 주던 학생들에게 앞으로는 대출을 받아 학비를 내라고 말을 바꿨다. (2009년 금융위기 이후 윌리엄스는 장학금 지급을 축소했다. – 옮긴이) 학생들이 대출 원금에다 이자와 위약금까지 물어야 하는 상황을 감안하면 상환액은 애초에 빌린 돈의 3배에 이를 것이다. 이제 갓 성년이 된 젊은이이 인생의 첫 30년을 빚에 허덕이며 살아가야 한다.

학생 모두에게 관심을

모든 미국인은 대학교육을 받을 능력이 있다. 따라서 우리의 궁극적인 목표는 보편적 대학교육이어야 한다. 그러나 이런 일이 가능하려면 교수들이 학생들에게 가까이 다가가기 위해 노력해야 한다. 하지만 이는 윌리엄 베넷이 언젠가 말한 것처럼 "교수들 자신이 썼던 논문, 혹은 쓸 예정인 논문의 내용을 학생들에게 가르쳐라"는 뜻이 아니다.

이런 교육은 어떤가. 테네시대학교는 신입생 3,717명에게 소형 세미나 수업을 하고 있다. 교수들이 신입생을 '가르치겠다'고 자진한 것이다. 세미나 주제는 '레오나르도 다빈치처럼 생각하기', '축구에 숨은 물리학', '동물 실험의 윤리적 문제' 같은 것들이다.

"우리는 교수들에게 배움에 대한 교수 자신의 열정을 보여 달라고 요청했죠." 프로그램 기획자인 토드 다이콘의 말이다. 위 주제들이 어떻게 기존 교과목의 방식을 탈피했는지에 주목하라. 대학은 좋은 강의를 추구해야 한다. 수업에 성실하고, 학생을 배려하며, 교실 구석구석에까지 귀를 기울이는 강의가 필요하다.

대학은 직업훈련소가 아니다

대학에 다니는 동안 학생들에게 어떤 일이 일어나야 할까? 우리의 답은 간단하다. 학생들이 좀 더 사려 깊고 유쾌한 성인으로 거듭나길 바란다.

학부생 때는 흥미를 돋울 만한 지적인 사람들을 많이 접해야 한다. 그래야 이전에는 해 보지 못한 생각을 해 볼 수 있다. 그러나 현재 절반이 넘는 64퍼센트의 학생들이 직업훈련을 전공으로 삼고 있다. 뭔가 변화가 일어났으면 한다. 비실용적인 분야를 공부하는 것이 대학에서 더 현명하게 시간을 보내는 길이며, 궁극적으로는 더 유용한 투자가 될 것이라고 설득하고 싶다.

철학, 문학, 역사 또는 물리학 대신 대다수 대학생들은 말(馬) 관리학, 용접술, 패션 마케팅 같은 분야를 선택하고 있다. 모두 명문대에 개설된 전공과목이다. 학부 시절은 다시는 돌아오지 않을 찰나의 시간이다. 수익이 얼마나 될까 하는 걱정 없이 마음껏 상상의 나래를 펼치면서 한 인간의 지성이 마음껏 뻗어 나갈 수 있는 시절이다. 부모 잘 만난 전문직 가정 출신 자녀들뿐 아니라 모든 학생들이 이 시간을 즐길 수 있었으면 한다.

종신교수제를 폐지하라

아무런 명분도 없는 종신교수제를 폐지하고 다년 계약제로 대체해야 한다.

학문의 자유를 해칠 것이라는 우려에도 불구하고 우리는 이 특권을 없앤다고 해서 대학교육이 잃을 것은 없으며, 오히려 많은 것을 얻을 수 있다는 결론에 이르렀다.

모든 대학에서 종신교수제는 학생들의 대학 생활 전반에 영향을 미치고 있으며 막대한 사용료를 거두어들이고 있다. 우선 종신직을 받은 교수들은 강의의 질을 개선하는 데 공을 들일 이유가 없고, 개론 수준의 강의를 자진해서 맡을 필요도 없다. 즉 군이 자신이 내키지 않는 일을 할 이유가 없는 것이다. 그에 대한 혹독한 대가는 신참 교수와 강사들이 치르고 있다.

이같이 전문직의 생사를 결정하는 전부 아니면 전무(all or nothing)식의 보상체계를 가진 직업은 어디에도 없다. UCLA 박사 과정 학생인 크리스티나 네링은 종신교수제를 위한 분투가 "도전보다 부화뇌동하는 순응주의에 상을 주고, 집단주의가 독창성을 압도하며, 질보다 양이 우선하는 결과를 낳았다"고 분석했다. 종신교수직에 대한 열망은 학문의 자유를 강화하기보다 오히려 파괴하고 있다. 우리가 이루어 내야 할 단 한 가지 개혁 대상이 있다면 그것은 바로 종신교수제다.

유급 안식년 제도는 없어져야 한다

안식년을 줄여 쓸모없는 연구를 제한해야 한다.

대학들은 교수에게 연구 성과를 요구하는 일을 중단해야 한다. 책 쓰는 데 혈안이 된 교수라면 기나긴 여름방학과 주말에 주어진 시간만으로도 충분하다.

교수들은 학자에게는 7년마다 정신적으로 재충전할 시간이 필요하다는 주문을 외우고 있다. 우리는 이탈리아 토스카나에 체류해야 그런 재충전이 가능하다는 근거를 본 적이 없다. 강의에서 해방되려면 '연구'를 하는 편이 낫다고 말하는 사람도 있었다.

이제까지 우리는 이런 부가 혜택은 거의 필요 없다고 주장했다. 오히려 대부분의 안식년은 어떻게든 경력을 윤색하기 위해 고안된 제도에 불과하다. 50만 명 이상의 조교수, 부교수, 정교수가 현재 모두 안식년을 사용할 자격이 있다는데, 그렇게 많은 새 책과 논문들이 정말 우리 사회에 필요할까?

시간제 강사의 노동 착취는 이제 그만

안정된 직장에 정착한 교수들과 똑같이 수업하는 사람에게 교수의 6분의 1의 연봉만 주는 것은 비윤리적이고 부적절한 짓이다.

시간제 강사도 조교수와 같은 수준으로 과목당 급여를 받아야 한다. 건강보험과 기타 복지수당도 마찬가지다. 조교 노동조합은 최저 임금을 획득하기 위한 단계로 인정을 받아야 한다.

대다수 시간제 강사들은 박사 공장, 더 점잖게 말하자면 대학원에서 과잉 생산된 열정적인 교수들이다. 하지만 이들의 직장 생활은 녹록지 않다. 연구실도 없고 심지어 책상도 없으며, 많은 이들이 보따리를 들고 이 대학 저 대학을 전전하고 있다.

이렇게 소외된 방랑자 집단을 근절하기 위한 예산을 확보하는 일은 대학이 최우선으로 해야 할 일이다. 더 분명하게 말하자면 아부다비에 신규 캠퍼스를 만든다거나 오클라호마 스틸워터 시에 초대형 복합 체육센터를 짓는 일보다 시간제 강사를 구제하는 일이 더 시급하다는 의미다.

12개 특급 대학의 가치를 제대로 따져 보라

우리가 특급 대학이라고 부르는 대학은 학계의 올림푸스가 되어 버렸다. 우리는 이들 대학에 대한 평가를 재고해야 한다고 본다. 이들의 특별한 지위는 과대평가되었으며 여러 가지 면에서 자격이 없기 때문이다.

인디애나 주 리치몬드에 있는 얼햄대학과 테네시 주 내슈빌의 밴더빌트대학교도 애머스트대학이나 예일대학교처럼 교육을 잘하고 있지만 무시하기 힘든 현실은 있다. 명문 로스쿨들은 12개 특급 대학 학위에 더 눈길을 주고 그 대학 출신들을 더 선호하는 경향이 있다. 변호사 같은 엘리트 전문직 자격증은 첫 직장의 수준을 끌어올려 준다.

그럼에도 불구하고 우리는 12개 특급 대학 졸업생 모두가 인생이나 직장에서 두각을 나타내는 것은 아니라는 사실을 확인했다. 적어도, 학생들의 특별한 재능을 발굴하고 키워 주겠다던 대학에 사람들이 기대했던 수준에는 못 미친다. 하버포드대학이나 데이비드슨대학은 '미국의 후즈후' 인명사전에 등재된 졸업생이 브라운대학교나 펜실베이니아대학교의 2배 수준이다.

이제는 부모가 달라져야 한다. 자녀들이 명문대에 진학하기를 바라지 말아야 한다. 사실 명문대를 선호하는 부모는 자식을 걱정해서라기보다 부모자신의 출세 지향주의를 자식에게 투영한 것이 아닌가. 이제는 부모들이 대학의 간판 너머를 보아야 할 때다.

총장은 공공의 종복

대학 이사들이 연봉 100만 달러 혹은 그와 비슷한 수준을 주겠다고 하면 총장은 "고맙지만 사양하겠다"고 말해야 한다.

대학이 최고의 총장을 데려오려면 돈을 써야 한다는 말이 있다. 이는 능력 있는 총장은 기부금 확대, 관료주의 통제, 운동부 프로그램 확보 같은 일들이 엉뚱하게 틀어지지 않게 잘 관리한다는 뜻이다. 그런 재능을 부정할 생각은 없다. 그러나 대학교육이라면 무언가가 더 있어야 한다. 연봉, 정확히 말해 연간 100만 달러대 연봉은 하나의 상징이다. 대학교육을 선택한 사람이라면 그 일을 공공에 대한 봉사로 여길 줄 알아야 한다.

미국 식품의약품안전청장은 하루 종일 일하고도 고작 19만 9,700달러를 받고, 4성급 장군의 연봉이 15만 1,900달러다. 대학 총장이 빈곤 서약서라도 써야 한다는 뜻은 아니다. 하지만 총장들이 일을 하는 데 기업에 준하는 급여가 정말 필요한가?

의대와 연구소를 대학에서 분리하라

대학은 캠퍼스 내 연구소나 산하기관뿐 아니라 의대와의 고리도 끊을 생각을 해야 한다.

대학원 과정 때문에 교수들을 학부생 강의에서 빼돌리거나 총장이 대학원 일에만 정신이 팔려 있지 않는다는 조건하에 대학원이 운영되어야 한다. 총장이란, 대(對)테러 기술 연구센터를 대학 산하기관으로 추가할 기회를 노리는 사람이 아니라 교육에 대해 고민해야 할 사람이기 때문이다.

연구를 할 사람들에게는 브루킹스연구소, 랜드연구소, 아니면 하워드휴스 의학연구소처럼 대학과는 무관하지만 뛰어난 성과를 자랑하는 기관들이 수도 없이 많다. 프린스턴대학교는 의대 없이도 과학 분야에서 최고의 성과를 거두었다. 의대는 대학의 자원과 관심을 모두 흡수해 버리는, 가장 비용이 많이 드는 복합체다. 사실 의과 '대학' 자체는 문제가 안 된다. 존스홉킨스대에 의대생은 겨우 473명뿐이지만 학생들 위로 3만 명 이상의 직원을 둔 거대한 제국이 자리를 차지하고 있다.

테크노 티칭, 첨단 기기를 활용한 강의에 주목하라

실력이 의심스러운 교수들의 강의보다 때로는 잘 만들어진 테크노 티칭이 나을 수도 있다.

소형 세미나 수업이든 대규모 강연이든 뛰어난 교수 한 명보다 더 훌륭한 강의 방법은 없다. 그런데 교수의 강의를 현대적인 기기로 편하게 보완할 수 있다는 소식이 계속 들려왔다. 어떤 경우에는 그런 기기가 교수 자리를 꿰찰 수도 있다고 했다. 처음에는 의심스러웠지만 점점 그 실체가 궁금해졌다.

애초에는 비용 절감을 위해 테크노 티칭(이는 우리가 붙인 이름이다)이 추진되었다고 한다. 대학 입장에서는 사람이 직접 가르치는 방식, 경우에 따라서는 시간 강사조차도 비용 부담이 클 수 있다. 그러나 컴퓨터 스크린에서 눈을 떼지 못하게 하는 퍼포먼스는 실력이 의심스러운 교수들의 강의보다 나을지도 모른다. 교과서와 달리 소프트웨어를 이용하면 주고받는 질문이 가능하고, 학생이 쓴 답안에 논평을 해 줄 수도 있으며, 학생들이 실수를 할 가능성이 높은 대목에서는 힌트를 주며 재도전을 격려할 수도 있다. 또, 영화, 연극, 발레의 부분 장면을 모아 클립으로 만들어 주는 프로그램, 그림을 한 장한 장 나란히 배열해 주는 프로그램, 기후 변화를 보여 주는 가상 투어 프로그램 등이 있다.

테크노 티칭을 소설 『모비딕』에 대해 고민하고 토론하는 세미나에 견줄 수는 없다는 지적에 동의한다. 하지만 우리가 그렇게 뛰어난 교수들을 충분히 확보하기 전까지는 이 새로운 해법을 손에서 바로 털어 버릴 일이 아니다.

기부가 필요한 곳에 기부하라

고등 교육에서 유명한 표어가 하나 있다. "가진 자는 더 가지게 될 것이다"(마태복음 25장 29절, 일명 마태 효과 – 옮긴이).

지나치게 많은 사람들이 이미 충분히 기부를 받은 대학에 또 기부하고 싶어 한다. 우리가 순진한 것인지는 모르겠으나 이런 상황이 바뀌었으면 한다.

경기 후퇴기에도 재정 여건이 훌륭한 학교들에는 기부가 계속 이어졌다. 물론 이들 대학이 그 돈을 책임 있게 쓸 수 있느냐 하는 문제는 별개다.

그래서 기부금이 많은 대학의 동문과 여타 기부자들에게 한 가지 제안을 하자면, 다른 대학(기부금을 받을 만한 대학은 줄을 섰다)을 골라 기부금이 진정 의미 있는 일에 쓰이는 곳에 수표를 보내면 어떨까? 몇 년 전 코난 오브리언(Conan O'Brien) 교수는 4학년 강의를 맡으면서 모교인 하버드대학교로 돌아왔다. 그는 모교의 기부금이 최근 26억 달러를 막 넘어섰음에도 불구하고 여전히 학교로부터 기부금을 내라는 전화를 받고 있다고 말했다. 오브리언 교수가 상담원에게 물었다.

"대체 기부금을 어디에 쓰겠다는 겁니까?"

수화기 너머에서 이런 답이 돌아왔다.

"꼭 필요해서가 아니고요, 일단 내주시면 좋겠습니다."

　　이 책은 절반의 애정과 절반의 슬픔을 담아 썼다. 우리 두 사람 모두 인생의 상당 기간을 대학에서 보냈다. 한 사람은 글을 쓰는 교수였고, 한 사람은 기자이면서 학생들을 가르쳤다. 그런 우리에게 오늘날 이 나라의 대학을 지켜보는 일은 마치 공사판에서 그 어떤 목표나 목적도 없이 제멋대로 바닥을 깔아뭉개며 달리기만 하는 증기 롤러를 보는 듯했다. 그런 점에서 우리는 침통한 마음을 가누며 이 책을 썼다.

　　책을 쓰는 동안 우리는 눈이 번쩍 뜨이는 놀라운 경험을 했다. 특히 전국의 대학을 돌며 학생과 교수들의 생각을 들었던 순간을 잊지 못할 것이다.

　　그러나 이 책의 내용을 토론에 부치기 위해 전국을 여행한 경험 역시 또 하나의 교육이었다. 특히 고집 센 교수 집단이 모인 대학이란 곳에서, 교수들과 직원들은 자신에게 익숙한 관행을 지키려고 완강히 버텼다. 이 책의 출간을 열렬히 환영해 준 대학 밖 사람들과는 정반대의 반응이었다. 대학에 몸담고 있지 않은 사람들은 현재 학생들이 학비를 낸 대가로 얻는 것이 별로 없고, 이 문제의 책임은 캠퍼스에서 개인의 실적을 쌓는 데만 여념이 없는 어른들에게 있다고 생각했다.

　　이 책은 미국 경제가 1930년대 대공황 이후 가장 냉혹한 위기를 맞아 고통의 정점에 있을 때 출판되었다. 대학도 다른 기관들처럼 경제 위기의 충격을 체감하고 있었다. 기부금은 줄어들었다. 가장 형편이 넉넉하다는 하버드대학교조차 자산의 3분의 1을 잃었지만 누구도 그 이유를 설명하지 못했다.

이처럼 심장마비 수준으로 몰아친 경제적 충격을 감안할 때 사람들은 대학 교직원들이 이 같은 위기를 재평가의 기회로 진지하게 활용할 것이라고 생각했을지 모른다. 하지만 우리가 지켜본바, 대학은 월가와 다르지 않았다. 대학의 자기반성은 찾아볼 수 없었다.

운동부가 좋은 예다. 여기저기서 허리띠를 졸라맸지만 대학 간 스포츠 예산은 충분히 삭감되지 않았다. 오히려 예산을 올리려는 시도가 발 빠르게 이어졌다. 2010년 미 동부 끝에 위치한 뉴저지공대는 디비전 I 농구 부문 우승을 목표로 준비하느라 한창이었다. 개막전은 뉴저지에서 멀고 먼 서부 대회(Great Western Conference, NCAA 주최 운동경기대회 – 옮긴이)에서 열렸다.

이제 이 학생 선수들은 미 북부 노스다코타주와 사우스다코타 주 소재 대학뿐 아니라 남부 텍사스와 서부 유타 주 대학들과도 경기를 치러야 한다. 물론 그보다는 가까운 버몬트와 버지니아에서 시합이 있기는 하다. 하지만 이 스케줄을 소화하려면 선수, 코치, 트레이너, 운동 장비를 싣고 돌아다닐 여행에서 쓸 경비, 이들이 묵을 숙박비가 필요하다.

하트포드의 트리니티대학은 학생 2,341명 규모의 권위 있는 리버럴 아츠 칼리지다. 남자 스쿼시 부문에서 실력을 뽐내고 싶어 안달이 난 이 대학은 정기적으로 하버드와 예일의 스쿼시부를 완파하며 기나긴 연승 행진을 이어갔다. 비결은 스쿼시에 재능 있는 외국인 선수들을 영입한 데 있었다. 선수 대부분은 대학 스쿼시 코치의 연락을 받기 전까지는 트리니티라는 단어를 들어 본 적도 없었다. 선수 17명 가운데 15명이 파키스탄, 말레이시아, 인도, 멕시코, 스웨덴, 남아프리카, 콜롬비아, 엘살바도르, 자메이카 출신이다. (2명의 미국 출신 선수는 대부분 벤치에 앉아 시간을 보냈다.)

물론 이런 선수들도 학위 과정 학생으로 등록은 되어 있다. 사실 그 자리는 공부에 더 소질이 있는 수험생에게 돌아갔어야 할 자리다. 하지만 요즘 세상에 평범하게 입학한 학생들로 그런 팀을 구성하라고 요구하기는 힘들다. 마이애미대부터 스탠퍼드대에 이르기까지 요즘 거의 모든 대학들이 관행적으로 해외에서 준프로급 선수를 수입하고 있다. 운동부의 승리를 위해서다. 이 비용은 다른 학생들이 낸 등록금으로 충당되고 있으며, 이런 관행에서 얻는 도덕적 교훈이 무엇인지도 의문이다.

스포츠는 대학의 우선순위에 대한 통찰을 준다. UC버클리는 주정부 지원금이 크게 삭감되자 종신직을 못 받은 비정년 교수들을 대거 해임했다. 이들이 맡기로 했던 과목도 모두 취소되었다. 같은 취지로, 이 대학은 29개 운동부 프로그램 중 일부를 해체했다. 강의 축소에 불만을 표시한 동문은 거의 없었지만 폐지된 운동부 팬들은 대학을 찾아와 항의했다. 그 후 일주일 만에 기부금 8백만 달러가 모였다. 남자 럭비, 여자 라크로스, 여자 체조 팀을 지켜 달라는 호소였다. 역사학, 화학과 출신 유명 졸업생들에게 이와 비슷한 충성도를 바란다면 너무 순진한 것일까?

그러나 2010년 펜실베이니아주립대에 들어온 기부금 8,800만 달러에 비하면 8백만 달러는 푼돈에 불과하다. 모금액은 전부 '다목적' 실내 스포츠 경기장으로 빨려 들어갔고 경기장에는 새로 생긴 남녀 아이스하키부가 쓸 특수 설비가 설치되었다. 로저스 & 해머스타인의 노래(I can't say NO) 속 소녀처럼 대학 총장들이 그저 스포츠는 안 된다고 말하기는 힘들다. 하지만 펜실베이니아주립대가 교육 의무에 충실하기 위해 하키 팀이 있어야 한다는 주장은 합리적으로 설명할 방법이 없다.

학생 수가 빠르게 늘어난 대학에 진짜 필요한 조치는 교수를 충분히 확보하는 일이다. 펜실베이니아주립대에서는 212명이 들어갈 수 있는 심리학 강의실에 2학년생 368명이 꽉 들어찼다. 상황이 이렇다 보니 학생들은 앞에서 멀찍이 떨어진 뒷줄에 앉아 눈을 가늘게 뜨고 인상을 찌푸리며 교수를 쳐다보면서 수업을 듣고 있다.

또, 컴퓨터 채점식 시험을 치르며 자신이 배운 것을 어느 정도 알고 있는지 확인하는 정도로 만족해야 한다. 기부금 8,800만 달러는 펜실베이니아주립대 정교수를 전체 교수의 3분의 1까지 늘릴 수 있었을 돈이다. 그 정도 교수가 있다면 강의 규모를 더 줄일 수 있고, 학생 개개인에게도 교수가 더 깊은 관심을 기울일 수 있을 것이다.

더 지혜로운 사회라면 대학에 필요한 것은 얼음 궁전(아이스하키 팀 연습 공간을 의미—옮긴이)이 아니라 더 많은 교수들이라는 메시지가 기부자에게 전해졌을 것이다. 그래도 기부자가 운동부에 돈을 내겠다는 의지가 단호하다면 오하이오주립대에 기부하라는 말이 나왔을 것이다.

안타깝게도 연방 법규들은 대학 운동부 제국을 건설하라고 계속 부추기고 있다. 대학의 운동 경기장에 딸린 고급 스위트룸을 빌리거나 경기장에서 목이 좋은 좌석을 구입하기 위해 추가 비용을 낸다면 금액의 80퍼센트를 교육 기부 명목으로 세액 공제를 받을 수 있다.

심지어 프린스턴처럼 점잖은 대학조차 경기에서 이겨야 한다는 압박감 때문에 망가질 수 있다. 2010년 프린스턴의 한 졸업생이 스타 테니스 선수의 세 학기분 등록금(최소한 5만 달러 이상으로 추정된다)을 비밀리에 낸 사실이 드러났다. 이는 운동선수에게 장학금 지급을 금지한 아이비리그 규정을 위반한 것이었다. 프린스턴대학교 총장은 이 기부자가 친구네 가족이 교육 기회를 놓치지 않도록 도와준 일일 뿐이라며 엄연한 규정 위반을 축소시켰다.

대학의 가치, 특히 학생들이 낸 등록금과 학생에 대한 대학의 지원을 고려할 때 대학교육이 학생 개인의 인생에 얼마만큼의 가치를 부여해 주었는가 하는 문제도 논의 대상으로 떠올랐다. 만약 여러분이 2,500달러를 내고 캐러비안 크루즈를 타기로 했다면 아마 2,500달러에 걸맞은 수준의 음식과 편의시설을 기대할 것이다. 따라서 25만 달러가 드는 최상위권 사립대에서 보내는 4년이 학생들에게 거액을 지불한 대가라는 측면에서 어떤 의미가 있는지는 생각해 볼 만한 질문이다. 취업에 도움이 되는 기술을 배운다는 대답이 나올 수도 있다. 그럴 수 있다. 컴퓨터과학을 전공했다면 비디오 게임 프로그램을 코드화하는(부호로 처리하는) 방법 정도는 알고 있을 것 같다. 하지만 손에 잡히지는 않지만 이에 못지않게 중요한 다른 재능은 어떠한가?

오늘날 학계에서 많이 거론되는 능력은 다름 아닌 '비판적 사고'다. 사회학자 리처드 애럼(Richard Arum)과 조시파 록사(Josipa Roksa)는 대학을 통해 학생들이 어떤 능력을 갖추게 되었는지 확인하기 위해 24개 대학에서 학생 2,322명을 뽑아 2가지 실험을 실시했다. 학생들이 신입생일 때 한 번, 그리고 4학년을 거의 마칠 무렵에 또 한 번 시험을 치르게 했다. 단순 사실을 묻는 선택형 문제가 아니라 대학 학습 평가(CLA, Collegiate Learning Assessmen)라는 시험이 활용되었다. 학생들이 근거를 생각한 뒤 깊이 있는 결론을 내리도록 요구하는 시험이다.

이번 실험에서는 학생들이 여러 자료를 읽고 회사가 임원용 비행기를 구입해야 하는지에 관한 보고서를 90분 내에 작성하는 문제가 나왔다. 답안지 채점은 애럼과 록사의 실험을 관리해 주는 대행사가 맡았다. 비판적 사고 부문에서 4학년 학생의 3분의 1 이상(36퍼센트)이 1학년 때 수준에서 한 치도 벗어나지 못했다. 25만 달러든 그보다 더 적은 금액을 썼든지 간에 대학의 심각한 폐단이 드러난 셈이다.

많은 사람들이 대학에서의 학습 성과를 외부의 테스트로 재단한 부분에 의문을 제기할 것이다. 하지만 애럼과 록사는 이런 지적에 대응하기 위해 부단히 애쓰고 있는 대표적인 사회과학자들임을 강조하고 싶다.

다른 식으로 대학의 책무성을 측정하려는 시도가 진행 중이지만 일부는 문제가 좀 있다. 텍사스 주 소재 주립대학교에 재직 중인 교수들은 대학에 대한 금전적 기여도에 따라 평가받고 있다. 예를 들어, 한 학기에 가르치는 학생 수나 그들이 대학에 끌어온 보조금 등이 기준이 된다. 이 때문에 텍사스의 한 교수는 자신이 벌어들인 돈보다 4만 5,305달러를 더 썼다며 경고를 받았는가 하면, 다른 교수는 자신이 대학에 27만 9,617달러의 순익을 올려 줬다는 평가를 받았다.

대학을 중퇴하는 학생 수를 추산해 '낭비' 요소를 줄이자는 주장도 있다. 이 부분에서는 응답자의 교육 수준을 물어보는 연간 US 센서스 통계를 활용하는 것이 유용하다. 2009년 조사에 따르면 30~34세 성인 가운데 1,180만 명이 대학에 입학했지만 이들 중 학사 학위 이상으로 공부를 마친 사람은 660만 명에 불과했다. 즉 44퍼센트는 대학을 그만 두었다는 뜻이다. 달리 말해, 중간에 실패한 것이다. (사실 더 정확히 말하자면 커뮤니티 대학에 입학한 사람들은 준학사에 만족하거나 단순히 단기 특강에 등록하는 경우가 많다.)

그러나 이 44퍼센트에 담긴 의미는 크다. 수많은 대학들이 입학 후 첫 해에 학생들에게 어떤 일이 일어나고 있는지 거의 신경을 쓰지 않기 때문이다. 1학년 학생이 방학이 끝나도 학교에 돌아가지 않겠다고 할 때 그에 대한 책임을 학생에게만 돌리는 것은 불공평한 처사다. 적어도 비현실적인 요구 조건, 그저 그런 강의, 경제적 형편 같은 사유들도 학생의 발걸음을 가로막은 요인으로서 동일한 책임을 져야 할지 모른다.

플로리다걸프코스트대에 다녀와서 '시각과 행위 예술' 온라인 강의에 대한 서술을 끝낸 다음 우리는 온라인 강의와 학습에 대해 보다 자세히 조사했다. 그런 강의는 생각보다 광범위하게 실시되고 있었다.

아이오와주립대에서는 강의실에서 학생 263명이 수강하는 그리스 · 로마 신화 과목이 개설되어 있다. 전통적인 방식대로 주 2회 대형 강의 수업이 있고, 소규모의 토론 섹션이 별도로 진행된다. 하지만 같은 과목을 듣는 또 다른 학생 107명은 건물 안에서 진행되는 오프라인 강의실에 들어오거나 강의 담당자를 만나는 일이 전혀 없다. 커뮤니케이션이라면 이메일을 주고받는 것이 전부다.

학생들이 집에서 컴퓨터로 강의를 듣는 과정에 문제가 많다는 주장도 있다. 여기서 문제란 학생들이 수업 중간에 스크린에 여러 창을 띄워 놓고 페이스북에 접속해 친구들의 메모를 볼 수 있다는 것이다. (하지만 우리가 관찰한 바에 따르면 강의실에서도 노트북으로 페이스북 페이지를 여는 일은 충분히 가능하다.) 녹화 수업은 수업 내용이 어려우면 나중에 다시 들을 수 있다는 장점이 있다. 그러나 학생들이 강의 파일을 쌓아 놓고 있다가 시험 전날 밤 10개 이상 한꺼번에 몰아치기로 보려 하는 단점도 있다. 플로리다대학교에서는 학생들이 스크린에 나타난 선택형 문제를 클릭하면서 시험을 치르는데, 문제당 시간은 2분으로 제한되어 있다. 학생들이 답을 찾기 위해 인터넷을 검색할 시간을 주지 않기 위해서다.

결론은, 강사 없이 하는 수업이 훨씬 더 저렴하다는 것이다. 이 때문에 주립대 사이에서는 학생들에게 최소한 일정 수준 이상 온라인 코스를 듣게 하는 바람이 불고 있다.

그러나 카네기멜론대는 싼값으로는 좋은 성과를 내기 어렵다는 점을 감지했다. 우선 이 대학의 온라인 강의 프로그램인 OLI(Open Learning Initiative)는 그저 기존 강의를 녹화하는 수준에 그치지 않는다. 이 프로그램 총괄자인 캔데이스 실(Candace Thille)에 따르면 교수들은 "교육 과정을 완전히 다시 설계해야" 한다고 한다. 학생 개인의 관심을 자극할 수 있는 '인지적 개인 교습자'를 포함해 다양한 '비동기식 전산 강의 도구'가 교수들에게 제공된다. 따라서 소프트웨어는 통계학 수업을 듣는 학생에게 "답이 틀렸습니다. 신뢰 수준은 추정 구간 내에 있습니다. 다시 시도해 보세요"라고 말할 수 있다.

카네기멜론대는 경제학과 논리학에도 OLI 강의를 개설하고 있는데, 대부분 소프트웨어 교습과 실제 강의를 섞어 놓은 '혼합(blended) 강의'들이다. 대학 측의 계산에 따르면 학습 효과가 좋은 온라인 과목 하나를 개설하는 데약 50만 달러가 소요된다. 이제까지 OLI는 정답이 한 가지로 명확한 과목에만 적용되었다. 즉 선택형 시험이나 한 줄 이내로 답할 수 있는 시험에 적합한 프로그램이다.

그러나 역사 같은 과목도 학생을 자동화된 온라인 개인 교습자에게 보내려면 상당한 '사실 확인'이 필요하다. 그래야 학생들은 "정확한 답이 아닙니다. 당신은 독립선언과 권리장전을 혼동하고 있군요. 강의 노트를 확인한 뒤다시 답하세요"라는 평가를 들을 수 있을 것이다.

테크노 티칭식 강의는 학생들의 지식과 이해 수준을 선택형 문제나 한 줄답변의 틀에 맞춰 제한할 우려가 있다. 우리가 살펴본 결과, 현재 서술형 답을 읽고 점수를 매길 수 있는 소프트웨어가 있긴 하지만 이런 소프트웨어로는 『리어 왕』처럼 근친상간의 함의가 담긴 작품을 분석한 에세이를 평가할수 없다.

또 다른 우려는 '노트북 학습'의 고립성, 즉 개인화된 컴퓨터 학습이 배움의 과정을 고립시킬 수 있다는 점이다. 좋은 강의는 학생들이 탁자 주변에둘러앉은 세미나에서 혹은 소형 강의실에서 이루어진다. 나른 학생들의 의견을 듣고 서로 배울 수 있기 때문이다. 아무리 잘 짜인 채팅 방이라고 해도상대의 몸짓이나 얼굴 표정까지 그대로 전달하지는 못한다.

그런 강의라면 교수와 학생이 함께 지성 여행을 떠나고 서로 신뢰를 다질 때 가능한 마법 같은 순간 아닐까? 최근 클로디아는 자신이 가르치는 과학적 글쓰기 수업에서 그런 순간을 경험했다. 전 세계 각지에서 온 학생들이 수강하는 수업이었다. 어떤 중동 출신 학생이 파키스탄의 홍수 이재민들에 대한 서방 국가들의 관심 부족을 주제로 신문 기고문을 썼다가 자신의 이름을 써야 할지 말아야 할지 망설였다고 한다. 그의 이름이 다름 아닌 이슬람식 이름이었기 때문이다. 이때 다른 학생이 나섰다. 그는 중동 학생의 생각에 지지한다는 의견부터 표현의 자유의 중요성에 이르기까지 적절한 쟁점을 열거하며 자신의 의견을 발표했다.

이 같은 지적인 대화는 컴퓨터로는 불가능하다. 진정한 가르침과 배움은 신뢰와 시간, 심지어 감성적 상호작용까지 필요한 작업이다. 이렇듯 수업을 통해 얻는 가치들을 어떻게 온라인 평가 수단으로 측정할 수 있을까? 상상할 수도 없는 일이다.

언론 인터뷰나 대학에서의 강연, 다수의 토론회를 진행하면서 대학의 연구 기능에 대한 우리의 입장을 분명히 밝힌다면, 한마디로 말해, 우리는 대학의 연구 기능에 '반대하지 않는다.' 우리는 새로운 지식의 창조와 발견을 전적으로 지지한다. 그렇다 하더라도 이 책에서 되풀이하고 있는 주제는 대학과 교수들의 최우선순위는 교육이어야 한다는 것이다. 우리는 연구를 강조하는 분위기가 고조되면 교수들이 강의실 밖으로 떠돌 뿐 아니라 학생을 상대로 한 강의에도 악영향을 미칠 수 있다는 점이 걱정스럽다. 이제 연구와 강의는 서로 갈등관계에 있으며, 둘의 갈등이 잦으면 강의가 타격을 입는다는 사실을 인정할 때가 되었다.

우리가 모은 하버드대의 역사학과 통계를 살펴보자. 2010~ 2011학년도에 교수 42명 중 20명(48퍼센트)이 연구를 하겠다며 휴가를 낸 통에 수많은 학생들이 시간제 강사와 초빙강사 손에 맡겨졌다. 윌리엄스대학 종교학과에서는 대다수 교수(7명 중 4명)가 휴가 중이다. 그렇다. 하버드와 윌리엄스는 모두 엘리트 대학이다. 바로 이 점이 문제다. 이 대학 교수들은 다른 교수들이 모델로 삼고 싶어 하는 기준이 되는 대상이라는 것이다.

7년마다 총 48만 5,595명의 조교수, 부교수, 정교수들이 안식년을 쓸 수 있다. 사람들은 이 기간 동안 교수들이 출판물을 통해 무언가 새롭고 독창적인 것을 생산해 내리라고 기대한다. 교수들이 이 기간에 무엇을 하는지 예를 들어 보자. 에모리대학교의 마크 바우어라인(Mark Bauerlein) 교수는 1986년부터 2008년 사이 수많은 학술 논문, 저서, 기고문 등을 발표했다. 이 기간 동안 그는 시인 월트 휘트먼에 관한 저작 1,509건, 윌리엄 포크너에 대해 2,781건, 버지니아 울프에 대해 3,217건이나 썼다.

이렇게 많은 결과물이 우리의 지식과 이해 수준을 높이는 데 얼마나 유용할지 의문이다. 혹 이러한 것들이 그의 이력서 분량을 늘리는 데, 승진하는 데, 그것도 아니면 경력 관리용 자료로 이용되고 있는 것은 아닌지 궁금하다. 어떤 사람들은 단 몇 건이라도 다이아몬드처럼 빛나는 연구 결과가 나올 것이라는 희망을 갖고 3,217건의 연구 프로젝트를 지원해야 한다고 말한다. 학문적 이상일 수는 있다. 하지만 문제는 그런 연구 안식년 비용이 학생들이 낸 등록금으로 충당되고 있다는 것이다.

과학계는 더 심하다. 아미노산에 관한 논문 2,781건을 윌리엄 포크너에 관한 논문 2,781건과 똑같이 비교할 수는 없다. 그렇다 해도 과학자들이 이력서상의 경력을 늘리려는 목적으로 연구 리포트를 쪼개고 잘라서 여러 편의 논문을 만들어 낸다는 것은 이미 알려진 사실이다.

앞으로는 과학 분야 연구를 확장하려는 대학들의 욕구에 주목해야 한다. 캠퍼스는 이미 고층 연구소들이 점령한 상태다. 우리는 이런 연구소들이 학교 밖으로, 가능하면 하워드휴스의학연구소나 랜드연구소, 록펠러대학교처럼 우수한 대학원생과 박사 과정 후 연구원들만 받아 주는 독립 연구 기관으로 옮기는 것이 낫다고 본다. 더 충격적인 상황은 후원을 받는 연구가 도리어 학문의 가치를 파괴하는 경우다. 심지어는, 기업이 자사의 상품에 불리한 연구 결과를 공개하지 못하도록 막기도 한다.

연구를 지나치게 강조하면 믿을 만한 지식은 교수들의 연구에서 나온다는 맹신이 퍼지게 된다. 이런 근거 없는 추측은 강의실에도 적용되어, 대학 2학년 과목의 강의계획서가 마치 학술대회 프로그램처럼 교수들의 연구 결과를 소개하는 내용으로 가득 차 버렸다. 아래는 MIT에서 개설한 '현대 미국의 가족'이라는 과목의 기말시험 문제를 발췌한 내용이다.

현대 사회에서 미국의 가족이 계층, 인종, 민족성의 측면에서 다양한 형태로 구성되어 있다는 점에 관해 논하라. 단, 거트먼, 수다카사, 카플란, 콜린스, 스택 그리고 다음 중 둘 이상의 견해에 대해 논해야 한다. 루커, 에딘, 루빈, 테일러, 쿤츠, 뉴먼, 진, 웰스, 매니스, 파르도, 토로 등.

우리는 이 16명의 저자가 모두 교수일 뿐 아니라 이 수업에서 소개한 유일한 권위자라는 점에 주목하고자 한다. 미국의 가족에 대해서는 수전 팔루디(Susan Faludi), 바버라 에른라이히(Barbara Ehrenreich), 나오미 클라인(Naomi Klein)처럼 대학 밖에 있는 작가들이 이미 의미 있는 성과를 보여 주었는데도 말이다.

교수들이 자신 또는 동료 교수들의 연구로 학습의 범위를 제한하면서 학교 밖에서 발견된 통찰을 지나치게 단순하고, 추측 단계에 불과하며, 비과학적이고, 입증되지 않은 것으로 묵살하는 결과로 이어지고 있다. 우리는 학생들이 이러한 편견까지 물려받고 있는 것은 아닌지 우려스럽다.

"돈이 세상을 돌아가게 한다. 세상이 돌아간다, 세상이 돌아간다." 조엘 그 레이(Joel Grey)는 뮤지컬 「카바레 cabaret」에서 이렇게 노래했다.

대학이 정말 그렇다. 2010년 말 대학생 대출은 9,000억 달러에 근접했다. 미국 가계 전체의 신용카드 채무를 초월한 수치다. 대학생의 3분의 2는 자 진해서 노예가 되어 가고 있다. 대출 잔금이 불어나는 속도가 너무 빨라 서 브프라임 모기지 수준에 육박하는 디폴트가 불가피해 보이기 때문이다.

평범한 대학 졸업생이라면 부채는 "2만 4,000달러밖에" 안 될 것이라는 칼 리지보드의 분석은 말도 안 된다. 좀체 거론되지 않는 사실이지만 이자 · 추 심료, 상환 지연에 따른 위약금, 원금 등을 모두 합쳐 학생들이 갚아야 할 돈 을 계산해 보면 보통 10만 달러가 넘는다. 현재 대학 졸업생의 절반이 그렇 듯 여기에 대학원 학위까지 추가할라치면 부담은 2배가 된다.

그런데 우리를 분노하게 하는 사실이 있다. 학비를 대출받은 학생들은 중 년에도 집 한 채 마련할 형편이 못 된다는 것이다. 이들이 대출 사인을 하는 시기는 고등학교 3학년인 열일곱 살이나 대학 1학년인 열여덟 살 때다. 대 학의 재무 담당 사무실에서는 당연하다는 듯이 학생들을 대출 업체로 유도 하고 사례금을 받는 경우도 있었다.

다트머스대학과 윌리엄스대학에서 벌어진 사건에 시사점이 있다. 한동안 이들 대학은 데려오고 싶은 학생들에게 전액 장학금을 줄 테니 대출을 받을 필요가 전혀 없다고 말했다. 그러나 2009년 시작된 금융 위기의 여파가 불 어닥치자 학교들은 이 같은 방침을 취소했다. 학생들에게는 다트머스나 윌 리엄스의 학위를 받고 싶거든 이제부터는 대출을 받아야 한다고 말을 바꾸 었다. 대학의 경솔한 투자의 대가를 학생들이 고스란히 치른 것이다.

윌리엄스는 교수들의 3년 주기 안식년을 축소하지 않았고, 다트머스대학도 평균 연봉 15만 4,000달러에 달하는 정교수들에 대해 5퍼센트 연봉 삭감을 제안하지 않았다.

사실 대학의 전체 현금 유동성은 학생들의 부채를 바탕으로 하고 있다. 대학들은 '금융 지원'이라는 이름을 내걸고 실제로는 학생들을 대출업체에 보내는 동시에, 등록금을 2~3배로 올렸다. 버밍햄–서던대학에서는 학생 79퍼센트가 대출을 받았고, 아이오와 코대학에서는 그 비율이 81퍼센트에 이른다. 10대들의 대출이 없이는 돈 많이 들어가는 운동부나 화려한 편의시설, 강의 하나 안 하고도 연봉을 뽑아 가는 교수들은 존재할 수 없을 것이다.

이뿐만이 아니다. 대학들도 비용을 대기 위해 대출을 받고 있다. 돈 많은 상위 15개 대학도 2010년 72억 달러를 빌렸다. 대출에 따른 이자와 상환금은 결국 학생 등록금에 더해질 것이다. 대학들이 문어발식 확장을 계속하는 한 대학은 우리 젊은이들의 미래를 노예화하는 대가로 자금을 공급받는 구조다. 보수파들이 보기에 연방 정부의 대학 지원 예산이 미래 세대에 심각한 부담을 줄 우려가 있다면 이들은 곧 현실로 나타날 가능성이 높은 대학생 채무 불이행을 어떻게 처리할지 먼저 검토해야 할 것이다.

또한 학생 대출법을 만들고 학생들에게 제때 전액을 다 갚지 않으면 중범죄자 취급을 받을 것이라고 엄포를 놓은 사람들은 바로 대출업자들이었다. 미국대학입학담당자협의회의 바맥 나시리안(Barmak Nassirian)의 이야기를 들어 보자.

> 만약 여러분이 연방 정부의 학자금 대출(한국의 국가장학 대출과 비슷한 제도—옮긴이) 융자금을 갚지 못한다면 평생 빚에 시달리게 될 겁니다. 연방 정부 대출은 파산을 해도 없어지지 않거든요. 월급이 차압될 것이고, 환산된 세금도 바로 징수될 겁니다. 게다가 연방 공무원도 될 수 없고, 연방 정부의 모

든 복지 급여도 못 받게 되지요. 이 대출 때문에 인생이 엉망진창이 될 거예요.

그는 아마 전문직 자격증이 학생 대출 미상환 허용 대상에서 이미 제외되었으며, 수십 년 뒤에는 사회보장 급여도 공제될 것이라고 덧붙였을 것이다. 브라운대 졸업생인 학생 대출 개혁 운동가 신 조핸센(Cyrn Johannsen)이 이런 대출 시스템이 "노예 계약을 맺은 교육 계층을 양산하고 있다"고 불평할 만도 하다.

성기 후퇴와 그 여파로 불어닥친 재정 압박은 대학이 비용을 인상하는 명분이 되고 있다. 캘리포니아 주는 주정부의 예산 삭감에 공립대 시스템이 어떻게 대처하는지 보여 주는 연구 사례다. 2011년 UC버클리는 캘리포니아 주 출신 합격생을 1만 1,200명에서 9,420명으로 줄였다. 줄어든 자리는 캘리포니아 주 학생 등록금의 3배에 달하는 3만 5,341달러를 기꺼이 내겠다는 다른 주 학생들과 외국인 지원자들에게 돌아갔다.

대학들이 시간제 강사와 학교 경비들을 해고하는 동안 캘리포니아 공립대 시스템 관리자들은 연방 정부의 규정을 위반하지 않고 일을 잘 처리하라고 지시했다. 그렇게 해서 이들의 연금은 18만 4,000달러 상한을 넘어설 수 있었다.

정리하자면, 캘리포니아대 총장의 가장 큰 걱정거리는 학교의 스타급 교수들을 붙잡아 두지 못할 수도 있다는 것이었다. 점점 커져 가는 학부생 강의 규모 따위는 전혀 안중에도 없었다.

대학은 신화와 주문, 망상과 착각 속에서 복전에 낙친 상황에 내처할 필요가 없는 방식으로 운영되고 있다. 이러한 상황은 집요하게 이어졌다. 대학에 대한 사회의 의심이 아직 걸음마 단계라는 기대 속에서 오랫동안 대학이 외부의 감시를 받지 않았기 때문이다. 다음은 흔히 들을 수 있는 사례다.

"우리의 가격표를 보지 마십시오. 자격만 있다면 누구나 우리 대학의 금융 지원을 통해 들어올 수 있습니다."

여기서 말하는 소위 '지원'은 일부 등록금의 할인 혜택이다. 가령 케니언 대학은 공식 등록금인 4만 900달러 대신 3만 900달러만 받는다는 식이다. 그리고 이 대학 학생 절반 이상은 할인된 금액을 낸다 해도 대출을 받아야 한다.

"대학에 드는 비용이 높기는 하지만 학위는 여러분이 낸 돈 이상의 가치를 지닌 최고의 투자입니다."

우리는 대학교육을 열렬히 지지한다. 그리고 모든 사람이 대학에 들어가는 모습을 보고 싶다. 대학에서의 경험을 바탕으로 우리의 젊은이들이 문화적이고 사려 깊은 시민이 되기를 바란다. 그럼에도 불구하고 우리는 현재 대학에 들어가는 비용의 일부만 갖고도 충분히 대학교육을 받을 수 있다는 가능성을 보여 주었다.

비용 걱정을 하는 이들을 위해 대학교육의 보상은 생각보다 대단하지 않다는 점을 덧붙이고 싶다. 40세 성인을 대상으로 연구한 결과, 2009년 평범한 대학 학사 학위자가 6만 83달러를 벌었다. 고졸자 평균 연봉 3만 4,415달러보다 많다는 사실은 눈에 띄지만 미국에서 부유한 수준과는 한참 거리가 있다.

"대학은 인류 지식의 지평을 넓히기 위해 연구를 강조한다고 말합니다. 그리고 연구는 교육을 강화하는 바탕이 됩니다. 교수들이 학부생을 자신의 실험실로 데려가니까요."

존스홉킨스대학교 총장은 미 항공우주국(NASA)의 인공위성 프로그램을 짜고, 우주 환경을 지도화할 로봇을 디자인하고, 몽골에서 광업을 연구하는 학생들을 지목했다. 우리는 이런 식의 도제 교육을 선호하며 그런 기회가 더 많아지기를 바라는 사람들이다. 그러나 존스홉킨스는 대학이라기보다는 20억 달러에 가까운 연방 정부 자금으로 설립되었으며, 직원이 3만 명인 거대한 연구 제국이라는 점을 간과해서는 안 된다.

요컨대 우리가 가장 걱정스러운 부분은 대학이 학생들에게 얼마나 무관심했는지를 자각하기 위해 대학 스스로 지나온 길을 돌아보기는커녕 거울을 들여다보는 일조차 거부한다는 점이다.

다음은 그에 대한 사례다. 최근 교수들과 가진 모임에서 있었던 일이다. 높은 실업률과 소득 침체 상황에서 한 대학 총장이 기부금이 줄어 대학 등록금을 5퍼센트 가량 인상할 예정이라고 말했다. 그런데 그에 반대한 교수는 그 자리에 단 한 명도 없었다. 정말이지 충격적이었다. 그들 중에는 종신제의 보호를 받으며 자유롭게 자기 의견을 말할 권리를 가진 교수들이 많았는데도 말이다. 혹시 교수들의 가장 큰 관심은 수십만 달러대에 달하는 봉급이 줄어들지 않도록 지키자는 데 있었기 때문이 아닐까? 이 같은 교수들의 냉혹함은 의회와 사회 곳곳에서 더 심한 비난의 대상이 될 뿐이다.

1970년대, 1980년대, 1990년대에 족적을 남긴 좌우 진영의 문화 전쟁은 새로운 양상으로 바뀌고 있다. '무엇'을 가르치느냐에 대한 질문 대신 이제 초점은 교육과 학습의 '질'에 있다. 교수들이 진지한 '자아 성찰'을 시작하지 않는다면 한때 그들의 보호구역이던 곳에 외부인들이 들어와 감시에 나서게 될지도 모른다.

이 책을 뒷받침하는 자료의 상당 부분은 다음에서 얻었다.

- 미국 교육부
- 미국 인구 센서스
- 미국 노동 통계국
- 칼리지보드 (College Board)
- ETS (Educational Test Service)
- 미국대학변혁센터(National Center for Academic Transformation)
- 미국학생참여전국조사(National Survey of Student Engagement)
- 미국고등교육통합시스템(Integrated Postsecondary Education Data System)
- 미국대학체육협회(National Collegiate Athletic Association)
- 미국대학교수협회(American Association of University Professors)
- 『교육통계 다이제스트 *Digest of Education Statistics*』
- 『배런스 미국대학 정보 *Barron's Profile of American Colleges*』
- 『프린스턴 리뷰가 뽑은 최우수 대학 371 *Princeton Review's 371 Best Colleges*』
- 「US 뉴스 & 월드 리포트」

- 「뉴욕타임스」
- 「고등교육 소식지 Chronicle of Higher Education」
- 「인사이드 고등교육 Inside Higher Education」
- 「시간제 강사들의 나라 Adjunct Nation」
- 프린스턴대학교 실리 머드 도서관
- 하버드대학교 로스쿨 크리스토퍼 콜럼버스 랭들 도서관
- 기타 다수 대학의 홈페이지

이 같은 자료를 통해 우리는 스탠포드대학교가 229개의 역사 수업을 개설하고 있고 윌리엄스대학이 모든 학생들에게 생일 케이크를 선물하기로 했다는 사실을 확인했다.

'미국 대학'의 환상이 사라진 자리에서 얻은 배움

3년 전 일이다. 교육 관련 취재차 서울의 한 명문 사립대 교수들과 만난 자리에서 등록금 문제가 화제로 떠올랐다. 서울의 웬만한 사립대 중에 연간 등록금이 1,000만원 넘지 않는 곳이 없다며 1,000만원이면 싼 편이다, 어느 대학은 1,200만원에 육박한다 등의 이야기가 한참 오갔다. "월급쟁이 가장이 빚 안 지고 자녀들을 대학 보내는 게 거의 불가능한데, 너무 비싼 것 아니냐"고 묻자 한 교수는 "미국 대학에 비하면 우리 대학들 등록금은 아직까지는 싸도 한참 싼 편"이라고 말했다. "한국 대학들이 세계적인 명문대 대열에 끼려면 등록금이 더 올라야 한다"고도 했다. 잠시 후 또 다른 교수는 "미국 명문대생들은 대출받아 대학 다니는 것"이라며 "우리나라 대학생들도 좋은 직장 취직해 자기가 대출금 갚을 생각하고 대학 다녀야 한다"고 말했다. 과거 학비를 내고 대학에 다닌 경험자로, 지금은 밖에서 대학을 바라보는 기자로, 또 미래에 자녀를 대학에 보낼 학부모로서 당시 교수들의 반응에 적잖이 놀랐다. 등록금이 오를 수밖에 없는 합리적인 이유라든가 빚과 함께 사회에 첫발을 내디뎌야 할 제자들에 대한 안쓰러움 같은, 기대했던 답과는 동떨어진 이야기가 거리낌 없이 나왔기 때문이다.

이 책을 번역하는 동안 그 교수들의 얼굴이 떠올랐다. 이 책은 바로 그들이 롤모델 삼았던 미국 대학에 관한 이야기다. 좀 더 정확히 말하자면 한국인 대다수의 머릿속에 '학문과 명예의 전당'으로 존재하는 그 대학들의 맨 얼굴과 실상에 관한 이야기다. 이야기의 시작은 과연 그 대학들이 비싼 돈을 내며 다닐 가치가 있는가에 대한 질문으로 시작하지만 책의 결론은 실망스럽게도 "아니오"다. 저자는 우리가 다양한 매체를 통해 접한 아이비리그에 대한 환상, 지금도 수많은 해외 유학생과 유학 준비생이 인생의 목표로 삼고 있는 그곳에 대한 열망을 무참히 뭉개 버린다.

역자도 유학 시절 비슷한 경험을 했다. 물론 미국의 모든 대학이 제값을 못하는 것은 아닐 것이다. 여전히 다른 나라에 비할 수 없는 두터운 학문 연구의 풍조가 존재하며, 이를 위한 학내 자원과 정부의 지원도 넉넉한 편이다. 다양한 분야에서 세계 어느 나라도 따라올 수 없는 질 높은 연구가 이뤄지고 있는 것도 사실이다. 그럼에도 저자의 날카로운 분석처럼 학부 학생들이 낸 대부분의 돈이 '교육 외적인' 부분을 위해 쓰이고 있고, 상당수의 강의가 교육의 목표를 달성하기 위해서가 아니라 판매된 수업 시간을 채우기 위해 진행된다는 사실은 부정할 수 없다. 소위 미국의 일류 대학들도 '교육 상품'을 판매하는 임무에는 충실하지만, 진지한 학문 탐구와 사고의 고양을 위한 노력의 흔적은 점점 사라지고 있다. 교육이 판매 상품으로 바뀌면서 졸업생의 평균 취업률과 연봉에 대한 데이터가 대학을 홍보하는 주요 수단이 된 모습도 실망스러웠다. 만약 미국 유학을 꿈꾼다면 공부를 하러 가는 것인지, 학위를 사러 가는 것인지 다시 한번 고민해 볼 필요가 있는 것이 오늘 미국 대학의 현실이다.

미국 대학 등록금이 비싼 이유가 이러한데도 우리가 그 모델을 좇아가야 하느냐고 한국의 교수들에게 다시 한번 묻고 싶다. 물론 교수들도 예전과 같은 답을 하지는 않을 것이다. 그간 거리로, 국회로, 선거판으로 불같이 번진 반값등록금 이슈의 위력을 확인했을 테니. 작가이자 교수인 두 저자가 밝혀 낸 비싼 등록금의 진실은 미국 독자 못지않게 한국 독자에게도 의미가 있다. 중국, 인도와 함께 미국 명문대의 주요 '고객'이 된 우리에게 과대포장을 벗은 미국 대학의 실상을 냉정하게 평가한 이 책은 좋은 참고 자료가 될 것이다. 특히, 미국 대학의 비싼 등록금에는 그만한 이유가 있을 것이라고, 미국 명문대 졸업장 따는 일에 이 정도 돈도 안 들겠느냐고 생각하는 학생과 학부모들에게 꼭 권하고 싶다. 저자들이 꼽은 추천할 만한 대학 리스트도 도움이 될 것 같다.

국내 대학을 다니는 학생과 학부모들에게도 이 책은 유용하다. 2013년 한국 사회 역시 대학에 '등록금 청구 사유서'를 끊임없이 요구해야 할 상황이기 때문이다. 저자들이 '학문의 자유를 위해 종신교수제가 필요하다'는 교수들의 주장을 조목조목 반박하고, 10만 달러가 넘는 부채 외에 대학이 학생들에게 돌려준 것이 무엇인지 따지는 대목마다 우리 대학들은 어떤지 생각하지 않을 수 없었다. 물론 2011년 「중앙일보」에서 10회에 걸쳐 보도한 '등록금 내릴 수 있다' 기획 시리즈를 비롯해 사회 곳곳에서 대학에 혁신을 주문하고는 있다. 하지만 아직까지 그리 큰 변화의 노력을 찾기 힘들다. 지금도 이사회의 승인 없이 등록금으로 주식과 펀드에 투자했다가 수백 억대 손해를 본 대학은 없는지, 대학 홍보 또는 경영을 앞세워 교육이라는 본연의 목표를 등한시하는 것은 아닌지 더욱 매서운 비판과 감시의 눈길이 필요하다. 이 책에서 여러 차례 지적한 것처럼 교수의 특혜와 기득권을 유지하기 위해 시간제 강사의 임금이나 대학 내 다른 필수적인 서비스들이 희생되고 있는 것은 아닌지도 돌아볼 필요가 있다.

개인적으로 이 책은 기자로서 마음을 새로 다지는 계기가 됐다. 두 저자의 끈질기고 노련한 취재는 이 책을 한 권의 탐사보도 보고서로 만들었다. 이들이 미국 전역을 돌며 만난 '대학 사람들'의 생생한 목소리와 다양한 연구 자료는 지적이고 위트 넘치는 문장 덕분에 지루할 겨를 없이 읽을 수 있었다. 성인 인구의 3분의 1이 대졸자라는 미국 사회가 '대학교육'이라는 값비싼 상품에 기대하는 것이 무엇인지 엿보는 재미도 쏠쏠했다. 학부 교육이 취업준비 교육이 되어서는 안 된다는 저자의 뚜렷한 철학은 실용주의로 가득 찬 한국 교육의 현실을 돌아보고 교육의 본질에 대해 다시금 되새기는 계기가 됐다. 이 책을 통해 독자들도 잠자고 있던 지성이 꿈틀대는 기분을 만끽하면 좋겠다. 전국의 크고 작은 대학 곳곳에서 교육의 본질을 지키기 위해 분투하는 교육자에게는 큰 용기와 힘이 될 수 있으면 하는 바람이다.

원본의 냉철한 분석과 팽팽한 긴장감을 번역본에 제대로 담지 못한 게 아닌지 우려가 남지만, 여러 오류를 바로잡고 조언을 아끼지 않은 편집자의 세심함 덕분에 이 책이 완성될 수 있었다. 감사의 마음을 전한다. 마음 편히 일하고 번역할 수 있게 마음 써준 가족과 아이들에게도 감사와 사랑을 전한다. 사려 깊은 동료와 함께 즐겁게 번역하고, 그 결과물을 세상에 낼 수 있게 돼 큰 기쁨이다.

2013년 11월, 김은하 · 박수련

Higher Education? :

How Colleges Are Wasting Our Money and Failing Our Kids — And What We Can Do About It